U0133830

经典 的 我们

去圣乃得真孔子

《论语》纵横读

李零 著

生活·讀書·新知 三联书店　生活書店 出版有限公司

图书在版编目（CIP）数据

去圣乃得真孔子：《论语》纵横读 / 李零著 .—北京：生活书店
出版有限公司 , 2023.11
ISBN 978-7-80768-414-5

Ⅰ . ①去… Ⅱ . ①李… Ⅲ . ①儒家②《论语》—研究
Ⅳ . ① B222.25

中国版本图书馆 CIP 数据核字 (2023) 第 088554 号

责任编辑　苏　毅
装帧设计　汐和，几迟 at compus studio
责任印制　孙　明
出版发行　生活書店出版有限公司
　　　　　（北京市东城区美术馆东街 22 号）
邮　　编　100010
经　　销　新华书店
印　　刷　天津睿和印艺科技有限公司
版　　次　2023 年 11 月北京第 1 版
　　　　　2023 年 11 月北京第 1 次印刷
开　　本　880 毫米 × 1092 毫米 1/32　印张 12.125
字　　数　211 千字
印　　数　0,001-5,000 册
定　　价　58.00 元

（印装查询：010-64052612；　邮购查询：010-84010542）

孔子为鲁司寇像

明成化乙巳（1485年）本

山东省博物馆藏

重归古典

——兼说冯、胡异同

一

我们的经典，不是传统意义上的经典，不是五经，不是九经，不是四书五经，不是十三经，而是现代人眼中最能代表中国古典智慧的书。

我向读者推荐四本书:《论语》《老子》《孙子》和《周易》。

为什么我把这四本书当经典阅读的基本教材，我想讲一下我的理由。

第一，这四本书，是中国古典学术的代表作。先秦学术是诸子之学。诸子百家，影响最大，是儒、道两家。《论语》是儒家的代表作，《老子》是道家的代表作。这两本书，毫无疑问是先秦思想的代表作。另外两本也很典型。古代有两门学问，一门是治国用兵，一门是数术方技。治国无经典（有也不能讲），用兵有，《孙子》是先秦兵学的代表作；数术方技，古代有个到处应用的理论，叫阴阳五行说，阴阳五行说也没有经典，只有《周易》经传，影响比较大，涉及这个理论。

第二，这四本书，年代最早，篇幅最小，《论语》约有15000字，长一点。《老子》《孙子》《周易》，都是约5000字的小册子（今本《孙子》在6000字上下）。其他古书，如《管子》《墨子》《庄子》《韩非子》《吕氏春秋》，哪一本都比这几本大。读经典，先读年代早的小书，再读年代晚的大书，顺着读，效果最好。

第三，这四本书最富智慧。中国典籍传入欧洲，约400年，他们挑来挑去，看中的正好是这四本书，译本最多。它们比其他古书更能代表中国文化，也更容易融入世界文化。

简单说，我的理由是这三点。

二

不过，我想把问题说得深一点、远一点。

我希望读者明白，这四本书，只是一个窗口。它们的背后，还有更宏大的背景。它们只是样品。

我想，没人怀疑，中国思想史和中国学术史最灿烂辉煌的时代，肯定是先秦时代。这个时代，人才辈出、思想活跃。它和欧洲文明最伟大的古典时代一样，同样属于雅思贝斯所谓的"枢轴时代"（或译"轴心时代"），也是一种世界性的现象。

我们都知道，先秦时代是子学时代，先秦学术是诸子之学。诸子百家平起平坐，是一种自由学术。当时，六经是装在子学的瓶子里，是子学的一部分，不像汉代，独尊儒术，只有六经最重要。汉代学术是经学时代。经学时代和子学时代不一样。儒经第一，儒子第二（《论语》《孟子》成为传记），其他流派，其他流派依托的各种技术，皆不足道，或存或亡，幸存者，只能降居儒学之附庸。这不是中国古典学术的本来面目。

欧洲的文艺复兴，是重归古典，反宗教专制，倡思想解放，不是回到中世纪。

当今侈谈文艺复兴者，正好相反，此不可不察也。[1]

研究诸子之学，有六篇材料，是骨干的东西。

⊙（一）《庄子·天下》

《天下》说，天下治"方术"者太多，皆以其学为不可加。《天下》所谓的"方术"是古代的技术（比后来说的"方术"宽），即上面说的数术方技和治国用兵之术。它要讲

1　现在的复古，都是迷宗教、政治和道德，过去叫道统和治统。不是复汉学（汉今文、汉公羊，大吹康子、廖子者流），就是复宋学（程、朱、陆、王）。

的不是这些，而是"道术"。所谓"道术"，是思想，最初，只有"邹鲁之士、搢绅先生，多能明之"。百家之学，就是从其中散出，"道术将为天下裂"。

它讲"道术"，主要有六个流派：

（1）"邹鲁之士、搢绅先生"，是儒家。

（2）墨翟、禽滑厘，是墨家。

（3）宋钘、尹文，是接近墨家的流派。

（4）彭蒙、田骈、慎到，是法家。

（5）关尹、老聃，是道家。

（6）惠施、桓团、公孙龙，是名家。

它没提到阴阳家。

◉ （二）《荀子·非十二子》

《非十二子》不是泛论学术史，他只批评12个人，恶其"持之有故，言之成理，足以欺惑愚众"：

（1）它嚣、魏牟，毛病是放纵情性。《天下》没提到。

（2）陈仲、史鳅，毛病是压抑情性。《天下》也没提到。

（3）墨翟、宋钘，毛病是不讲差别。前者是墨家的鼻祖，后者和墨家有关。

（4）惠施、邓析，毛病是喜欢诡辩。他们是名家，《天下》没提到邓析。

（5）慎到、田骈，毛病是玩弄法律。他们是法家。

（6）子思、孟轲，毛病是假造传统，伪托圣贤。他们是儒家。

　　荀子是儒家。儒家各派，他最恨子思、孟子，斥之为儒家之罪人。子张、子夏、子游的后学，他也看不上，唯一称道的，是仲尼、子弓。

　　这篇东西，也没提到阴阳家。

◉ （三）《韩非子·显学》

　　《显学》说，"世之显学，儒、墨也"，只讲儒、墨。先秦子学，早期，主要是儒、墨。儒分为八：

　　（1）子张之儒，即子张（颛孙师）的后学。

　　（2）子思之儒，即子思（孔子孙孔伋）的后学。

　　（3）颜氏之儒，孔门八颜子，颜氏之儒，不一定是颜回的学生。

　　（4）孟氏之儒，即孟子的后学。

　　（5）漆雕氏之儒，可能是漆雕启的后学。

　　（6）仲良氏之儒，即仲梁子的派别，仲梁子可能是曾子的学生。

　　（7）孙氏之儒，孙氏是孙卿，这是荀子的后学。

　　（8）乐正氏之儒，是曾子弟子乐正子春的派别。

　　孔门七十子，子夏、子游、曾子、子张最后。子思、孟子更在七十子之后。《显学》无子夏之儒，最奇怪。上博楚简，颜回的"颜"和言游的"言"写法一样，我很怀疑，颜氏之儒，或即子游的后学。这些派别，主要是战国晚期的儒家。

墨分为三，互称"别墨"：

（1）相里氏之墨。《天下》称为"相里勤之弟子，五侯之徒"。

（2）相夫氏之墨。

（3）邓陵氏之墨。《天下》提到"南方之墨者，苦获、已齿、邓陵子之属"。

◉ （四）刘安《淮南子·要略》

《要略》是分国叙述。它提到：

（1）鲁国："儒者之学"和"墨子"。

（2）齐国："管子之书"和"晏子之书"。

（3）韩国："申子刑名之书"。

（4）秦国："商鞅之法"。

另外，它还提到"纵横修短"之术，没说具体国家。

◉ （五）司马谈《六家要指》

它有三种叙述顺序：

（1）阴阳、儒、墨、名、法、道德。

（2）儒者、墨者、法家、名家、道家、阴阳家。

（3）阴阳、儒者、墨者、法家、名家、道家。

其中第三种是主要顺序。

司马谈是史官，学天官于唐都，受易于杨何，习道论于黄子，最重阴阳家和道家。阴阳主于术，不是思想流派，放在最前。儒、墨是显学，称儒者、墨者，有别于后三家，放在其次。法、名是术，古人叫刑名法术，放在更其次。最后是归总于道家。

◉（六）班固《汉书·艺文志·诸子略》

班固的分类是根据刘向、刘歆，他们把古书分为六艺、诸子、诗赋、兵书、数术、方技六门。其中子书，有所谓"九流十家"。十家，可以归为两类：

（1）儒家、道家、阴阳家、法家、名家、墨家。这六家就是司马谈的六家，但顺序不一样。西汉晚期，儒家最尊，其次是道家。当时盛行阴阳灾异，阴阳家也有一定地位。这是最主要的三家。法、名二家，属于刑名法术之学，秦代盛，汉代臭，几乎成为酷吏的符号或代名词，排在后面。墨家则销声匿迹（《史记》无传），最后归宿是神仙家（东汉有墨子派的神仙家）。

（2）纵横家、杂家、农家、小说家。这四家，是新增。纵横家，见《要略》，是外交游说之术。杂家，是百科全书派。战国晚期，派别融合，很多思想家，都是通人。个人全能玩不下去，还有《吕氏春秋》《淮南子》这样的集体创作。农家，是重农派和农业技术混在一起。小说家，只是稗官野史、琐语丛谈，都不是思想流派。

班固说，九流十家，都是从古代的王官之学散出，每一家对应于一种王官，这是有名的王官说。

阅读经典，我们要知道，古人的思想分类法和学术分类法是什么样。

三

中国哲学史是五四新文化运动的产物。这个运动，不管有什么过火之处，它的伟大成果是确立了新学的主导地位，这点不能抹杀。

五四运动，打倒孔家店，打倒的只是店，而不是孔子。孔子走下圣坛，重归诸子，意义非常大。别的不谈，光对恢复传统文化的真实面貌，就有不可估量的意义。因为，没有这一步，就没有中国哲学史，更没有中国思想史或中国学术史。

◉（一）说冯、胡异同

中国哲学史的开山鼻祖有两位先生，一位是胡适，一位是冯友兰。他们的哲学史都是中西合璧的新学术，不是传统的经学，不是传统的子学。

当时，中国文运，一如国运，兵败如山倒。百废待兴，一无所有，大家是在中国的子学中寻找对等于西方概念的"哲学"。子学之盛，清季已然，西学为它注入了新的活力。儒家独尊、死水一潭的局面，是被这种东西打破。

胡适，洋博士，纽约哥伦比亚大学出身。他的《中国哲学史大纲》卷上（上海：商务印书馆，1919年），是1917—1918年他在北京大学讲中国哲学史的讲义，讨论范围是先秦子学。后来，还有一本《中国中古思想史长编》（上海：中国公学，1930年油印本）。

冯友兰是北大哲学系的学生，1919年也负笈哥大。继胡适之后，他出版过两卷本的《中国哲学史》（上海：商务印书馆，1930年）和英文本《中国哲学简史》（麦克米伦公司，1948年）。冯氏后来居上，无论在中国，还是在国外，都比胡适影响大。[1]他的《中国哲学史》第一篇《子学时代》，还有《中国哲学简史》的前十六章，都是讨论先秦子学。[2]

冯、胡异同，值得回味。

冯、胡二人，是中国近代学术史上的竞争对手。他们都留学美国，都钻故纸堆，作同样的题目。一般印象，胡适喜欢怀疑，比冯氏更美国；冯氏趋于保守，比胡适更中国。胡适捧戴东原，冯氏吹朱晦庵。冯氏解释说，这是汉、宋之别：胡适是汉学，他是宋学。其实，他们都是不中不西，不新不旧，唯激进、保守，程度不同耳。

他们有三大分歧：

（1）诸子是否出于王官，胡说不出，冯加限定而承认。

1　大陆批胡后，研究中哲史的，更少想起胡。
2　冯氏三史，《中国哲学史新编》最后。此书是他1949年后接受思想改造的成果（如吸收《孙子》，论《老子》是否兵书），这里不讨论。

（2）先秦是否有六家，胡说没有，冯加限定而承认。

（3）孔子和老子谁先谁后，胡说老先孔后，冯说孔先老后。

这三大问题，中国的学术界，西方的学术界，一直有争论。

● （二）诸子出于王官吗？

《汉书·艺文志》的六种书，六艺、诸子、诗赋是学，古人叫文学；兵书、数术、方技是术，古人叫兵书和方术。前者是人文学术，相当今天的文、史、哲，后者是古代意义上的科学（和各种迷信）。班固说，诸子出于王官，即古代政府的职能部门，这从一开始就是引起争论的话题。

中国哲学史，是西化的产物。开始搭架子，先要问什么叫哲学。哲学的概念，当然是从西方来，标准是形而上。胡适的哲学史，其实是子学，他从子学找哲学，主要是名学，但名学只是子学之一端，实难以此为范围。冯氏虽以弘扬民族哲学为号召，也一样以西方的哲学概念为绳墨，明确说明，他不讨论术。比如《孙子》，他就不收。他们的取材范围，都是狭义的诸子，重学不重术。

胡适的体系是基础，该讲的都已讲到，整个布局，粲然大备。儒家，孔、孟之间有七十子，孟、荀之间有儒家八派；墨家，有墨子、别墨；道家，有杨朱、老子、庄子。其他诸子穿插其间。这是基本框架。冯氏是在这个基础上往下做，从子学到经学，从经学到玄学，从玄学到理学，从理学奔近代，顺流而下，百川归海是归于儒，孔是思想教皇。他的三史，是直通六书，一切为尊孔做准备。书，越写越多，越写越大，在很多人的心目中，都是取胡适而代之。此公酷爱三段式，讲先秦儒家，讲先秦道家，都是三段。儒、墨、道，儒家是终结者。

胡适的布局，即使从今天看，也仍然有其长处。特别是儒家，从今天的出土材料看，讲完孔子，就是七十子，布局比较好，气魄也更宏大。胡适主张，中国哲学史，应改名叫思想史，把格局做大。冯氏关心的却是重张儒学。表面上，胡小冯大，其实相反。

现在，学者主张把中国哲学史扩大，改造为中国思想史或中国学术史，这个想法，来自胡适。怎么改造？还是个值得讨论的问题。我认为，关键是要吸收术。比如《孙子》，怎么没思想，怎么没哲学？阴阳五行说，是典型的自然哲学，离开数术、方技，怎么研究？我研究兵法，研究方术，就是蹚这个路。

总之，研究中国学术，我们要分清，什么是学，什么是术。即使是《诸子略》，即使是九流十家，也有这个分别。比如，诸子是否出于王官，关键就在学与术的区别。术，跟王官有对应关系，但学不同，没法对号入座。

我们不要以为，古代的诸子可以离开术。弃绝术，学就架空了。我主张以术读学，以诸子读孔子。这样才有思想史。

诸子百家，他们的技术传统是什么？他们的知识结构是什么？这不是题外的问题。即使今天，思想和知识也是互为表里。

◉（三）先秦是否有六家？

先秦是否有六家，有人说有，不但有，还有更多的家，一人一家，百家都嫌少；有人说没有，不但道家没有，法、名、阴阳也没有，一无所有。这些说法，都源自冯、胡异同。胡适说，司马谈的分类，是汉代分类，不反映先秦，先秦无六家。近年，国内如任继愈[1]，国外如苏德恺[2]，都重张此说，西方汉学界，很多人都坚信这一点。

我的看法是，六家不是六个思想流派，而是半学半术各三家。司马谈讲六家，不是讲汉代学术，而是讲先秦学术。六家，不能说完全没有，如来源较早的儒、墨，就是最明显的两家，先秦诸子都这么讲，绝非虚构。道家晚出，边缘模糊，不管叫什么，非儒非墨，本身就是一大类。这三家是一类。另一类是跟术有关的派别，法、名是刑名法术之学，阴阳是数术方技之学，不是思想派别。道家晚出，讲实

---

[1] 任继愈《先秦哲学无六家——读〈六家要旨〉》，收入任继愈主编《中国哲学史论》，上海人民出版社，1981年，433页。

[2] 苏德恺《司马谈所创造的"六家"概念》，《中国文化》第7期（1992年秋季号），北京：生活·读书·新知三联书店，1993年，134—135页；Kidder Smith, "Sima Tan and the Invention of Daoism, 'Legalism,' *et cetera*," *Journal of Asian Studies* 62, no.1（February 2003），pp.129-156.

用，与刑名法术和阴阳家说分不开，是个非常复杂的派别。

六家，其实是三家，儒家是古典派或保守派，道家是现代派或激进派，墨家是过渡。

无家说，全盘抹杀，不可取。百家说，像《汉志》那样讲，一人一家，一书一家，等于没家。这是白马非马之辨，同样不可取。

◉（四）孔、老先后的问题

儒、墨、道，孰先孰后，是个值得讨论的问题。这个问题，价值取向最明显。

胡适把《老子》摆在孔子前，是跟尊孔拧着来。[1]冯氏把《老子》摆在《论语》后，胡适不服气，说他是信仰作怪。冯氏尊孔，不假，但这个问题，还是要平心静气，摆事实，讲道理。

孔老先后，我的看法是，老子其人，也许比较早，但书是另一码事，绝不可能在儒、墨前。

学者怀疑《老子》晚出，有一个原因是，老子的故事几乎都是出自《庄子》，很有可能是庄子的虚构。其实，这还不是关键。关键是儒、墨、道对话的逻辑关系。冯氏把《老子》放在《论语》后，我同意。至于说，后到什么地步，

1　胡适晚期，尊老敬孔贬墨。他说，老子是无政府主义，最高；孔子是个人主义，其次；墨子是集体主义，最下。并把秦政之失归罪于墨家，汉政之得归功于道家，都可反映他的价值取向。他不反对儒家，但也不独尊儒术。

可以讨论。近年，史华兹的书[1]，葛瑞汉的书[2]，都是把《老子》往后摆。冯氏搁《孟子》后，还比较接近。葛瑞汉把它放在《庄子》后（钱穆已有这种看法），郭店楚简证明，太晚。

先秦诸子大辩论，《天下》讲得很清楚，道术最初在儒，后来才散于天下。儒是第一发言者，最寂寞。孔子没有对话者。墨是跟儒对着干。对着干，才热闹，两者具有对称性。道不同，跳出儒、墨之争，超越儒、墨之争，走得最远。百家的基础是三家，先是儒、墨，后是道，百家争鸣由此起。

冯、胡异同，三大问题，在具体结论上，我更倾向冯氏。但我的理解，与信仰无关。

思想不能无的放矢。儒家是众矢之的。在先的意义是当靶子。射箭先要有靶子。靶子的意义很伟大。

比如，胡适就是冯氏的靶子。

四

保守与激进，常常可以互补。上述异同，前两条，胡

1　Benjamin I.Schwartz，*The World of Thought in Ancient China*，Cambridge：Belknap Press，1985.中文本：本杰明·史华兹《古代中国的思想世界》，程钢译，刘东校，南京：江苏人民出版社，2004年。

2　A.C.Graham，*Disputers of the Tao*，La Salle：Open Court Publishing Company，1989.中文本：葛瑞汉《论道者——中国古代哲学论辩》，张海晏译，北京：中国社会科学出版社，2003年。

适激进，冯氏保守；后一条，冯氏激进，胡适保守。西方汉学界，酷爱分，酷爱疑，前两条取胡适，后一条取冯氏，正在情理之中。他们的思想史，大框架，是源自冯、胡二氏。

冯、胡二氏对创建中国哲学史，各有贡献，两者可以互补。但要说文化立场，我更赞同胡适。

胡适的贡献，是开创性的，也是开放性的。他是真正的大师。

大师的意思是倡风气之先，为后世奠格局，不是收拢包圆儿，不是颠扑不破。

胡适的《中国哲学史大纲》，蔡元培讲过四大优点，我看最重要，还是下面三点：

第一，胡适开创的中国哲学史，是以诸子为范围，把古史和古书分开来，直接从老、孔讲起，蔡元培说，这是截断众流，开风气之先，厥功甚伟。这个格局是他开创的。冯氏是站在他的肩膀上才后来居上。

第二，胡适是把诸子摆平，有容乃大。蔡元培说，胡适的体系有"平等的眼光"，对儒家既不尊，也不批。[1]此语最为知言。胡适讲诸子平等，是真正平等。冯氏讲诸子，是"众生平等，唯我独尊"。他说，儒家在中国思想史上的地位，就像君主立宪制下的君主，其他派别，则如君主立宪制

1　见蔡元培为胡适《中国哲学史大纲》（卷上）写的序言。

下的内阁。君主是万世一系，然治国之政策，常随内阁而改变。平等是儒家之下的平等。

第三，胡适想把子学做大，做成思想史，而不是相反，像冯氏那样，子学做成经学，经学做成理学，理学做成新儒学（他张口闭口都是做圣人，应帝王）。书越写越大，路越走越窄，失去中国思想的大气魄，失去中国思想的自由精神。

中国哲学史，从一家之学，重归六家之学或百家之学，我们一定不要忘记胡适。中国的学者要感谢他，西方的学者也要感谢他。

胡适不必气短。

由于胡适的出现，中国的思想史才初具规模，开了一个很好的头。

从此，不但墨家的地位、道家的地位被重新估价，儒家本身，也面临重建。孔子和七十子，先进和后进，还有七十子之后，迈了辈儿的，都要重新理顺；被遗忘了的，都要重新找回。特别是宋儒痛恨，明代革出教门的荀子，也要恭恭敬敬请回来。

民元前后，百废待兴，胡适的出现，引发的是范式转变。

他的书，和冯氏的书，方向正好相反，一个是从一家重返百家，一个是把百家再扯回到一家。冯氏似顺而逆，胡适似逆而顺。

今天，重温这段历史，我们要特别感谢胡适先生，因为没有他，我们就不知道什么叫百家争鸣。他的方向，才代表了中国文化的新方向。

我说这么多，您明白了吗？

复兴子学，才是重归古典——我是说，真正的古典。

2007年12月9日写于北京蓝旗营寓所

题辞

世上有各种各样的药。简单说，一种是真药，一种是假药，两种都有人要。

世上没有包治百病的药，但人们想有这种药，就有了这种药。

有一次，在三联书店二楼的咖啡厅等人，顾客除我，只有一伙年轻男女，在隔不太远的另一张桌子上，好像是开会。

他们高谈阔论，话题是药品生意。其中一人说，卖药就要卖"治不好病"的药——准确地说，是专治那些根本就治不好，但患者希望治好，而其实还是治不好病的药。比如风湿、乙肝，肯定治不好，正是因为治不好，这样的药才特别好卖，不管多贵，都有人买。不错，你说这样做不道德，但我只是违反普通人的道德，并不违反商业道德。普通人的道德，只有等你赚到李嘉诚的地位才能讲……

目　录

自序

这几年，我把太多精力投入了《论语》研究，值得吗？我问我自己。

说实话，我真想早日抽身，离开这个太多争论的话题。因为，我还有很多事要做。

我很忙，也很懒。争论是件很讨厌的事。

古人说，"千人所指，无病而死"（王嘉引里谚），"与其溺于人也，宁溺于渊。溺于渊犹可游也，溺于人不可活也"（《大戴礼·武王践阼》，中山王大鼎的铭文有类似的话）。有些爱我的朋友替我担心，怕我掉在舆论的深渊里，无法抽身。但我想过，这个工作很有必要，对别人，对自己，都很必要。

我的研究，是针对近二十年来中国社会上的复古狂潮，一种近似疯狂的离奇现象。我觉得，早该有人出来讲几句话了，哪怕只是一个"不"字。不是跟哪位过不去，只是本着学者的良心，说几句再普通不过的话。

我不忍心，我可爱的中国，就这样被糟蹋下去，被一大堆用谎言、谣言编织起来的自欺欺人糟蹋下去。

我先写了《丧家狗》。这书是2004年和2005年我在北京大学给学生授课的讲义。讲义是用来通读《论语》，一篇一篇，一章一章，一字一句，按照原书的顺序读，因为原书篇幅比较大（等于《老子》《孙子》加《易经》），即便惜墨如金，写出来，也还是比较厚。

我本事不够。一上来，三言两语，就把所有问题点透，还不犯错误，那是谈何容易。最初，我只能这样。

我写那本书的目的，原书序言已经交待。我要批评的，并不是哪一个人，而是一股很大的潮流。有人恶意揣测，说我想借谁谁谁来出名，实在无聊。中华书局很清楚，"百家讲坛"很清楚，我的书早就写好，并没去赶哪个潮。招猫逗狗，吸引视听，这不是我的习惯。大家要注意，我的序言，以《孔子符号学发微》为题，发在《读书》杂志上，那是作于一年前，写出来就是准备挨骂，而不是邀宠。如果我的批评正好打到了谁的痛处，那只是巧合。比如我提到过把小人解作小孩的谬说，就是早有人讲，而且有非常女性主义的发挥——当然是胡说八道。我只是读我的书，带着学生读原典，如此而已，跟后来的名人毫无关系，捧与骂，都不想参加。

我的初衷，是阅读原典。我想通过读书，化解很多无谓的争论，为大家提供一个可供讨论的平台——哪怕是供人批判的平台。孔子讲过什么，我讲过什么，全都有案可查。

只要肯读书，我相信，事情不难搞清。谁认真读，谁不认真读，是明摆着的事。

我只是尽力为之。

然而，正如大家看到的，这事引起了轩然大波。不读书的骂读书的，理直气壮，废话说上一箩筐，和书毫无关系。支持我的固然很多，反对我的也绝不在少数，以至被称为文化事件。

中国的尊孔，按儒林中人自己的说法，大约酝酿于1980年代的末期，而大盛于今，论年头，论人头，都是一股很大的势力。这二十年来，中国究竟发生了什么？这确实是一件耐人寻味的事情。争论的背后，折射着许多敏感问题，也许现在还看不清。

我并不急于对这场争论下什么结论。但我相信，任何乖情悖理的事，都是兔子尾巴——长不了。

从表面上看，争论是因书名而起。其实，并不是。

《丧家狗》的书名，只是一个典故。我用它是什么意思，原书做了明确交待。只有不读书的人才会一见就急，暴跳如雷，以为挖了他的祖坟。

司马迁，一位生当汉武帝时代（中国第一次由政府提倡尊孔的时代），对孔子极为景仰的大学者，他讲了这个故事，一个非常深刻的故事。在这个故事中，孔子拒绝当圣人，反而认同丧家狗。

还有四本古书，也都讲了这个故事。他们的作者，也是标准的儒家。

事情就这么简单。

如果还嫌不够，我请你到曲阜参观。走进孔庙，走进圣迹殿，你会发现，它的四壁，有一套描写孔子生平的壁画。这便是所谓《圣迹图》。《圣迹图》，是宣传孔子的画，不是骂孔子。不然，不会供在殿里。这类宣传画，不但有石刻本，还有彩绘本和木刻本。

你要注意，所有《圣迹图》，都有一幅画，恰好就是讲这个故事。特别是孔府收藏的明代彩绘本，题目作《累累说圣图》。"累累"是什么？就是"丧家狗"。它清楚地点出了绘画的主题：孔子是用"丧家狗"来回答他是否为"圣人"的问题。

图画的左边，就是抄司马迁的话，也就是我印在拙作封面上的话。

一切都是古已有之。

有人说，李零标新立异，故意发明了"丧家狗"，因而痛心疾首。其实我哪有这个发明权。他们尊孔，尊到连孔子的话都骂，连司马迁都骂，真是骂昏了头。

庸人多自扰，古井本无波。

去圣乃得真孔子

现在这本书，是《丧家狗》的续篇，它和前书不一样，不是通读，而是精读。在这本书里，我是把《论语》拆开来读：上篇讲人物，纵着读；下篇讲思想，横着读。我叫"《论语》纵横读"。它和前书有共同主题：一是讲圣人概念的变化，孔子为什么拒绝当圣人，子贡为什么要把他树为圣人；二是讲道统之谬，它是怎样从孔颜之道到孔孟之道，再从孔孟之道到孔朱之道，四配十二哲都是怎么捏造出来的。我叫"去圣乃得真孔子"。

本书的题目，就是这么起的。

我讲的都是历史事实，有本事可以站出来反驳，骂人是没用的。

他们越骂，我越想读书，越读书，越觉得他们荒唐。

我的两本书，各有分工。先写的书厚一点，是个毛坯，主要是把细节过一遍；后写的书薄一点，是把原书打乱，分成不同的主题，一个问题挨着一个问题讲。此书比前书通俗，普及的同时，其实也是提高：主题更突出，条理更清晰。我自以为，比起前书，这书讲得更为深透，很多问题，都是再思考，并不是重复原来的东西。

我把《论语》读薄了。

读薄了，才能品出味道。

今年夏天，沿着孔子走过的路，我跑过24个县市，行程6000公里。这也为本书提供了很多新线索、新思路，特别是空间感和时间感。

我认为，读书、跑路，远比争论更重要。

我需要学习。

不读书，光骂人（甚至不惜制造谣言，借刀杀人），是卑怯的表现。

围绕《论语》的争论，很快就会成为过去。

有人说，真孔子是没有的，有也没有用，我觉得，跟这种人讨论，才最没有用。

现在的舆论，借影视、传媒和网络播散，一点小事，可以放得很大，特别是谣言。但真相不会因此而改变。

我只是读书，对争论毫无兴趣。

孔子说，"三军可夺帅也，匹夫不可夺志也"（《子罕》9.26）。面对舆论，知识分子该怎样，我们可以听听他老人家的教导。

孔子说过这样的话：

> 子贡问曰："乡人皆好之，何如？"子曰："未可也。""乡人皆恶之，何如？"子曰："未可也。不如乡人之善者好之，其不善者恶之。"（《子路》13.24）

> 子曰："众恶之，必察焉；众好之，必察焉。"（《卫灵公》15.28）

子曰："乡原（愿），德之贼也。"（《阳货》17.13）

他老人家的意思是，所有人都说好，未必是好人，所有人都说坏，也未必是坏人。只有好人说好，坏人说坏，才是真正的好人。

我赞成他对舆论的态度。

我无意说，所有赞成我的人都是好人，所有反对我的人都是坏人。因为我不能以个人好恶为衡量一切的尺度——我对当裁判毫无兴趣。更何况，道德是个很有弹性的东西，随时都会改变。说不定，碰到好环境，坏人也会变好。

关键在于环境。

我非常感谢，在这场争论中，所有保持清醒、理智，在道义上给我以支持的人。

2007年10月14日写于美国芝加哥大学
International House，天突然变冷。

写在前面的话

读《论语》，最好的读法，就是尊重原书。《论语》是什么书，就当什么书读。我把我的读法讲一下，供大家参考。

《论语》是子书，要当子书读

读《论语》，心情很重要，首先一件事，就是放松。《论语》是孔门的谈话记录，有些是老师的话，有些是学生的话。我们读这本书，是听他们聊天，不必一本正经，或激动得直哆嗦。不读就有的崇拜，最好搁一边儿。

《论语》，《汉书·艺文志》在《六艺略》，后世属于经部，但本身不是经。古人说的"六经"，诗、书、礼、乐、易、春秋，是孔子时代的六种古书。[1] 这些书，很多都是老掉牙的古书，如《诗》《书》和《易》，孔子那阵儿就不好读，我们看《左传》等书引用，很多都是断章取义，已经很

---

1 如比孔子早，楚申叔时"九艺"就是教这类书；比孔子晚，《庄子·天运》也明确
提到"六经"。所谓"六经"，就是这六类古书。

离谱。《仪礼》和《春秋》，年代晚一点儿，也不容易读，战国秦汉，读起来就费劲，甭说汉以后了。现在哭着闹着要读经，特别是煽风点火鼓吹少儿读经的大人，最好自己先做个榜样，给大家读读看。这些书，甭说小孩，就是大人，也读不下去。特别是儒门诵法的《诗》《书》，教授都啃不动。

《论语》不是这种书。孔子和学生聊天，是用春秋晚期那阵儿的白话聊天，当时人对他再崇拜，也不会把他们的聊天当经典。我把《论语》当经典，是当子书的经典，今天更适合我们阅读的经典，不是孔子时代的经典。子书是当时的白话。

孔子不是圣人，只是个民间学者和民办老师。他的学校或学派（英文都叫school），后世叫儒家，原来只是诸子百家中的一家。《论语》的本色是子书，和《墨子》《老子》差不多，只是一家之言。当时的知识分子，谁都怀旧，谁都复古，谁都不满意当时的社会，谁都想说服当时的统治者，可是谁的方案都只是说说而已，并没有成为官方的意识形态。

孔学被圣化，是孔子死后；成为意识形态，是在汉代。汉代有五经，还是战国的经；《论语》的地位提高了，不过是四大传记之一（另外三种是《孟子》《孝经》《尔雅》)，根本不算经。汉代所谓传记，是拿儒家的书当读经的入门书和参考资料，和真正的经仍有区别。唐代有九经，加了几种传记，但汉代的四大传记不在其内。宋代，有四书五经，《论语》是四书之一（另外三种是《孟子》《大学》《中庸》），四书也是五经之外的书，相当四大传记的书。清十三经，把《论语》列为经，和早先的理解不一样。

五四运动，"打倒孔子店"（原作"打孔家店"），有人说是"传统中断"。其实，它打的是朱家店，而不是孔家店。打倒的只是店，而不是孔子。孔子走下圣坛，重归诸子，有什么不好？这是恢复了它的本来面貌。我读《论语》，是拿它当研究孔子的资料，不是当祖宗供着，敬而远之，光拜不读，或虽读，也不好好读，光抓耳挠腮，想有什么用。[1]

《论语》中的话，主要是说给学生听的，
大家别搞错了对象

先秦子书，是干禄书，里面的政治设计，都是献给统治者。游说君主，战国很时髦。这个风气，和孔子有关。孔子奔走呼号，不懂顺毛捋，尽跟人家拧着来，很多话都白说，没有记下来。记下来的话，主要是说给学生听，盼他们读古书，习古礼，像古代贵族一样，有君子风度，不但改造

1　人文学术和科学技术不同，文史哲，最忌活学活用。文学怎么用？史学怎么用？哲学怎么用？这些上出重霄、下临无地的东西，没有层次转换，根本不能用。但老百姓的毛病，是最好这一口。林彪提倡的学习方法，至今流毒不散。

自己，也改造当时的统治者，摩拳擦掌，时刻准备着。这是游说的初级阶段。现在读《论语》，大家要注意，孔子不满现实，是恨它太不君子，他的理想是恢复西周的君子国。《论语》的说话对象不是大众，而是精英。他和耶稣、佛陀不一样，根本不走群众路线，也不是大众英雄。他讲仁，并非一视同仁；讲爱，也非兼爱天下。阶级社会，什么人说什么话，话是说给什么人听，这样的分析，还是不能不讲。

好些学者早就讲了（如赵纪彬、杨伯峻），[1]《论语》中的"人"字和"民"字，同一段话，对着讲，意思不一样。"人"是精英，"民"是大众，前者是君子，后者是小人。孔子关心的事，只跟君子有关，和小人无关（跟妇女也无关）；有关，也是让他们吃饱喝足，别闹事，听话卖力，感戴其上，主要是跟在"使"字后边当宾语。马克思说，"宗教是人民的鸦片"（《黑格尔法哲学批判导言》），[2]这话没错（鸦片曾是万能药）。[3]从古至今，大众爱听的是宗教（或多少有点宗教味道的东西），但孔子不讲这一套。他的教导，主要还是道德层面上的东西。

孔子很坦诚，精英立场就是精英立场，不跟大众套什

1　赵纪彬《论语新探》，北京：人民出版社，1976年，上部《释人民》，1—26页；
　　杨伯峻《论语译注》，北京：中华书局，1980年，4页。

2　《马克思恩格斯全集》，第一卷，北京：人民出版社，1956年，453页。

3　李零《中国方术续考》，北京：中华书局，2007年，23页。

么近乎。

我们读《论语》，千万别忘了，它的对象是什么人，别像愚夫愚妇，到庙里进香，自言自语，自作多情，自个儿给自个儿找答案。孔子说什么，不听；不说，非借他的嘴，让他替我们说。

《论语》篇幅长，内容乱，阅读要有耐心

现在闹孔子热，谁都说《论语》重要，但它重要在哪儿？多半是人云亦云，真正读过原书的很少。老实说，这书并不好读，比一般子书难读，没耐心，绝对看不下去。特别是，它有两个特点。一是长，《老子》《孙子》《周易》，全都加起来，也不过这么长；二是乱，书多短章，三五句一段，一段一段往起凑，除《乡党》《微子》，没集中主题。一篇之内，顶多三五章，好像有点联系，通篇看下来，怎么算是一篇，毫无规律。篇题也是挑每篇开头的两三字，硬加上去的，和内容没关系，篇和篇搁一块儿，哪篇在前，哪篇在后，也是乱的。

今天，报刊杂志约稿，5000—10000字，只够一篇文章，但搁古代，却是本书。古人用这么点字，可以讲出很多道理，成为垂之永久的经典，我们比不了。在古人面前，我们

很惭愧。我一直骂自己，你怎么这么笨，没本事把书写薄。我理想的书，是10万字左右。

读《论语》，一天读多少，足以消化理解，不烦不累，我可以讲一点我的经验。我在北大讲古书，五六千字的古书，《老子》《孙子》《易经》，一周两课时，通说一遍，必须一学期。子书，《论语》不算大，比《墨子》《孟子》《荀子》《管子》《庄子》《韩非子》《吕氏春秋》小得多，但通说一遍，没有两学期，绝对下不来。今本《论语》，有15000多字（不计重文），就是讲两学期，也满满当当。读《论语》，我们要有足够的耐心。

《论语》是语录体，要打乱了读

我们记录思想，有两个办法，古今中外差不多。一是老师讲了，当时一问一答，记在脑子里，讲给别人听，口耳之学，代代相传，这是"语"；二是怕忘了，拿笔记下来，整理润饰之，这是"录"。"语"，稍纵即逝，如果不当场记下来，很快就忘了。[1]但当场记录，谈何容易？很多语录，

1　如子张书绅（《卫灵公》15.6），老师讲了，没带笔记本（竹简或木牍），当场记在绅上。绅是裤腰带的下垂部分，好像西服的领带。中国的绅士（缙绅之士的简称）是腰上有这么一根，西方的绅士是脖子上有这么一根。

还是靠口传，靠事后回忆，从讲出来到写出来，中间有时间差，有时是很大的时间差，记拧了、记错了的事常有。最后，写下来的东西，还要选一选，编一编，最后整理一下，整理过的谈话记录，就是所谓"论语"。这是"论语"的本来含义。

《论语》是用语录体写成。这本书是怎么编出来的？还要研究。一种可能，它是直接记录口语，随时听到，随时记下来，生猛鲜活，原汁原味；另一种可能，它是从某些整理好的长篇摘出来，属于名言选萃；还有一种可能，两种情况都有。也许是"鸡尾酒"。

这种体裁，《论语》以后，有禅宗语录，宋明理学的语录。年代最近，还有《毛主席语录》。《毛主席语录》是袖珍本，只有巴掌大小。

东汉时期，曾经为《论语》作注的郑玄说，当时的五经是用二尺四寸的大简抄写；传记不一样，是用八寸的短简抄写，《论语》就是八寸简（这里的尺寸都是指汉尺），当时也是袖珍本。1973年出土的八角廊汉简，其中有《论语》，是汉宣帝时期的古本，比郑玄早，尺寸更短，只有七寸（这里的尺寸也是指汉尺）。古本《论语》也是袖珍本。[1]

研究《论语》的编辑方式，1993年出土的郭店楚简，对

1　古尺七寸，也就是一巴掌长，和《毛主席语录》的开本几乎一样。

我们很有启发。这批竹简，里面有四种小书，都是用六寸半到七寸半的短简抄写，和八角廊本的《论语》大小很接近。整理者把它们称为"语丛"。其中，《语丛一》《语丛二》《语丛三》，都是由短章杂凑，一章一章分开抄，每章也就两三根简，和《论语》很像。不但形式像，内容也像，有些就连字句都像。它说明，《论语》是像抄卡片，也是这么凑起来的。

过去，有人说，《论语》应该拆开来读，这是对的。[1] 南老怀瑾说，《论语》有"一贯的系统"，哪章接哪章，哪篇接哪篇，都很有讲究，绝对不能动，这是不顾事实。[2]

读《论语》，我有个建议，既然书是乱的，我们何不把它拆开来读，庖丁解牛，大卸八块，通过对比，通过分析，看这本书到底都讲了些什么，不一定按原书的顺序读，或即使按原书顺序，也要一边读一边看，看前后左右是什么关系，不然，看到后边，前头就忘了，剩下一锅粥。就是全背下来，也是一锅粥。

我读《论语》，有两种读法，一是纵读法，二是横读法。先纵读，再横读，都是拆开来读。下面的讲述就是这样读。

1　蔡尚思《论语导读》，收入《蔡尚思全集》，第七册，上海古籍出版社，2005年，565—567页。

2　南怀瑾《论语别裁》，上海：复旦大学出版社，1990年，上册，4—5页。

纵读法

是按人物读，按人物的年代读。

《论语》有个突出特点，是人物多，比梁山好汉还多。它里面的人物，个性鲜明，描写生动，比如颜渊和子路，就是一对活宝。老师为什么偏爱颜渊，常骂子路？这种写法，对比很强烈。这书很怪，老师骂学生，学生顶老师，学生跟学生闹别扭，不遮不掩；旁人对老师不礼貌，羞辱老师，让老师下不来台，也照收不误；甚至连老师搂不住火，竟然拿棍子打老朋友，也都记下来。说是圣书，一点圣味儿没有。

它和《老子》不一样。《老子》是一派哲言，没人。读《老子》，如入无人之境。它和《孙子》也不一样。《孙子》，每篇上来三个字，都是"孙子曰"，光他一人在书里讲话，书是一言堂。它提到的人，拢共只有四个，两个恐怖分子（专诸、曹刿），两个大特务（伊尹、吕牙）。

《论语》这书，主要是记孔子和学生聊天。孔子，孔子的学生，还有其他人，不管是对话者，还是他们提到的人，不管是当官从政的达官贵人，还是隐逸山林的不合作者，死人也好，活人也好，所有人物加一块儿，有156人。这些人物搞不清，说话背景搞不清，书没法读。

我的办法，是先排孔子年表，再排孔门弟子的年表，再排其他人物的年表，把《论语》的内容，对照这三个年表读。[1]

横读法

孔子思想有它内在的系统，但《论语》一书没系统。我们要想从这本没系统的书读出它的系统，没有别的办法，只能自己动手，把全书分分类，分析分析它使用的概念，看这些概念有什么关系。比如仁、义、孝、友、忠、信、宽、恕、恭、敬十个词，孔子怎么讲，必须查一遍，把所有论述归一堆儿，互相对一对。整理一遍，线索就清楚了。上面，我们说，《论语》篇幅长，人物多，不整理不行。概念也是这样。它的20篇，没有连贯的叙述，没有集中的主题，要想理解点什么，记住点什么，也要打乱原书，作主题摘录。我说的横读，就是按主题摘录的方式读。最后，还要加上点心理分析。

读不懂的问题，不妨搁一边儿

《论语》中的话，不皆精粹，很多都平淡无奇，不必刻

---

[1] 　前人编孔子年谱，很多都是拿《论语》编。这种做法，司马迁的《史记·孔子世家》已经使用。但读者要注意，《论语》中有些年代不清的话，也常被编进去，流于游戏。

意求深，以为字字珠玑，后面必有深意。特别是有些话，就算很有深意，当时人明白，后人也读不懂。《论语》中的话，很多都是掐头去尾，前言后语不知道，谈话背景不清楚，硬抠是抠不出来的。比如"文革"结束前，毛主席他老人家，最后写下六个字，"你办事，我放心"。这六个字，很平常。但搁当时，简直和遗诏差不多。个中深意，只有在那段儿生活过的人，才能体会。过了这阵儿，没法懂。我敢说，这六个字，不用搁几百年，就是现在这帮孩子，都莫名其妙，想崇拜都不知朝哪儿崇拜。所以，我建议，读到这种地方，不妨猜一猜，猜不出来就算了，别钻牛角尖。

挑什么书读好

研究《论语》，书很多，但真正重要的书，并不多，我替大家挑一下。西汉古本，有所谓《古论》《齐论》《鲁论》，三种都已失传，大家不必深究。后来，这三种本子融合为一种，叫《张侯论》，即今本的前身。大家使用的本子都差不多。现在，读《论语》，大家可以从带白话翻译的通俗本入手，如杨伯峻的《论语译注》（北京：中华书局，1958年版和1980年版），就是比较流行的读本。如果还想进一步深造，有下面几本书，可供参考：

（1）《论语郑氏注》（郑玄注），有敦煌本和清代的各种辑佚本。参看：王素编著《唐写本论语郑氏注及其研究》（北京：文物出版社，1991年）。

（2）《论语集解》（何晏的集解和邢昺的疏），有敦煌本和《十三经注疏》本。参看：李芳录校《敦煌〈论语集解〉校证》（南京：江苏古籍出版社，1990年）。

（3）《论语集解义疏》（皇侃的集解和疏），有日本大正十二年（1923年）怀德堂本和清《知不足斋丛书》刊印的根本伯修氏校本，即《丛书集成初编》所收。

（4）朱熹《论语集注》（收入朱熹《四书章句集注》），有中华书局标点本（北京：中华书局，1983年）。

（5）刘宝楠《论语正义》，有中华书局标点本（北京：中华书局，1990年）。

（6）程树德《论语集释》，有中华书局标点本（北京：中华书局，1990年）。

出土发现很重要

过去，不仅孔子被圣化，孔子的学生也被圣化，谁是二圣人，谁是三圣人，有一套胡说八道。宋儒讲道统，搞三突出，突出曾子，突出子思，突出孟子，就是这类胡说八

去圣乃得真孔子

道。七十子之徒，《论语》里有29人，七十子之后，也有很多人，哪里是这样排座次？出土发现可以证明，孔门的真相不是这样。

研究《论语》，有三个发现最重要。一是郭店楚简，它有13种儒籍，上面提到，三种语丛很重要。二是上博楚简，现在没出全，也有十几种儒籍，《论语》中的很多人物，它都涉及到。有些故事，有些语句，彼此相关。郭店楚简刚公布，简文只有子思，大家还在那儿吵子思，说是证明了道统，这批竹简出来，怎么讲？三是八角廊汉简，有汉宣帝时期的《论语》残本和《儒家者言》。

八角廊汉简《论语》，有一本小书：河北省文物研究所定州汉墓竹简整理小组编《定州汉墓竹简〈论语〉》，北京：文物出版社，1997年。大家可以找来看。

阅读《论语》的大忌

读《论语》，最傻最傻，就是拿它当意识形态。好好一孔子，不当孔子理解，非哆哆嗦嗦当圣人拜，凡有损圣人形象处，必拐弯抹角，美化之，神化之，曲解之。比如孔子说，"唯女子与小人为难养也，近之则不孙（逊），远之则怨"（《阳货》17.25），原文没什么难解之处，但近人吵得不亦乐乎。有人说，孔子是圣人，他怎么会轻视妇女，把伟大的女性和缺德的小人绑一块儿？难道他没妈？他们替孔子着急，非把"女子"读为"汝子"（还有解为"竖子"的），"小人"解为小孩，就是典型的例子。还有，我们读《论语》，谁都不难发现，孔子很孤独，也很苦恼，很多人非拉他当心理大夫，岂不可笑？碰到这类曲解，我常常会想起鲁迅。鲁迅说，"救救孩子"（《狂人日记》）。[1]我说，"救救孔子"。大家别以为，"五四"就是骂孔子，其实它才是救孔子。

历史上捧孔子，有三种捧法，一是讲治统，这是汉儒；二是讲道统，这是宋儒；三是拿儒学当宗教，这是近代受洋教刺激的救世说。三种都是意识形态，说是爱孔子，其实是害孔子。我是反其道而行之：去政治化、去道德化、去宗教化。

这三条不去，其愚不可及也。

愚民者必为民愚。

———————

1　《鲁迅全集》，第1卷，北京：人民文学出版社，1956年，19页。

去圣乃得真孔子

上篇

纵读《论语》（人物篇）

一　走近孔子

　　本书上篇是人物篇，侧重历史叙述。我们先谈孔子，再谈他的学生，再谈其他人，一个一个，慢慢来。好像看戏，先把剧中人物给大家介绍一下。

　　孔子是个什么样的人？我打算花四章来介绍，把他当作一个历史人物来介绍。这是上篇的重点。

　　研究孔子，我有两个建议。

　　第一，大家可以先读司马迁的《史记·孔子世家》，了解一下他的生平事迹，知道他活着的时候是什么样，有一点时间上的感受。

　　第二，大家可以到孔子故里参观一下，了解一下他的生活环境，感受一下历朝历代尊孔的气氛，有一点空间上的感受，有一点古今对比。大家不妨想一想，活着的孔子和死后的孔子有什么不一样。

司马迁是第一个为孔子作传的人

先秦诸子，老师的生平怎么样，弟子有些什么人，记载最详细，莫过于孔门。其他学派比不了。

孔子活着的时候，不得志；死后，他的弟子不服气，说我们的老师是圣人，超过尧、舜的圣人。于是，孔子当了圣人，当了他们心中的救世主。这以后，其他门派的学生也纷纷仿效，说我们的老师是圣人，同样是圣人。但这些圣人，全都是民间圣人，没一个得到过官方批准。得到官方批准，是到了汉武帝时，也就是司马迁生活的那阵儿。圣人，汉武帝只批准了一个，就是孔子。

圣人是不能没有传记的。

汉代尊孔，武帝为盛。司马迁作《史记》，把孔子列入专记王侯的三十世家中，就是拿他当钦定圣人讲，当王侯一样的贵人讲。他的记载很重要。我们研究孔子，可以参考很多古书，但《孔子世家》提供的框架最基本，最重要。我们可以用其他古书校《史记》，指出它的失误，但其他古书，支离破碎，缺乏整体感，我们要想对孔子的生平有个大致的了解，还是要看司马迁的记载。

当年，司马迁写《孔子世家》，他有一段话，很有名，"《诗》有之：'高山仰止，景行行止。'虽不能至，然心乡往之。余读孔氏书，想见其为人"。他的意思是，你崇拜孔子，读他的书，自然想知道他是什么样的人，所以他要给你讲孔子的为人。[1]

有人说，孔子真伟大，幸亏历史选择了孔子。历史是什么？太抽象。其实，是汉武帝选择了孔子，就像君士坦丁选择了基督教。[2]

读《论语》，我的建议是，了解孔子本人，要读《史记·孔子世家》；了解他的学生，要读《史记·仲尼弟子列传》。孔子是汉武帝捧起来的圣人，司马迁随侍左右，对孔子十分崇拜。他吊过孔子故居，读过孔壁中书，包括《孔子弟子籍》，即当时流传，据说是用古文抄写的孔门弟子的花名册，甚至向孔子的后代孔安国当面请教。他的记载最早，他的记载最宝贵。

还有两本书，大家也可参考，一本是《孔子家语》，讲孔子；一本是《孔丛子》，讲孔子的后裔，汉武帝以来的后裔。这两本书，是汉魏之际的古书，年代晚一点，但不是伪书。过去称为伪书，不对。[3]

当然，这些文献，本身有许多错误，需要加以考订，才能当作史料，并不是每句话全都可靠。

1　现在的风气是，"读孔氏书，而不想见其为人"，或"不读孔氏书，也不想见其为人"。他们连孔子是历史研究的对象都反对。
2　统治者都知道，尊孔就是尊自己，对收拾人心有好处，他们是拿孔子当工具。这件事和孔子无关，他不可能知道，后人怎样利用他。
3　参看李零《丧家狗》，太原：山西出版集团·山西人民出版社，2007年，47—50页。

上曲阜去看看

研究孔子，除了读书，还可旅行。我们不妨到山东曲阜去看一看，像司马迁一样，实地感受一下孔子生于斯，长于斯，葬于斯的地方。

旅行也要备课。出发前，我们不妨读一下郦道元《水经注》卷二五的《泗水》《沂水》和《洙水》。孔子讲学于洙泗之间（《礼记·檀弓上》）。洙泗之间有什么古迹，郦道元有较早的记载。

还有一幅地图也很重要，就是宋绍兴二十四年（1154年）俞舜凯的《鲁国之图碑》。[1]俞舜凯是南宋人，但地图反映的是北宋仙源县，很多古迹，郦道元讲的古迹，在这个图上还保留着，现在已经看不到。比如泗水、沂水和洙水怎么流，鲁国的十二座城门在哪里，很多问题，都是看了这幅地图，你才明白。

游览曲阜，有十大景点，值得推荐：

一是曲阜东南的鲁源村，传说是孔子爸爸家。村中有块《古昌平乡碑》，是1924年康有为立的。康氏跟耶诞抬杠，上款作"孔子生二千四百七十五年"，下款作"甲子九月康有为敬书"。碑文"甲子"是西历1924年。这个村，大

1　曹婉如等编《中国古代地图集（战国—元）》，北京：文物出版社，1990年，图版49—51。

去圣乃得真孔子

部分居民姓刘，没有姓孔的。

二是鲁源村附近的尼山，传说是孔子出生的地方。山上有尼山孔庙，山下有夫子洞。传说孔子就出生在这个洞里。

三是尼山附近的颜母庄，传说是孔子妈妈家。颜母庄有颜母祠。祠里有块明代的碑，衍圣公来此祭祀立的碑，碑文作"有周故孔夫子外祖颜府君祠"。有趣的是，它是把这个祠当孔子他姥爷的祠，而不是孔母本身的祠，完全是男本位。颜母祠的附近有个扳倒井，也就是古人所谓的"颜母井"。[1] 这个村子是杂姓，也没姓颜的。

四是曲阜以东的梁公林，传说是孔子爸爸、妈妈和哥哥的葬地。梁公林在防山一带，防山在曲阜鲁故城的东面。古书说，孔子三岁死了爹，他不知道他爸爸葬在何处，所以妈妈死后，他不知该往哪儿葬。据说，他把他妈妈的棺材停在五父之衢，到处跟人打听，最后问过郰曼父之母，才知道他爸爸是葬在防山一带（《礼记·檀弓上》）。[2]

五是曲阜东北的寿丘／少昊陵。古人说，黄帝生寿丘，少昊都穷桑，鲁国都曲阜，建于少昊之虚，就是这个地方。寿丘、穷桑、少昊之虚，都是指今寿丘／少昊陵一带。曲阜

1　汉《建宁元年史晨碑》已提到"颜母井"。
2　古人说，五父之衢是"鲁县东南道名"（《左传》襄公十一年杜预注）或"曲阜县东南二里鲁城内"（《史记·孔子世家》正义引《括地志》）。《鲁国之图碑》有"五父里"，是标在鲁城的东北角。我们估计，五父之衢是通往防山的一条大道，位置当在鲁城的东门一带。

是一条七八里长的土岗子，从梁公林往西，一直延伸到鲁故城的东北角。今少昊陵后边的土丘就是这条土岗的一部分。曲阜鲁故城，后来叫曲阜县，就是以这道土岗而得名。北宋，曲阜县改称仙源县，曾移治于此，建了个宫殿，叫景灵宫。景灵宫，废墟还在。宫殿前面，有宣和大碑四通，宋徽宗派人把碑运来，还没来得及刻字立碑，金兵就打来了。碑高16.95米，是天下第一碑。光是驮碑的大龟，就比人还高，高达2.22米。

六是曲阜鲁故城，即西周鲁故城。城作椭方形，东西长，南北窄。当时的城墙，现在还在。护城河，西北还在，东南断流。城墙开有12个城门，《鲁国之图碑》上有它们的名。城中有五经五纬，各五条大道。宫城偏北，居于正中。整个设计最像《考工记》中的王城。明清时期的北京城就是这种格局。

七是周公庙。周公庙，就是《论语》说的太庙（《八佾》3.15、《乡党》10.19），相当北京的太庙（现在的劳动人民文化宫）。现在的周公庙太小，《鲁国之图碑》上很大。原来是和胜果寺（今作盛果寺，位置已改变）左右并列，包在一道曲尺形的残墙内，这是鲁宫城或鲁灵光殿的北部。周公庙以南，还有一道曲尺形的残墙，则是鲁宫城或鲁灵光殿的南部，两观是它的南门，门外有三个水池：太子钓鱼池、泮池和曲池，以及斗鸡台等古迹。这是鲁故城的中心区域，建在城中的高地上。宋真宗以前，鲁县或曲阜县，县治就在这一带。

八是明曲阜城和阙里孔庙。孔子住的那个居民区，古代叫阙里。明曲阜城就是围绕这个居民区，其实是个孔子城，专为保卫孔家而设。[1]正德六年（1511年），河北农民造反，"秣马于廷，污书于池"。所以，正德八年到嘉靖元年（1513—1522年），才修了这座城。孔庙是因宅设庙，宅庙不分。最初，孔庙很小，后来越修越大。北宋的孔庙就很大，从《鲁国之图碑》看，陋巷以西，全是孔庙的范围（孔府是后来才分出来的）。陋巷北的颜庙，原先没有，只有一口井。

九是孔林，即孔氏家族的葬地，其中除孔子、孔鲤、孔伋祖孙三代的墓，汉代孔白、孔霸的墓，主要是明以来（四十二世以下）孔氏子孙的墓。这片墓地，原先没有林墙，《鲁国之图碑》上还没有，元至顺二年（1331年）才有。它的南墙是修在鲁故城的北墙上。

十是舞雩台，即曾点春游（《先进》11.26）和孔子散步（《颜渊》12.21）的地方。这是西周就有的古迹。

曲阜的古迹是个连续体，少昊之虚和西周古城，汉唐以来和宋以来的古迹，都集中于同一个地区。研究孔子，不可不去。

---

1 1977—1978年，山东省的考古工作者发掘曲阜鲁故城时，曾发现西汉晚期的城圈，它的西墙和南墙是利用鲁故城的城墙，北墙在明城北，东墙在明城东，范围比明城大，但也偏于西南。这座汉城，年代晚于鲁恭王的卒年（前128年），已经打破鲁灵光殿遗址的范围。它也是以孔庙所在的区域为中心。

走进孔庙

曲阜的古迹，是以阙里孔庙为中心。它位于曲阜鲁故城的西南角。

这座建筑有九进院落，包括五殿、一阁、一坛、一祠、两堂、两斋宿所、十五碑亭、五十四门坊和两千多块碑。

我们到孔庙游览，重点是看三组建筑。

第一组，是看奎文阁和十五碑亭。

我们从孔庙的棂星门进入，经三重院落，穿大中门，到第四个院子，可见奎文阁和十五碑亭。

奎文阁是藏书楼。奎星主文运。这个名字，是金章宗起的。

十五碑亭，除明洪武碑亭和永乐碑亭，全是金、元、清三代征服王朝立的碑亭。征服的上策是征服人心，"得人心者得天下"，他们比汉族更尊孔（北京的孔庙就是蒙古人建的）。

第二组，是看大成殿和它周围的建筑。

孔庙的后部，分左、中、右三路。

中路是以大成殿为核心。

大成殿是孔庙的正殿。大成殿这个名字，是宋徽宗起的，来源是孟子的一句话，"孔子之谓集大成"（《孟子·万章下》）。它是祭拜孔子的地方，黄瓦龙柱，一派帝王气象。孔子冠垂冕旒，端坐在大殿中央。两旁是四配，四个二等圣人：东侧是复圣颜渊、述圣子思；西侧是宗圣曾子、亚圣孟子。靠墙是十二哲：东六哲是闵子骞、冉伯牛、子贡、子路、子夏、有子；西六哲是仲弓、宰我、冉有、子游、子张、朱熹。他们，都是按一左一右排序。

大成殿的东西两庑，是两个长廊，东庑陈放着40位先贤、39位先儒的牌位，西庑陈放着38位先贤、37位先儒的牌位。两庑先贤，主要是四配十二哲以外的孔门弟子（也包括孔子称道的前贤，如蘧伯玉）；两庑先儒，除公羊赤和谷梁高是先秦大儒，其他都是汉以来的大儒。有趣的是，它把宋儒周敦颐、张载、二程和邵雍，也列入先贤，地位排在汉儒之上。

大成殿的排序，有谁没谁，谁前谁后，很有讲，本身就是一部值得研究的历史。大成殿和它的两庑，那么多人，唯独没有荀子，是值得注意的现象。

大成殿的前面是杏坛。《鲁国之图碑》上已有杏坛。古人说，"孔子游乎缁帷之林，休坐乎杏坛之上。弟子读书，孔子弦歌鼓琴"（《庄子·渔父》）。当年，孔子讲学，主要是坐在家里讲，或散步到舞雩台，在郊外讨论。如果真有杏坛，恐怕在郊外。但现在的孔庙是把它搁在大成殿的前面。它是由170多个幽灵围坐在孔子身边，听他在冥冥之中，向他们讲诉着什么，仿佛一座宏大的讲堂。

大成殿的后面是寝殿。寝殿是供孔子的夫人并官氏。[1]

这组建筑的西边，有启圣王殿和启圣王寝殿，是供孔子的爸爸叔梁纥、妈妈颜徵在。

这组建筑的东边，有崇圣祠，是供孔子夫妇、孔鲤夫妇和孔伋夫妇的地方。

整个布局，是学生在里面，家属在外围。学生和家属，都沾孔子的光。

真是一荣俱荣。

第三组，是看圣迹殿。

圣迹殿在孔庙的最后。它是明万历二十二年（1594年）山东巡按御史何出光为保存《圣迹图》而建。

这三组建筑，前面是碑，中间是像（和木主），后面是画，都是用来宣传孔子。

圣迹殿中的壁画

圣迹殿是个石刻壁画殿，用图画表现孔子、孔子的学生，以及他的生平。它的壁画分三种，一种是孔子像，一种是弟子像，一种是《圣迹图》。

1　古书多作"亓官氏"，但据《礼器碑》，正确写法是"并官氏"。唐代的《孔子家语》也这样写（《史记·孔子世家》索隐引）。

去圣乃得真孔子

（1）孔子像

分半身像和全身像。

半身像，有传顾恺之或吴道子画的《孔子为鲁司寇像》，形象比较端庄。这种像，有不少仿刻，除石刻本，还有彩绘本。彩绘本，外间最流行，是孔府收藏的本子（有"虚斋"印和"宣和殿宝"印），豹眼环睁，形象不太好。形象比较好，还是山东省博物馆收藏的明成化乙巳（1485年）本。

全身像，有传唐吴道子画《孔子行教像》，一种立于唐代，有"德配天地"等16字；一种立于宋崇宁间（1102—1106年），有宋米芾书"孔子孔子，大哉孔子"等32字。此像即清雍正十三年（1735年）孔广棨立《先师孔子行教像》所本。现在，后者最流行，几乎已成"标准像"。

（2）弟子像

孔子弟子像，有孔行颜随像，有十哲侍立像。

孔行颜随像，是表现孔子的得意门生颜回，紧随其后，亦步亦趋。[1]宋绍圣二年（1095年）传顾恺之画《颜子从行小影》、宋政和八年（1118年）《先圣画像》和宋刻《先圣小像》都是这种像。

十哲侍立像，有宋绍圣二年传吴道子画《孔子凭几

---

1 《庄子·外篇·田子方》："颜渊问于仲尼曰：'夫子步亦步，夫子趋亦趋，夫子驰亦驰；夫子奔逸绝尘，而回瞠若乎后矣！'"

坐像》。读《论语》，我们都知道，十哲才是孔子最重要的弟子。

（3）《圣迹图》

佛教有本生故事，描写释迦牟尼的一生。唐宋以来，儒家排佛，很厉害，但在宣传方式上，却采取佛教的方式。孔子一生，故事最多，比诸子中的任何一位都多，画点连环画，最合适。《圣迹图》就是模仿佛教的本生故事，对孔子的一生做通俗宣传。

圣迹殿中的《圣迹图》，篇幅很大，有120块石刻，文字8块，图112块。这种《圣迹图》是怎么发明和发展起来的，是个值得研究的问题。最初可能是单幅的绘画，后来发展为连环画，篇幅不断扩大。[1]

这种图，大概是从南宋和元代，才发展起来，现在保存最早的本子，是日本收藏的元王孤云画、元俞紫芝题字的本子。这个本子只有10幅图。[2]

圣迹殿中的《圣迹图》从哪儿来，一般说法，它是从明正统九年（1444年）张楷的线描本发展而来。

张楷是明代早期人，他的《圣迹图》，原本是石刻本，

1　沈津《〈圣迹图〉版本初探》，《孔子研究》2003年1期，100—109页。

2　《神州国光集增刊》之二，上海：神州国光社，1908年。邓实跋云："旧藏项子京家，庚子之乱，为英人某君购得。余亡弟秋门之妻弟杨君寿彭在日本从某君借影以遗余。"此书十图相当"尼山致祷"、"因膰去鲁"、"匡人解围"、"微服过宋"、"学琴师襄"、"西河返驾"、"子西沮封"、"退修诗书"、"西狩获麟"、"汉高祀鲁"。

早佚。[1]所谓明正统九年本，其实是明嘉靖二十七年（1548年）朱胤栟的翻刻本。这个本子，只有3页文字和26幅图，并非原本，也非全本。图前文字，是节录《史记·孔子世家》，题宋朱熹纂。26幅图，是图解《孔子世家》，除《孔子世家》，还杂采《论语》《孟子》和《孔子家语》。

曲阜文物档案馆还有一种彩绘本，题仇十洲画、文徵明书，有3页文字和36幅图，与前者比较，是同一来源，但互有异同，图比前者多一点。[2]

这种较早的本子，一般都没有图题，偶尔有之，也没有统一的格式（比如下面提到的《累累说圣图》）。圣迹殿中的《圣迹图》，特点是格式统一，有四个字的图题。

读《圣迹图》，我们要注意它的一头一尾。一头一尾，都是赞美。

所有《圣迹图》，内容雷同，尤其是开头五幅。它们的第一幅，都是"先圣小像"（孔行颜随像），后面四幅，都是讲孔子降生有什么祥瑞，如"尼山致祷""麟吐玉书""二龙五老"和"钧天降圣"。

这些图，都富于神话色彩，不可能是真实的情况。

1　上海青浦孔宅旧有张楷曾孙张九德翻刻本、康熙中方正范补刻本，均已亡佚。参看清陈康祺《郎潜纪闻二笔》卷五《青浦孔宅》、近人刘成禺《世载堂杂忆》录俞樾《青浦孔宅》。

2　《孔子圣迹图》，济南：齐鲁书社，2005年。彩绘本第14、15、19、27—39图，朱胤栟翻刻本缺。彩绘本第11图相当"学琴师襄"，朱胤栟翻刻本放在相当"职司委吏"的第10图（在第13页）后。

它的结尾，也很有意思，是"哀公立庙""汉高祀鲁"和"真宗祀鲁"，内容全是讲孔子死后如何如何受统治者重视。最后这幅，更表明了它的时代。这是宋以来的崇拜。

孔子的一生很苦，小时候是苦孩子，自卫反鲁，也是眼泪泡着心，他这个人，基本上是悲剧人物，两头都很苦，这才是真相。

其他故事，也多半重复，如孔子自认"丧家狗"的一幅，所有《圣迹图》都有。元王孤云本是第四帧，明彩绘本是第25页，叫"累累说圣图"；明正统九年本是第27页；曲阜孔庙圣迹殿内的石刻本是第79石（"微服过宋"）。上面的题辞，非常一致，都是《史记·孔子世家》中的那段话。

研究孔子，我们不妨看看这些《圣迹图》，看看宋以来讲孔子，怎样神乎其神。如果深入一点，我们还可以把每一幅图的根据也查证一下，看看它们的作者都利用了什么资料。然后，我们再把这类描写和司马迁的记载，和其他古书的记载对比一下。

经过对比，你会发现，司马迁的讲法比较老实，《圣迹图》的描写比较夸张。司马迁笔下的孔子，还是比较可靠。

不时，不遇，不得志，才是孔子的真实面目。

二　孔子的形象

大家很想知道，孔子长得是什么样。崇拜孔子，这个问题更重要。因为圣人是不能没有像的，没有也要画一个出来。

"圣人"难画

绘画史，人物画像是单独一类。古代没照相术，但有画像。画像和摄影，对早先的人（如清末民初的人），有神秘含义，和今天不一样。图形图形，图的不只是形；摄影摄影，摄的不只是影，还是人的魂魄。这种看法，很多民族都有，不光中国。人死了，大家想他（或她）想得不得了，怎么办？一般有两个法子。一种是像如今的模仿秀，找个模样差不多的，让他当替身。谁和死者最像？当然是他的子孙。古人用子孙代死者，叫尸。孔门也有这种事。孔子不在了，弟子想他，想得受不了，子游、子夏、子张就琢磨了，老师的儿子死了，咱们身边，谁跟老师最像？有若。得，他们就把有若拉出来，坐在老师的座位上，受弟子朝拜（《孟子·滕文公上》)。这是一法子。还有一法子，更聪明，是画张画，或塑个像，让生者有个念想。

现在的墓地，坟前立着一块块碑，碑上刻着死者的姓名和生卒年代，有时还有照片或肖像，甚至雕像。这种习惯，很早就有。例如湖南长沙的陈家大山楚墓、子弹库楚墓，还有马王堆汉墓（1号墓和3号墓），出土的帛画，上面都有死者像。陈家大山和子弹库的帛画，人大背景小；马王堆的帛画，人小背景大，聚焦不一样。这些像，可以调动生者对死者的想象，拉近他们和死者的距离，古人早就想到了。

古代除人像，还有神像。神怎么画？是个难题。犹太教、基督教和伊斯兰教，它们都反对偶像崇拜，至高无上的神是抽象的神，无处不在，却什么也不是，没形象，不能画。但宗教是一种渴望，一般的信众，受不了空白想象，就像美女的美，不能无所附丽，在人的想象中，总得有个交待。他们需要肉身降临的神。圣母、耶稣，还是有像。但人和神，关系怎么摆？没法摆。这就像孔子说的"唯女子与小人为难养也"，也是"近之则不孙（逊），远之则怨"（《阳货》17.25）。神离他（或她）太近，不行；太远，也不行。马克思曰，"人创造了宗教，而不是宗教创造了人"（《黑格尔法哲学批判导言》）。耶稣、佛陀本是人，但信徒非说是神。各种圣像，人和神的关系最难拿：画得跟人太不一样，是怪物，缺乏亲近感；画得跟人一模一样，是俗人，又缺乏神圣感。

去圣乃得真孔子

孔子在中国文化中，位置很微妙。孔子死后，大家说，他是圣人。圣人怎么画，也是个难题。

古书中的描写

孔子的形象，古书的描写有点怪，很多是相面专家留下的话：

（1）《世本》佚文（《路史·后纪九》注引）："仲尼圩顶，反首张面，四十有九表，堤眉谷窍，参臂骈胁，腰大十围，长九尺六寸，时谓长人。"（《史记·孔子世家》说他"生而首上圩顶"）

（2）《庄子·外物》："老莱子之弟子出薪，遇仲尼，反以告，曰：'有人于彼，脩上而趋下，末偻而后耳，视若营四海，不知谁氏之子。'老莱子曰：'是丘也，召而来。'"

（3）《荀子·非相》："仲尼之状，面如蒙（彭）俱（蜞）。"[1]

（4）《史记·孔子世家》记郑人说："其颡似尧，其项类皋陶，其肩类子产，然自要（腰）以下，不及禹三寸。"（《白虎通·寿命》《论衡·骨相》《孔子家语·困誓》略同）

---

[1] 这话，旧注多误，此从高亨解。参看：梁启雄《荀子简释》（北京：古籍出版社，1956年）49页引高亨《荀子眉笺》稿本。

（5）相者姑布子卿说孔子"得尧之颡，舜之目，禹之颈，皋陶之喙"（《韩诗外传》卷九第十八章）。

（6）《孔丛子·嘉言》："苌宏语刘文公曰：'吾观孔仲尼有圣人之表。河目而隆颡，黄帝之形貌也；脩肱而龟背，长九尺有六寸，成汤之容体也。然言称先王，躬履谦让，洽闻强记，博物不穷，抑亦圣人之兴者乎？'"

古人说，孔子他老人家，长相跟常人不一样，神头怪脸，脑袋像尧，眼睛像舜，脖子像禹，嘴巴像皋陶，归齐了，一句话，他有圣人相。圣人什么样？王充说，尧是大脑门，舜是两瞳仁，皋陶的嘴，朝前努，跟马嘴一样（《论衡·骨相》）。圣人怎么长成这个样，真是莫名其妙。古人越说孔子有圣人相，越像怪物。

作为人，孔子什么样，有几点，倒值得分析。

第一，孔子"圩顶"，头顶中间凹一块儿，四边高，中间低，像个盆儿。盆形颅，我没见过。我只见过一种脑瓜，倒是中间缺一块儿，俗称"歇顶"或"地中海"，学名"脂溢性脱发"，三面有毛，顶上无毛。但司马迁说孔子"生而首上圩顶"（《史记·孔子世家》），他生下来就歇顶，也不大合适。"反首"，我怀疑也不是《左传》僖公十五年说的"反首"（披头散发），而是所谓"隆颡"，大脑门，好像后脑勺长前边，跟年画上的老寿星一样。

第二，他的脸，所谓"张面"，大概脸盘比较大，荀子

去圣乃得真孔子

说"面如蒙（彭）俱（蜞）"，正确的解释是螃蟹脸；"堤眉谷窍"，可能是高眉弓、抠抠眼；"后耳"，和招风耳相反，是耳朵朝后贴。

第三，他个子特别高，膀大腰圆，号称"长人"，而且上半身长，下半身短，胳膊比一般人长，还有点驼背。"腰大十围"，是古尺五尺、今尺三尺四，按汉尺23.1厘米计算，腰围115.5厘米，整个一水桶腰。"长九尺六寸"，按汉尺23.1厘米计算，合221.76厘米，也和姚明的个头儿（226厘米）差不多。孔子是大高个儿，古人都这么讲。[1]

总之，他个子比较高，脸盘比较大。

汉画像石上的孔子像

现存最早的孔子像是汉画像石上的孔子像。这种像，都是孔子见老子像，年代在西汉晚期到东汉时期。[2]

---

[1] 孔子的父亲，据说"身长十尺"（《孔子家语·本姓解》），合231厘米。孔子的七世孙孔腾"长九尺六寸"（《史记·孔子世家》），合221.76厘米。看来，这一家族是个出大个子的家族。

[2] 参看鲁迅《在现代中国的孔夫子》，《鲁迅全集》，第6卷，北京：人民文学出版社，1958年，248—254页。鲁迅提到过汉画像石上的孔子见老子像。他的印象是："这位先生是一位很瘦的老头子，身穿大袖口的长袍子，腰带上插着一把剑，或者腋下挟着一支杖，然而从来不笑，非常威风凛凛的。假使在他的旁边侍坐，那就一定得把腰骨挺得笔直，经过两三点钟，就骨节酸痛，倘是平常人，大约总不免急于逃跑的了。"承鲁迅博物馆馆长孙郁先生慨允，我目验过鲁迅收藏的汉画像石拓本。他的拓本有两幅，都是武梁祠汉画像石上的孔子见老子像。

孔子见老子像，细节不一样。一般情况是，老子拄筇竹杖，在左，身后有若干弟子；孔子执贽（雉或雁，是当时的见面礼），在右，身后也有若干弟子。孔子身后的弟子，具体是谁，不尽相同。有时，画面上端，还有一龙一鸟。龙，司马迁说，孔子讲了，老子犹龙（《史记·老子申韩列传》），也许是象征老子。鸟，也许是凤？不知道。楚狂接舆有《凤歌》，以凤比孔子（《论语·微子》18.5）。他俩面对面，鞠躬如仪。中间站个小孩，抬头问孔子，则是项橐。古人说，这个小孩儿特别早慧，敢拿问题考孔子。[1]他手里拿个东西，一根杆，两个轮，不是风车，据学者考证，是一种叫鸠车的玩具。[2]

汉代初年，高、惠、文、景，黄老最时髦，武帝以来，才独尊儒术。孔子见老子，意义何在？我想，是一种宣传策略。佛教初入中国，要模仿道教。明末，利玛窦到中国传教，也有入乡随俗的所谓"利玛窦规矩"。它们都采用这种策略。我猜，儒家打翻身仗，可能也靠这一套。

西汉武帝时，孔子运气刚刚好起来的那一阵儿，老子的名气还相当大，当时，借老子的光，容易被人接受。老子的特点是老。汉代传说，老子是一老寿星、活神仙（《列仙传》

1　项橐，见于《战国策》《淮南子》《史记》《汉书》等古书，参看：清俞正燮《癸巳类稿》卷一一《项橐考》，以及敦煌变文《孔子项托相问书》。

2　孙机《汉代物质文化资料图说》，北京：文物出版社，1991年，398页，图版100-12。案：这种器物，汉代和唐代都有。

卷上），孔子问礼老子（《礼记·曾子问》《史记·孔子世家》《孔子家语·观周》），有象征意义。他见老子，受项橐难，很能体现敬老爱幼。敬老子，也是敬自己。民间画法，很喜相。

看这类画，我会想起另一幅画，拉斐尔的《雅典学院》。《雅典学院》是焦点透视。画面上，由远及近，有四个拱门，一层套一层。台阶上下，有一堆人，柏拉图和亚里士多德站当间儿，比孔子、老子放松，肩并肩，聊着天，向我们走来，画面很有纵深感。汉画像石，正好相反，是底线横列法，散点透视。孔子和老子，面对面，打躬作揖，侧对着我们，两队人马，一个中心点。人的视线，横扫，一边从左到右，一边从右到左，朝中心点靠拢。中心点是项橐。所有人站一横排，根本没纵深感。它们的构图不一样。

汉代的孔子像，眉眼不清，令人遗憾。

文翁学宫和鸿都学宫中的孔子像

汉代的画像石，是用于墓葬，但它们的来源还是生人所居宫室和庙堂中的壁画。汉画像石上的孔子像和孔子弟子像是从哪儿来？我怀疑，或与汉代的两所学校有关：

（1）文翁学宫

是汉景、武之际（约前145—前136年）蜀郡太守文翁在成都县城（今四川成都市）南门外修立的学宫，内有讲堂和精舍（学生宿舍）。[1] 讲堂叫周公礼殿，中有壁画，绘三皇五帝、三代君臣及两汉君臣，这是一种画。另一种画，是画仲尼、七十二贤，据说画在房梁上（《八琼室金石补正》卷三五引《唐益州学馆庙堂记》及《元和郡县图志》卷三一），可能小一点。

（2）鸿都学宫

是汉灵帝光和元年（178年）在洛阳鸿都门（在汉魏洛阳城东南的太学附近）设置的学宫，据说也有壁画，绘有孔子及七十二弟子像（《后汉书·蔡邕传》）。

汉画像石上的孔子像，可能就是以这类绘画作蓝本。

郦道元见过的孔子像

汉代，尊孔圣地，除上述学宫，还有孔子故居和孔子墓，司马迁和郦道元都去过。司马迁说，孔子冢大一顷，汉武帝时，孔子故居和他学生的宿舍，已经变成庙，里边藏着

1　文翁，景帝末年和武帝时期，为蜀郡太守，有政声，是西汉有名的循吏。他在地处偏远的蜀郡，提倡儒学，推行教化，和齐鲁齐名，汉景帝令天下郡国皆立文学，就是由他开的头。建武十年（34年），益州太守文参增造吏寺200多间。永初后（113年之后）和中平间（184—189年），学宫两度遇火。兴平元年（194年），蜀郡太守高朕重修学宫，号称文翁石室（也叫文翁玉室）。

去圣乃得真孔子

孔子的衣冠，还有他弹过的琴、坐过的车和读过的书，像个博物馆(《史记·孔子世家》)。郦道元也说，孔庙，宅大一顷，有三间房，孔子住西房，孔母住北房，夫人住东房。庙中有孔子的车子，就是颜无繇求孔子卖掉的车子(《先进》11.8)，原件已毁，乃仿制品。武梁祠汉画像石上有这辆车子。大家注意，他说了，这座老屋里还有幅孔子像，画上，有两个弟子，手执书卷，在旁侍立(《水经注·泗水》)。他们两个，肯定有一个是颜回，还有一个是谁？我怀疑是子路，或者是子贡，不是宋人推崇的曾子、子思和孟子。这幅画也很古老，可惜没留下来。

文翁礼殿图的失传

宋代，文翁礼殿还在，在益州(今成都市)的孔庙中。庆历年间(1041—1048年)，有个叫蒋堂(字希鲁)的，以枢密直学士知益州，曾扩建此庙(《宋史·蒋堂传》，《续资治通鉴长编》卷一五三)。宋范镇说，礼殿图是被蒋堂涂盖(《东斋记事》卷四)。但明何宇度说，这些画像，"至唐已漫灭。宋嘉祐中，重为摹写，增至一百七十三人。今学宫止有孔门诸弟子石刻，不知仍是故物否，其余不可见矣"(《益部谈资》卷中)。他们两个，说法不一样。中国古代建筑，经常翻修，这些画，不断被涂盖，不断被重绘，不是不可想象。而且值得注意的是，这里，何宇度说，孔门弟子像，明代仍有石刻。

文翁礼殿的画像，隋唐以来，有图绘的复制本流传。[1]

北宋宣和后，据说宫廷收藏，仍有"西蜀文翁礼殿之绘像"（宋蔡絛《铁围山丛谈》卷四），后来被掠到北京（清朱彝尊《日下旧闻考》卷十九引《两京求旧录》）。

清代，1775年，乾隆皇帝问四川督臣，成都府学礼殿画像还在不在，回答是"今成都府学宫礼殿已非旧，画亦早湮"（清陈康祺《郎潜纪闻初笔》卷九）。可惜的是，原物和图绘的复制本都没留下来。

宋以来的孔子像

古代祭孔，唐以前，情况不太清楚。唐开元八年（720年）以前，只有孔子和颜回是塑像，十哲是画像。这以后，才一律改为塑像，而且都是坐像。宋元祭孔，改四配（颜回、曾参、孔伋、孟轲）加十哲（去颜回，补颛孙师），也

1　如《隋书·经籍志》有《蜀文翁学堂像题记》二卷，《旧唐书·经籍志》和《新唐书·艺文志》有《益州文翁学堂图》一卷。《史记索隐》引用过《文翁孔庙图》、《七十子图》和《文翁图》，名字不一样，当是同一种图。

是塑像，也是坐像。但明代有人说，佛寺才用塑像，塑像的彩画容易剥落，大不敬。嘉靖九年（1530年），孔庙改制，毁塑像，改用木主，和以前大不一样。

宋以来的孔子像，小一点的雕像，倒是有一点，都不太好，有些还显得很滑稽。主要流行的还是平面的彩绘画像或石刻画像。

这些像，有几幅到处用，大家比较熟悉，但说实话，形象并不怎么好。比如明代彩绘的《孔子燕居像》，露齿豁牙，耷拉着眉毛，一脸呆气；明代彩绘的《孔子为鲁司寇像》，头上着冠，豹眼环睁，一脸杀气。没准儿，作者以为，孔子在家，比较放松，神情不妨呆滞一点；当司寇的那阵儿，要杀人，应该凶一点。这两幅画，不太好。明嘉靖九年改制，别的地方把像废了，但曲阜孔庙还有。"文革"，曲阜孔庙的孔子像被捣毁，现在的像是1988年重塑。他的两眼特别大，形象也不太雅观。

当然，这类画像也有比较顺眼的。如现在印得最多、几乎被视为标准像的，是清雍正十三年（1735年）孔广棨立的《先师孔子行教像》。这幅画，好就好在，它还真有点山东人的味道，也许就是照哪个山东人画的，让我们有一种亲近感。

山东人有什么特点？第一，大个子比较多。古人说，孔子高九尺六寸，也许夸大，但肯定比较高。古代有些地方，人确实比较高。比如孔子说的长狄，个子就很高（《国语·鲁语下》）。今鲁西南、苏北和皖北，自古来往密切，就是出大个子的地方。东北人，很多都是山东人的后代，大个子也比较多。第二，脑袋比较圆，脸盘比较大。

考古学家严文明先生说："山东史前居民（如属大汶口文化者）和中原史前居民（如属仰韶文化者）的体质特征虽都接近于现代蒙古人种的东亚类型，但仍有不少区别。例如前者面部较宽，梨状孔稍窄，后者反是。前者呈中鼻型，后者有阔鼻倾向。前者男子平均身高1.72米，后者仅1.68米。"[1] 山东人的体质特征，在考古学上也能找到证据。

我们要注意，画面上的孔子，大圆脑袋，宽脸盘，正是这一地区的特色。另外，还有一点不容忽略，画上的孔子，腰间佩剑，两手当心，哈点腰，身体略向前倾，是弯着的。有人可能会说了，这就是古人讲的"龟背"，孔子是驼背。但我宁愿相信，这是表现他的恭敬如仪。画上的姿势，古人叫"磬折"，好像奏乐的石磬，当中有个弯儿，《论语》叫做"鞠躬如也"（《乡党》10.4），[2] 它和背手撅肚子趾高气扬正好相反，是表示温良恭俭让。孔子见老子的画像石，他俩就是这样。

我对孔子的想象，到此为止。

1　严文明《东夷文化的探索》，收入《严文明史前考古论集》，北京：科学出版社，1998年，319—333页。

2　贾谊《新书·容经》提到"子赣由其家来，谒于孔子。孔子正颜，举杖磬折而立"，"子路见孔子之背，磬折举褒"。

鲁迅说孔子像

想象的力量是无穷的。

中国的人物像，大多雷同。给人留下深刻印象的，不多。除瓦刀脸的朱元璋，圆脸小胡子的成吉思汗，大多记不住。现在的历史人物像，也是如此，除腰里别把剑，酷似老农。

前中国历史博物馆（现在属中国国家博物馆）的通史展，有很多像。有些是早先留下来的，有些是请名家画。我们都是受这类教育长大，习惯了。孔子像，古人画了很多，刻了很多，今人添油加醋，也创作了很多。《红楼梦》上的话，这不过是"从敬爱上穿凿出来"的游戏（第五十一回）。既然是游戏，萝卜白菜，各有所爱，没人可以发号施令，非得接受哪一幅。然而，现在不同，有人非拿孔子当崇拜对象，像的问题，就成了"黑白定于一尊"的大问题。

近来有"孔子标准像风波"，媒体要我发表意见，我一言未发，觉得很无聊，就像外国人争"007"该什么样一样无聊。其实，这个问题，七十多年前，就有人谈过。

1935年，日本汤岛的孔子庙落成，何键送了幅孔子像。鲁迅说，孔子什么样，中国的百姓几乎毫无所知，虽然自古以来，几乎县县都有文庙，庙里却一般没有像。中国人，凡是为应该尊崇的人物立像，一般都大于常人，唯独孔子，立像却好像是亵渎，不如没有。孔子没留下相片，无法一睹真颜，"若是从新雕塑的话，则除了任凭雕塑者的空想而外，毫无办法，更加放心不下。于是儒者们也终于只好采取'全部，或全无'的勃兰特式的态度了"（《在现代中国的孔夫子》）。[1]"全部"是全有，随便画。"全无"是根本不画。都是任你"空想"。

空想，还不许随便，非得服从命令听指挥，傻不傻？

1　《鲁迅全集》，第6卷，北京：人民文学出版社，1958年，248—254页。"全部，或全无"，即 All or nothing。

三 孔子的"祖国"和"父母之邦"

孔子生活于春秋晚期。这个时期，礼坏乐崩，贵族传统大崩溃，但贵族传统还在。我们研究当时的人物，一定要了解他们的出身。研究孔子，我们也不要忘记他的出身，他的"祖国"是宋国，[1]"父母之邦"是鲁国。[2]我们先说宋，再说鲁，带大家旅游一下，让大家对《论语》中的很多说话地点，有一点空间感受。

宋国的孔氏：孔父嘉

宋是商王的后代。周武王克商，占领东方，在商王朝的核心地区封了宋、卫（在今河南省的东北部），在它的后

1　安土重迁的传统社会，祖籍、出生地和居住地，三者往往统一。但即使古代，人口也有流动。这里的"祖国"，是指祖先世代居住的国家。现代汉语也有"祖国"一词，则是以国籍认定为标准。

2　《微子》18.2："柳下惠为士师，三黜。人曰：'子未可以去乎？'曰：'直道而事人，焉往而不三黜？枉道而事人，何必去父母之邦？'"孔子的爸爸家和妈妈家（姥姥家）都是鲁国，可以这么叫。英语的fatherland和motherland，是指爸爸、妈妈或祖先的国家。

方即东夷之地封了齐、鲁（在今山东省）。孔子的一生，和鲁、卫关系最大，齐国和宋国，他也去过。

宋是商遗民的保留地，和商的关系最密切。当时人对商的知识，主要靠宋。

宋是孔子的"祖国"，他祖先的国家。

据《世本》记载，孔子在宋国的先人是：

> 宋湣公（名共，约西周中期）——弗甫何——宋父周——世子胜——正考父——孔父嘉（名嘉，字孔父，前？—前720—前710年）——木金父——睪夷（字祁父）——孔防叔。

孔子以孔为氏，是出自孔父嘉。孔父嘉，就是《左传》桓公元年和二年提到的孔父。他的名字，是属于名、字连称，他的名（出生时取的小名）是嘉，字（成人后取的大号）是孔父，不是姓孔名父嘉。[1]孔子以孔为氏，是属于"以王父字为氏"，即以他爷爷的字为氏名（家族的名称）。他这一支，按照古代命氏（给家族起名字）的惯例，其实是用睪夷爷爷的字作家族名称。他们这一支，是从睪夷这一代才开始立族，从此称为孔氏。

孔父这一支，是西周中期从宋湣公分出，追根溯源，是成汤的后代。孔子在鲁国被人另眼相待，最初就是沾祖上

1　古代以嘉为名，以孔为字的人很多。

的光。鲁国大贵族孟僖子说，孔子是"圣人之后"（《左传》昭公七年），主要就是指他血统高贵。古人说的"圣人"都是上古贤君，不是一般人。[1]

孔父在宋国任大司马，是宋穆公托孤寄后的顾命大臣，地位很高。他的太太，长得很漂亮。有一天，在路上，被宋国的太宰华父督撞见。华父督"目逆而送之，曰'美而艳'"（《左传》桓公元年），看上了孔子的祖奶奶。当时，宋国跟郑国交恶，十年有十一场战争，老百姓怨声载道。华父督趁机煽动，说灾难都是出自这位负责军事的大司马，竟然把孔子的老祖宗杀掉，把他的祖奶奶霸占。宋国国君不满，也被杀（《左传》桓公二年）。

孔父死后，家道中衰。他的后代，[2]"畏华氏之逼而奔鲁"（《孔子家语·本姓解》）。宋都在今河南商丘，离曲阜不远。他家是从商丘北上，搬到鲁国。

商丘是成汤所居，比河南淇县的朝歌早，比河南安阳的殷墟早。已故的张光直教授，过去一直有个梦，就是希望找到成汤所居的"商"，把它亲手挖出来。他组织的中美联

1　《左传》昭公七年，孟僖子说孔子是"圣人之后"，臧孙纥说"圣人有明德者，若不当世，其后必有达人"，他们说的"圣人"，旧注说是商汤，杜预注和《孔子家语·观周》引"圣人有明德者"，作"圣人之后有明德者"，王引之不取旧注，认为传文"圣人"是指弗父何。弗父何是宋潜公子，有明德，让宋厉公，没有继承君位。他说，这种圣人，只是"明德之通称，不专指大圣"（《经义述闻·春秋左传下》）。他所谓"大圣"，古书多见，皆指圣王。如此说成立，则让出君位的有德者，也可称为"圣人"。

2　或说木金父，或说孔防叔，都是猜测。

合考古队在河南商丘挖了很多年，"商"没挖到，但挖到了东周的宋城。[1]宋、卫一带，是著名的黄泛区，古城多被黄沙淤埋，完全在地下，从现在的地面挖下去十几米，才能接触到东周宋城的地面。商代、西周的遗址还在下面。

宋朝以宋为号。宋徽宗崇宁三年（1104年），当地出土过宋公成钟，曾被视为祥瑞。但直到现在，当地还很少有东周时期的发现。

宋人的特点：死心眼，认老礼儿

孔子是在鲁国长大，但有一段话，据说是他讲的。他说，"丘少居鲁，衣逢掖之衣；长居宋，冠章甫之冠"（《礼记·儒行》）。如果这话可靠，他年轻时，一度回过宋国。

孔子60岁那年，周游列国，途经宋国，险些被宋国的司马桓魋杀害，留下的印象并不好。孔子晚年有个学生，叫司马牛，就是司马桓魋的弟弟。他家也是宋国的司马。

在《论语》一书中，我们可以读到这样的词句：

> 子曰："述而不作，信而好古，窃比于我老彭。"

（《述而》7.1）

1　中国社会科学院考古研究所、美国哈佛大学皮保德博物馆中美联合考古队《河南商丘县东周城址勘查简报》，《考古》1998年12期，18—27页。

子曰："南人有言曰：'人而无恒，不可以作巫医。'善夫！不恒其德，或承之羞。"子曰："不占而已矣。"(《子路》13.22)

商人的特点是守旧。老彭就是保守分子。孔子说，他只继承，不创造，信古好古，和老彭一个样。老彭不是两个人，老子加彭祖，而是一个人，专指彭祖。老指老寿，传说活了八百岁。他是彭城（今江苏徐州）人，为彭姓始祖，故名彭祖，名字叫铿。《列仙传》《神仙传》说，他教商王学地仙之术，吃喝玩乐搞女人，是商代有名的养生家。汉晋流行《彭祖经》，是所谓"房中七经"之一。[1] 王夫之说，彭祖是"一淫邪之方士"(《四书稗疏》)，但孔子引他为同类，骂他等于骂孔子。

商人还有个特点，是酷爱占卜。考古发现可以证明这一点。"南人"，孔注说是"南国之人"，不能确指哪一国。上博简和郭店简的《缁衣》都作"宋人"，才揭开谜底。宋在鲁的西南。所谓"南人"，其实是宋人。孔子的意思是说，人贵有恒，就像占卜：一次不灵，可以再占；这种不行，就换另一种。[2] 他说自己，人不太聪明，但"学而不厌，诲人

---

1 《论语》此章很重要。马王堆帛书、张家山汉简、上博楚简都提到彭祖，说明他是古代的名人。但古书提到他，还是以《论语》为最早。

2 "人而无恒，不可以作巫医"，《缁衣》说，是"古之遗言"。"巫医"，《缁衣》篇的各个本子都是作"卜筮"。卜筮是数术，巫医是方技，不一样。这里，还是以作"卜筮"更好。

不倦"（《述而》7.2），是个持之以恒的人。喜欢占卜的人就有这种劲头。孔子特别强调"有恒"，反对半途而废。他对自己的勉励，对学生的教诲，到处贯穿着这种精神。从好了说，是执着；从坏了说，是顽固。

宋人在西周是遗老遗少。他们特别认老礼儿，性格很偏。

我们都知道，孔子以前，宋国有个怪人，宋襄公。公元前638年，宋、楚战于泓（今河南柘县北）。宋人摆好阵势，楚人还在渡河，他不肯趁楚人没有摆好阵势就发动攻击，结果大败，大腿受伤。战后，国人都骂，他却辩解说，这是古人的规矩，君子的规矩，我是"亡国之余"（商人的后代），不能打没有摆好阵势的敌人，第二年，伤重不治，白白丢了命。毛泽东称之为"蠢猪式的仁义道德"（《论持久战》）。[1]

堂吉诃德，好古，跟风车开战。研究文学史的说，宋襄公是中国的堂吉诃德。

孔子，有个鲁国看城门的人（石门晨门）说，他的特点是"知其不可而为之"（《宪问》14.38）。明明不行还要干，可见很偏。在孔子身上，我们还能看到其先祖的性格。

孔子是堂吉诃德。

堂吉诃德是个可笑也可爱的人物。

1　《毛泽东选集》（一卷本），北京：人民出版社，1966年，482页。

鲁国的孔氏：孔子的爷爷和爸爸

孔子的祖上是"国防部长"，后来家道中衰，被迫移民鲁国，地位大不如前。他这一支是庶支的庶支。

据《世本》记载，孔子在鲁国的先人有三代：

孔防叔 —— 孔伯夏 —— 叔梁纥 —— 孔丘（字仲尼）。

孔防叔是孔子的曾祖，孔伯夏是孔子的爷爷。他爸爸叔梁纥，叔梁是字，纥是名，也是名字连称，和孔父嘉是一种叫法。纥可读为仡，有壮武之义，梁者强梁，与名相应，正如其人。他是鲁国的郰邑宰（郰邑的长官），力气很大，偪阳之役，曾力托悬门（《左传》襄公十年），传说身高十尺（合2.31米），比孔子还高（《孔子家语·本姓解》）。

《论语》提到过孔子的爸爸：

子入太庙，每事问。或曰："孰谓郰人之子知礼乎？入太庙，每事问。"子闻之，曰："是礼也。"（《八佾》3.15）

"郰人"，当时的意思，不是说住在郰邑的人，而是指郰邑的长官。文中的"郰人"就是孔子的爸爸。

孔子是军人世家，前辈都是赳赳武夫，身材高大，拜先祖之赐，有遗传优势。他爸爸是大个子，他也是大个子。孔子的七世孙孔腾，据司马迁说，和孔子一般高，也是大个子（《史记·孔子世家》）。

孔子的爸爸叔梁纥，《左传》襄公十年称"郰人纥"，十七年称"郰叔纥"。他只是个"县级干部"，地位不太高。司马迁说，"纥与颜氏女野合而生孔子"（《史记·孔子世家》），颜氏是孔子的妈妈，下面还要讲。

"野合"什么意思？前人吵得不亦乐乎。孔子是圣人，怎么能在野外行事，很多人宁愿相信，这是说，孔子的父母年龄悬殊，婚姻不够正式，手续不够齐全。其实，野合并没有这种复杂含义。司马迁对孔子崇拜得五体投地，他也不会故意污蔑圣人。

我们都知道，孔子是个苦孩子，三岁上就死了爹，他对他爸没什么印象，他妈好像也没跟他讲过多少他爸的事。为什么不讲，可能就和野合有关，不是正式配偶。后来，孔子他妈死了，他把她的棺材停在五父之衢，到处跟人打听，他爸埋在哪里，打听出来，才把父母合葬。

这说明什么？说明他对自己的身世不清楚。

我理解，古人讲这类故事，主要强调的是，孔子身世不明，从小受人歧视，和一般人不一样。忍辱负重，是圣人故事常有的铺垫。

鲁国的颜氏：孔子的妈妈

一个小孩，他是父母双全还是来自单亲家庭，是跟爹长大，还是跟娘长大，很重要。孔子是由妈妈拉扯大。对他来说，妈妈更重要。

关于孔子的出生，有另一种传说，叔梁纥身体好，生育力极强，他和施氏（正室），一口气生了九个闺女，就是没有男孩，好不容易娶个妾，生下个男孩，叫孟皮，还是瘸子（可能是患小儿麻痹症）。孔子他爸，娶了两个太太，都没生下健康的男孩。他不甘心，又到颜家求婚。颜家有三个女儿。当爹的怕这些年轻女孩嫌他太老，特意解释说，孔子他爸是"圣王之裔"，"身长十尺，武力绝伦"（比孔子还高），出身高贵，身体没问题。但老大、老二不干，只有老三同意。这个老三叫颜徵在，就是孔子他妈（《孔子家语·本姓解》）。[1]

这个故事，是正式求婚，和司马迁的说法不一样，也许是一种补救之说，可以消除野合说的不良影响。

孔子他姥姥家是颜氏。鲁国的颜氏，有姬姓之颜和曹姓之颜，[2]她是哪个颜？还不能肯定。颜氏寻根问祖，都说自己是颜回的后代，再往上追，则说出自曹姓，即邾国的分支

1　《史记·孔子世家》索隐、正义引《孔子家语》并云，"梁纥娶鲁之施氏，生九女，其妾生孟皮，孟皮病足，乃求婚于颜氏，徵在从父命为婚"，今本《孔子家语·本姓解》缺施氏。

2　鲁国的颜氏有两支，一支是小邾之颜，即邾武公（名夷父，字颜）子友别封于郳的颜氏，为曹姓（《左传》庄公五年疏引《世本》和杜预《春秋世族谱》，又《潜夫论·志氏姓》）；一支是鲁伯禽的支庶，食采于颜，为姬姓（王俭《姓谱》）。《左传》襄公十九年，齐灵公娶鲁女曰颜懿姬，即颜氏姬姓女。孔子之母也可能是姬姓。

小邾国。小邾国，有个墓地在今山东枣庄市山亭区东江村，2002年发现，六座墓，被人盗了三座半，剩下两座半，2003年发掘。我去过这个墓地，那里有块碑，说这是颜氏的祖坟，就是颜氏后人赶去磕头，特意立的。

孔门弟子有八人出自颜氏，[1]最出名的学生是颜回。孔、颜两家是姻戚，儿女亲家，有通家之好。这些学生，都是从他姥姥家带出来的。

叔梁纥想要一个健康的男孩，颜徵在也想。传说，颜徵在曾到郰邑附近的尼丘山（在今山东曲阜市的东南）祷神求子。孔子为什么叫丘，有两种说法，一说和他的颅形有关（《史记·孔子世家》），一说和他出生于这座山有关（《孔子家语·本姓解》），所以孔子名丘，字仲尼。尼丘山，本来叫尼丘山，因为孔子的私名是丘，丘字要避讳，所以现在只叫尼山。

仲尼是行辈加字，古人称字是对他的尊称。孔子死了，鲁哀公的悼词称他为"尼父"（《左传·哀公十六年》），"尼父"就是他的字（古人称字，男子往往加父字，女子往往加母字）。

孔子排行老二，吴虞管他叫"孔二先生"，有戏谑之

1　颜无繇、颜回、颜幸、颜高、颜相、颜之仆、颜哙、颜何。案：孔在卫国曾住在颜浊邹家，此颜或与鲁颜有关。又言偃的"言"和颜回的"颜"，上博楚简，写法一样。

义。五四运动和"文革"时期，大家对孔子往往直呼其名，如赵纪彬的书，就只呼"孔丘"，不叫"孔子"（但孔子的学生，他反而称字）。而最难听的叫法，是"孔老二"。[1]"孔丘"的"丘"，清朝要缺笔，不能直呼其名，叫名已经不礼貌，"老二"更是侮辱性的词汇。

孔子的出生地

孟子说，"孔子之去齐，接淅而行。去鲁，曰：'迟迟吾行也，去父母国之道也。'可以速而速，可以久而久，可以处而处，可以仕而仕，孔子也"（《孟子·万章下》，类似的话也见于《孟子·尽心下》）。柳下惠为士师，三次被贬官，有人劝他离开卫国，他说，"直道而事人，焉往而不三黜？枉道而事人，何必去父母之邦"（《微子》18.2）。古人都很看重自己的"父母之邦"。

鲁国是孔子的出生地和居住地，爸爸是鲁国人，妈妈也是鲁国人，对他来说，是名符其实的"父母之邦"。他离开齐，巴不得马上就走。离开鲁，却十步九回头，迟迟不忍

1　这种叫法是谁发明，不知道，有关考证，俟诸高明。1929年，孔氏族人控告山东省立第二师范上演《子见南子》剧，其联名上告山东教育厅的呈文，已经提到该校标语有"打倒孔老二"之语。参看：鲁迅《关于〈子见南子〉》，《鲁迅全集》，第7卷，北京：人民文学出版社，1958年，550—570页。

去。原因很简单，齐是外国，鲁是祖国。

孔子有两个家，一个是爸爸家，一个是妈妈家（或姥姥家）。

孔子的出生地在曲阜鲁故城的东南，即尼山附近。那个地方是在城外，属于郊野之外的小城镇。

司马迁说，孔子生于鲁昌平乡郰邑（《孔子世家》）。郰与邹古音相同，郦道元以为是同一地方，[1]但许慎以为是两个地方。[2]

邹即邾，是鲁国南边的小国，在今山东邹城市南的峄山脚下，俗称"纪王城"。秦统一天下，"邾"改称"驺"，如当地出土的秦陶量，除用十印打出始皇诏书，还有一印记制造地点，字正作"驺"，汉代古书也把它写成"邹"。邹、鲁是出儒家的地方，古人说的"邹、鲁缙绅之士"，就是这两个地方的特产。鲁是孔子的老家，邹是孟子的老家。孔子不是邾人或邹人。郰和邹，不能混为一谈。

孔子的老家，他爸爸家，据司马迁说，是鲁昌平乡郰邑，西汉的鲁是个王国，当时有这么个地方，司马迁很可能去过。后人说，这个地点就是尼山西五里的鲁源村（《阙

1　《水经注》卷二五《泗水》："溙水又迳鲁国邹山东南而西南流，《春秋左传》所谓峄山也，邾文公之所迁。今城在邹山之阳，依岩阻以墉固，故邾娄之国，曹姓也。叔梁纥之邑也，孔子生于此。"

2　《说文·邑部》："邹，鲁县，古邾娄国，帝颛顼之后所封。"《说文·阜部》："郰，鲁下邑，孔子之乡。"

里志·尼山》）。康有为尊孔，特意在村口立块碑，前面已经谈到。

孔子的爸爸是郰邑的长官。他在郰邑出生，很自然。

孔子的出生地，有两种说法。一种是尼山夫子洞。现在的尼山，半山腰有座庙，是尼山孔庙。庙的下面，山脚处，有个洞，是所谓夫子洞，传说孔子就生在这个洞里。另一种，是女陵山的空窦（《水经注》卷二五、《史记·孔子世家》正义》），空窦即孔窦。汉《建宁元年史晨碑》提到"孔渎、颜母井"，"孔渎"即孔窦。这是另一个夫子洞。[1]

尼山附近，还有颜母庄，传说是颜徵在的娘家。

孔子的居住地

孔子的居住地在曲阜，我很怀疑，曲阜才是他姥姥家。

孔子三岁，他爸爸就死了。孔母年轻守寡，没有名分地位，不久，就带他搬到曲阜去了。

颜徵在，从曲阜城外搬到曲阜城里，投奔谁？我想一

1　《史记·孔子世家》正义引《括地志》："女陵山在曲阜县南二十八里。"又引干宝《三日纪》："徵在生孔子空桑之地，今名空窦，在鲁南山之空窦中。无水，当祭时洒扫以告，辄有清泉自石门出，足以周用，祭讫泉枯。今俗名女陵山。"《鲁国之图碑》上有"女陵山"，位置在尼山西南，旁边是"白陵山""孟子墓""孟子庙"和"四基山"，似乎已入今邹城市的北境。

定是她娘家的人。颜回贫居陋巷的陋巷，就在这一带。可见这里住着颜家的人。

孔子住的地方，一直叫阙里。阙里是个古地名。这个里名为什么叫阙里，是因为靠近鲁宫城的阙门。鲁宫城的阙门，就是孔子杀少正卯的两观，郦道元叫双石阙（《水经注》卷二五）。《论语》有"阙党童子"（《宪问》14.44），就是住在阙里的年轻人。后世的孔庙、孔府都在阙里。

曲阜鲁故城，1977—1978 年发掘，有发掘报告。[1] 旧曲阜县城，包括孔庙、孔府，是在鲁故城的西南角。这一带是平民区，和过去北京南城的宣武区一样，是穷人住的地方。孔子在穷街陋巷长大，知道清贫是什么滋味。他老把"仁"和"贫"捆在一块儿。他夸颜回，"贤哉回也！一箪食，一瓢饮，在陋巷"（《雍也》6.11）。后世所谓陋巷，在孔庙的东边，是一条南北向的小巷，巷子的北边是宋以后的颜庙。这一带，后来阔得很，何陋之有！

鲁故城有 12 座城门，东南西北，每面三座门，南边靠西的门，离今孔庙、孔府最近，叫雩门，雩门外，有个祈雨的台子，叫舞雩台。孔子和他的学生经常上那儿散步，《论语》提到过两次（《先进》11.26、《颜渊》12.21）。今曲阜南门外，有一土堆，原来立有明嘉靖四十五年（1566 年）的石

1　山东省文物考古研究所等编《曲阜鲁国故城》，济南：齐鲁书社，1982 年。

碑，就是后人凭吊的舞雩台。

《论语》两次提到"子入太庙"（《八佾》3.15、《乡党》10.19）。所谓太庙，就是周公庙。今周公庙，在鲁故城的中心而偏东，和明清北京城的太庙，位置差不多。

孔子死后，葬于城北的泗水之上，后来成为孔家的族墓，即现在的孔林。

孔子生于鲁国，长于鲁国，死于鲁国。

他爱母亲，所以爱曲阜阙里；爱阙里，所以爱鲁国；爱鲁国，所以爱周公；爱周公，所以爱西周。爱西周，所以爱西周之礼。

这是孔子的爱国主义。

四 七十自述

《论语》中有段话非常有名，我叫"七十自述"：

> 子曰："吾十有五而志于学，三十而立，四十而不惑，五十而知天命，六十而耳顺，七十而从心所欲，不逾矩。"（《为政》2.4）

这段话，谁都往自己头上安，其实跟谁都无关，只跟孔子有关。我们要注意，它的头一字是"吾"。既然是"吾"，可见是讲自己，不是讲别人。他没说别人能活多长，活到多少岁会怎么样，该怎么样。他这一辈子，活了73岁，比一般人长。

73岁，现在很一般，过去不得了。[1]因为营养，因为医疗条件，还有各种意外原因，很多人都活不到这个岁数，四五十岁就赶紧收摊，活得像压缩饼干，哪像现在，老大不小，还在那儿玩，一直上幼儿园。[2]孔子曾这样说，"四十、五十而无闻焉，亦不足畏也已"（《子罕》9.23），"年四十而见

1　1949年，我国平均寿命才35岁，世界人均寿命才47岁。现在，我国的平均寿命是72岁。

2　例子很多，如王国维，贡献那么大，才活了52岁；杰克·伦敦，活40岁，写50卷书。

恶焉，其终也已"（《阳货》17.26）。在他看来，四五十岁还没出息，讨人嫌，这一辈子也就完了。

"七十自述"，是孔子70岁后，回顾自己的一生，总结出来的几句话，除头一句，都是掐整数，十年一截、十年一截，每句话是他生命的一个片断。前人说，它是孔子的"一生年谱"（明顾宪成《四书讲义》）或"一生学历"（程树德《论语集释》），我们不妨借他自己的回顾，概括他的一生。

孔子一生，很不得志，我把它粗分为六段，用他的生平来注解这段话：[1]

1—33岁（前551—前519年），孔子居鲁

孔子生于前551年（《史记·孔子世家》），或说比这早一年（《公羊》、《穀梁》襄公二十一年）。孔子出生时，爸爸70岁，妈妈20岁，是老阳少阴所生。他爸，军人世家，大高个儿。孔子的个儿也挺大，但爱文不爱武。司马迁说，孔子打小就不一般，他玩游戏，都是演礼，"常陈俎豆，设礼容"（《史记·孔子世家》）。我看，这是跟他妈，受鲁文化影响。

---

1 《圣迹图》图解孔子生平，主要是用来宣传孔子的神圣经历，很多所谓传记也是演义小说，它们通俗固然通俗，但史料既无甄别，次序也很混乱，有很多添油加醋的渲染和想象，千万不可当真。这里所述，是经过甄别的基本史实。阅读此章，可参看第十九章。我把有关的地理考证放在那里讲，这里只讲过程，不讲地理。

孔子是有名的大孝子。他3岁丧父，17岁丧母。父母死了，是他一人发送，合葬于防山。防山在今曲阜东，俗称笔架山。他父母的葬地，后人凭吊，有个地方，在防山下，叫梁公林。梁公即叔梁纥。前面已经谈到。

孔子，母亲死后，要服三年之丧（17—19岁）。司马迁说，服丧期间，孔子腰上扎着麻绳（腰绖），一副丧服打扮，到鲁国的权臣季平子家赴宴，被他的大管家阳货轰了出来（《史记·孔子世家》）。这事比较怪。崔述说，服丧期间，不该喝酒吃肉，孔子谙礼，怎么可能赴宴（崔述《洙泗考信录》卷一），难道他是成心捣乱？我想，史公的描写只是当时传说，含有文学渲染。它要渲染的是，孔子出身卑贱，从小受歧视，不一定真有其事。

孔子服完丧，乃操办人生大事，赶紧传宗接代，别让过世的父母在地下遗憾。他19岁娶妻，20岁生子，搁现在，是早婚早育，搁古代也不算晚。他的老婆是宋国的姑娘，叫并官氏；儿子叫孔鲤，字伯鱼（《孔子家语·本姓解》）。青年时代，孔子很坎坷，干过很多社会底层的工作，如看仓库、喂牲口（《孟子·万章下》《史记·孔子世家》），但30岁，他开始有点名气。齐景公和晏婴到鲁国访问，曾问礼孔子（《史记·孔子世家》《孔子家语·贤君》）。

"七十自述"，孔子自称，他是"十有五而志于学"。15岁，古人叫"成童"，是小学毕业该上大学，正式学礼乐的年龄。我国古代，没有中学，上完小学，就上大学。孔子少年老成，在这个年龄上，立志要做学问，起步比较早。孔子学问大，他的学问从哪儿来？是自学的结果，还是有名师传授？不清楚。孔子死后，卫公孙朝问子贡，你老师是跟谁学的？子贡说，"文武之道"，散落民间，他是跟很多人学，没有固定的老师（《子张》19.22）。孔子自己也说，"三人行，必有我师焉"（《述而》7.22）。要说老师，可以说一个没有，也可以说很多。我们只知道，孔子27岁，曾向郯国的国君请教（《左传》昭公十七年）。还有，他跟鲁国的乐官师襄子学过音乐（《孔子家语·辨乐》）。[1]师襄子，是鲁国的乐官，即《微子》18.9的"击磬襄"。其他，还有一些，不一定见过面，很多是死人。[2]

"七十自述"，孔子自称，他是"三十而立"。什么叫"立"？不是说，行过冠礼（男子20岁，行戴帽子礼），娶妻生子，就叫"立"。孔子说，立不立，关键是知礼。"不学礼，无以立"（《季氏》16.13），"不知礼，无以立也"（《尧曰》20.3）。

上面说，孔子是30岁以知礼出名。学者推测，他授徒

---

1 《辨乐》说，孔子跟师襄子学鼓瑟，但师襄子真正擅长的是击磬。《论语》中，孔子不仅鼓瑟（如《阳货》17.20孔子"取瑟而歌，使之闻之"），而且击磬（如《宪问》14.39"子击磬于卫"），估计都是跟他学的。

2 司马迁说，"孔子之所严事：于周则老子；于卫，蘧伯玉；于齐，晏平仲；于楚，老莱子；于郑，子产；于鲁，孟公绰。数称臧文仲、柳下惠、铜鞮伯华、介山子然，孔子皆后之，不并世"（《史记·仲尼弟子列传》）。这十个人，六人见于《论语》，四人不见于《论语》。见于《论语》，他最夸奖，是蘧伯玉、晏平仲、子产、柳下惠，孟公绰也还可以，但臧文仲是他批评的对象。不见于《论语》，是老子、老莱子、铜鞮伯华、介山子然。

设教，招收第一批学生，可能就在此前后。

34—35 岁（前518—前517年），孔子适周适齐

前518年，孟僖子临死，嘱其二子何忌（孟懿子）与阅（南宫敬叔）向孔子问礼（《左传》昭公七年）。后来，南宫敬叔陪孔子，上周朝的图书馆问礼老子，"一乘车，两马，一竖子俱"，去过洛阳（《礼记·曾子问》《史记·孔子世家》《孔子家语·观周》）。今河南洛阳市老城的东关（瀍河区东关大街），有块碑，是清雍正五年（1727年）立的，上面刻着"孔子至周问礼乐至此"，就是附会此事。后人想象，孔子从山东来，一定是从城的东门入城。

孔子见没见老子，有学者怀疑，还可以讨论，但前517年，孔子去过齐国，此事见于《论语》记载，则绝无可疑。孔子到齐国，是去找工作。齐景公不用，还在那儿兜圈子，先谈待遇，说像季氏一样的工资我不能给，要给，也就是"季、孟之间"；后来又拿年龄说事，说"吾老矣，不能用也"（《微子》18.3）。当时，齐景公也就55岁。[1]

---

1 古人说，这是晏婴的主意（《墨子·非儒下》，《晏子春秋》外篇下第一章，《史记·孔子世家》），晏婴好像白衣秀士王伦，但它们说的事（如白公之乱），从时间上考虑，根本不可能。

孔子在齐国，最大收获是听古典音乐，"闻《韶》，三月不知肉味"（《述而》7.14）。今山东淄博市临淄古城东南有个韶院村，据说，清嘉庆年间出土过一块古碑，上面刻着"孔子闻韶处"，同时还出土了石磬数枚。后来，这块碑丢了，清宣统三年（1911年）又仿刻了一块。当然，这也是附会。[1]

36—50岁（前516—前502年），孔子返鲁

孔子从齐国回来，没官做，只好退修诗书礼乐，教书育人做学问，自娱自乐。这一段是他做学问的黄金时代。学问做得好，当然不糊涂。"七十自述"，孔子自称，他是"四十而不惑"。孔子献身学术20年，教书育人10年，心里越来越明白：当官的资本，我有了；事在人为的人为，我已做到，就看天命如何了。

孔子这个人，一心想当官，但不是当官的命。1—10岁，鲁襄公在位，他还是小孩，谈不上当官。11—42岁，鲁昭公在位，执政大臣是季平子。42岁，孔子老大不小，按孔子的说法，再不出名，就没机会了，但他们就是不请他出来当

1　1983年，韶院村一位农民把他保存了30年的一枚石磬捐献给齐国故城遗址博物馆。石磬有铭文二字，作"乐磬（？）"，见张龙海《临淄韶院村出土铭文石磬》，收入所著《临淄拾贝》（淄博：临淄中轩印务有限责任公司，2001年），115页。

官。问题何在？我想是阳货挡着他的道。当时的鲁国，是陪臣执国命，纲常倒转。阳货是季氏的陪臣，季氏是鲁国的执政。阳货控制着季氏，季氏控制着鲁君。阳货让他当，他才能当；阳货不让他当，就没法当。

前509年，鲁定公即位。前505年，季桓子执政，阳货把他扣起来，逼他答应他的各种条件，然后才放了他。当时，阳货的权力很大。有一天，阳货主动，抱着个小猪见孔子，孔子不见，但按当时的规矩，应该回拜。孔子趁他不在，上他家，不想在路上撞个正着。阳货责问他，国家这么乱，你不管，这能叫仁能叫智吗？岁数不饶人呀，还不出山等什么。孔子说，是是，我是该出来做官，但没马上出来当官（《阳货》17.1）。当时，阳货看上孔子，孔子可没看上他。他还在观望。这是他47岁上的事。

47岁，我们觉得还年轻，但照古人的感觉，一只脚已迈进老年的门槛，快收摊了。司马迁说，孔子晚年喜《易》，[1] 读《易》太用功，把竹简的编绳都读断了好几回（《史记·孔子世家》）。我们别以为司马迁说的"晚"一定是孔子自卫返鲁之后。孔子说，"加（假）我数年，五十以学《易》，可以无大过矣"（《述而》7.17）。他的"七十自述"也说，"五十而知天命"。两个数字，不是巧合。孔子读《易》，

1　马王堆帛书《要》也有"夫子老而好《易》的说法"，可见这是汉代流行的说法。

去圣乃得真孔子

是给自己算命。当官就是他的"天命"。孔子周游列国，无功而返，还算什么劲儿？

孔子说，"不知命，无以为君子也"（《尧曰》20.3）。

"五十而知天命"，其实是读《易》知天命。他是从 47 岁，花四年的工夫读《易》，读到 50 岁上，才知道是时候了，该出来当官了。所以第二年，他就出来当官。这时的他，真是"书生老去，机会方来"（刘克庄《沁园春·梦孚若》）。

51—54 岁（前501—前498年），孔子仕鲁

前501年（51岁），阳货奔齐奔晋，是鲁国的大事。接着，公山弗扰以费叛，孔子欲往而止（《论语·阳货》）。接着，孔子出任中都宰。

前500年（52岁），孔子出任鲁司空，继任大司寇（《史记·孔子世家》《孔子家语·相鲁》），并于夹谷之会相鲁定公（《左传》定公十年）。

前498年（54岁），仲由为季桓子宰。孔子派他堕三都，先堕郈，次堕费，堕成不克（《左传》定公十二年、《史记·孔子世家》）。[1]公山弗扰攻鲁定公，被孔子挫败，奔齐奔吴。孔

1　三都，是三桓的封邑。郈是叔孙氏的封邑，费是季孙氏的封邑，成是孟孙氏的封邑。堕是毁坏城郭的意思。

子以鲁大司寇摄行相事，诛少正卯（《荀子·宥坐》《史记·孔子世家》）。[1]

当时，鲁国的统治者都很无礼，鲁君无礼，三桓（季孙氏、叔孙氏和孟孙氏，世代为鲁卿）无礼，阳货和公山弗扰（季氏的家臣）也无礼。孔子的内心矛盾是，三拨之中，他该支持哪一拨。他的选择是维护鲁君，没问题，但另外两拨，怎么办？打击阳货和公山弗扰，会助长三桓；打击三桓，会助长阳货和公山弗扰，都不利于公室。公山弗扰以费叛，他欲往而止，是想打击三桓，但很犹豫（支持陪臣叛主君，不合于礼）；堕三都，也是打击三桓。但公山弗扰攻鲁定公，他得维护公室，所以坚决打击，平定了他的叛乱。公山弗扰之乱后，鲁政仍掌握在季桓子的手里，情况并无改观。由于齐国施压，孔子被迫出国。

55—68岁（前497—前484年），孔子周游列国

孔子周游列国，主要是在卫国和陈国当官。我分三段讲：

1 　《系年》否定（上册，25—26页），《孔子传》删，理由不足，参看：赵纪彬《关于孔子诛少正卯问题》，北京：人民出版社，1973年。孔子杀少正卯，据说是在鲁国宫城南门的门阙之下，《水经注·泗水》叫"双石阙"，《鲁国之图碑》上叫"两观"，都指这个古迹。

（甲）55—59岁（前497—前493年），去鲁适卫，事卫灵公。

前497年（55岁），齐人送女乐给季桓子，季桓子受之，三日不朝，孔子大怒，离开鲁国（《微子》18.4）。他的弟子仲由、颜回、冉求等人随行。孔子对国内政治不撒手，命冉雍代替仲由为季氏宰，高柴为费宰，把他们留在国内（《史记》的《十二诸侯年表》《卫康叔世家》《孔子世家》）。

前496年（56岁），孔子去卫西行，过匡被围，经蒲返卫（《庄子·秋水》和《孔子世家》）。此事见于《子罕》9.5、《先进》11.23。

前495—前493年（57—59岁），事卫灵公，凡3年（《孔子世家》）。

前494年（58岁），鲁哀公即位。

前493年（59岁），卫灵公卒，孔子去卫（同上）。

（乙）60—63岁（前492—前489年），去卫适陈，事陈湣公。

前492年（60岁），季康子执政。冉有返鲁，代替仲弓为季氏宰。孔子经曹、宋、郑至陈，途中险遭宋司马桓魋杀害，换装逃跑（《述而》7.23、《孟子·万章上》《史记·孔子世家》）。"七十自述"，他自称"六十而耳顺"。这话什么意思？不好懂。我猜，主要是讲他周游列国这一段，孔子60岁前后，正在周游列国。他一路颠簸，不顺心，但很虚心，楚狂接舆、长沮、桀溺、荷蓧丈人，沿途碰见的怪人，冷嘲热讽，什么难听话，他都听得进去（《微子》18.5—18.7），就连郑人说他"累累若丧家之狗"，他也点头称是（《史记·孔子世家》）。我想，60来岁的人，阅世既久，毁誉置之度外，爱怎么着怎么着，无所谓，没什么脸红，没什么不好意思，这可能就是"耳顺"吧？

前491—前489年（61—63岁），孔子事陈湣公，凡3年。

前489年，孔子去陈适蔡，绝粮于陈、蔡之间，并由陈、蔡到达楚叶县，见楚叶公，求用于楚昭王，不成功，自叶返卫。[1]

（丙）64—67岁（前488—前485年），去陈适卫，事卫出公。

前488—前485年（64—67岁），孔子事卫出公，凡4年。

前484年（68岁），孔子应季康子召，回到鲁国。季康子请他回来，主要是起用他的学生，而不是他这个老头子。他自己，还是无官可做。

这次出游，孔子到过卫、曹、宋、郑、陈、蔡六国和楚的边境。当时，除仕卫、陈，哪个国家都不肯重用他。

1　司马迁说，冉求返鲁后（约前492年），孔子是"自陈迁蔡""自蔡如叶"（《史记·孔子世家》），本来很明确。但崔适却说，孔子既没到过州来之蔡，也没去过叶县，而是在负函见叶公（《洙泗考信录》卷三《孔子无至州来及叶之事》，收入《崔东壁遗书》，上海古籍出版社，1983年，300页）。此说不可信，说详第十八章。

去圣乃得真孔子

69—73岁（前483—前479年），孔子返鲁

前483年（69岁），孔子的儿子孔鲤卒，薄葬，"有棺而无椁"（《先进》11.8）。

前482年（70岁），孔子步入他生命的最后几年。这些年，孔子心情大坏，但在"七十自述"里，孔子说，他是"七十而从心所欲，不逾矩"，达到最高境界。这话什么意思？一向号为难解。我猜，他是说，他不但置外界的毁誉于度外，别人爱说啥说啥；自己的内心也大解放，想说什么说什么，想干什么干什么，处处得体，一点不坏规矩。这话有点怪，他把自由跟规矩搁一块儿，简直像悖论。小孩倒是从心所欲，但大了，就不许撒泼打滚。孙悟空也是这样。大闹天宫，倒是从心所欲，但没有规矩；西天取经，不听话，有紧箍咒，从心所欲又没处摆。人活着，就有规矩管着；死了，才彻底自由。孔子把两者搁一块儿，分寸最难拿。

孔子的规矩是礼，他的自由是合乎礼，跟美国似的，守法即自由。

前481年（71岁），是鲁哀公十四年。孔子根据鲁国的史记，改编成《春秋》一书，从鲁隐公元年一直续写到这一年。此年，哀公获麟。麟是一种神化的动物，其实是一种鹿。孔子以为仁兽。看到仁兽被捕，想到的是自己的命

运，他伤透了心，大哭一场，从此绝笔《春秋》（杜预《春秋左传》序）。颜回也死于此年，让他更伤心，又是大哭一场。

前480年（72岁），子路死于卫国的内乱，结缨而死，壮烈，但砍成肉泥，惨（《左传》哀公十五年），孔子闻之，大哭，让家人把厨房的肉酱倒掉，唯恐联想到子路的死（《礼记·檀弓上》）。

前479年（73岁），孔子卒（《春秋》经传哀公十六年）。大概在此前后吧，孔子说，我太老了，很久都梦不见周公了（《述而》7.5）。据说，孔子病重，端沐赐来看他，他唱了一首歌，"泰山其颓乎！梁木其坏乎！哲人其萎乎"，他对子贡说，你来得怎么这么晚呀，我都快死了（《礼记·檀弓上》）。司马迁说，孔子说完还哭了，对子贡说，"天下无道久矣，莫能宗予"（《史记·孔子世家》），埋怨没人听他讲。七天后，他果然死了。孔子是含泪告别世界。

他死后，埋葬在曲阜鲁城北面，后世叫孔林。[1]墓前立着两块碑，前面是明碑，后面是元碑。

1　司马迁说，"孔子葬鲁城北泗上"（《史记·孔子世家》）。古人说某水之上，一般是指水之北。如闵子骞说"善为我辞焉。如有复我者，则吾必在汶上"（《雍也》6.9），所谓"汶上"就是指汶水之北，但今孔林却在泗水之南，洙水之北。

孔子的后代

孔子的儿子叫孔鲤（字伯鱼，前532—前483年），孙子叫孔伋（字子思，前483—前402年）。《论语》三次提到孔鲤（《先进》11.8、《阳货》17.10和《季氏》16.13），没提到孔伋。

孔鲤不是孔子的学生。他听他爸爸教导，即所谓"庭闻"，只有12个字，"不学诗，无以言"，"不学礼，无以立"（《季氏》16.13）。

孔伋也不是孔子的学生。孔子死时，孔伋五岁，除非是神童，不可能跟孔子学什么。孔伋就是著名的子思。战国晚期，有所谓儒家八派，其中有子思之儒和孟氏之儒（《韩非子·显学》），孟子"受业子思之门人"（《史记·孟子荀卿列传》），他们有学术传承的关系。但宋儒所谓道统，把七十子简化为曾子一人，儒家八派简化为思孟之学，并把曾子和子思、孟子扯在一起，构成直线传播的所谓道统，这是后儒伪造的儒学传统，我们在第六章还会讨论。

《皇览·冢墓记》说，"伯鱼冢，孔子冢东边，与孔子并，大小相望。子思冢，在孔子冢南，亦大小相望"（《太平御览》卷五六〇引）。现在的孔林，有孔鲤、孔伋的墓，就是这样排列。墓碑也分前后两块，前面是明碑，后面是元碑。

五　七十子之徒

讲完孔子，我们要谈的是孔子的学生。孔子的学生，《论语》有很多不同叫法，如"二三子""弟子""小子""门人"。[1]

研究孔门弟子，我们要心中有数

孔子的学生有多少？据说非常多，他有3000个学生，其中72人最优秀，俗话说，"三千弟子，七十二贤人"。"三千弟子"是谁？不知道，谁都没讲，但他的70多个弟子，却有名有姓。后者有另一种说法，是77人。不管72人还是77人，习惯上是叫"七十子"。"七十子"的说法，最早是见于《孟子·公孙丑上》，汉代很流行。这是孔子直接教过的学生。

古书记载"七十子"，最早的材料是《史记·仲尼弟子

1　此章所述，大体同于《丧家狗》的16—24页。这里是撮述大义，并有修改。

列传》。司马迁有两种说法。

一种是"弟子盖三千焉，身通六艺者七十有二人"（《史记·孔子世家》），即孔子的学生大约有3000人，其中把诗、书、礼、乐、易、春秋六门都学通学透的有72人。

另一种是"孔子曰：'受业身通者七十有七人。'"（《史记·仲尼弟子列传》）它没提"三千弟子"，只说"受业身通者七十有七人"。"受业"是得到老师亲自传授，不但入门，而且登堂，不但登堂，而且入室，可以和老师坐在一个屋子里，当面向他请教。"身通"是"身通六艺"的省略。它是说，孔子门下，把诗、书、礼、乐、易、春秋六门都学通学透的有77人，传中的弟子也正好是77人。

这两种说法，数字不一样。《史记》的特点是兼存异说，两种说法，各有来历：

前一种说法，是附会古代的五行时令，取其吉祥之意，不是正好这么多。古代时令分两种：一种是四时时令，即把一年360天，按春、夏、秋、冬四时，每时各90天划分，配二十四节气，一直流行到现在；一种是五行时令，即把一年360天，按木、火、土、金、水五行，每行各72天划分，配三十节气，后世不太流行。72是吉祥数，不是真实数字，但古人喜欢这个数。比如古人说，自古封禅泰山有72代之君，汉高祖背上长着72颗黑痣，就是附会这个数字。

后一种说法，不一样，它是根据孔门弟子的花名册。

司马迁写《仲尼弟子列传》，曾参考过一本书，叫《孔子弟子籍》。这本书是用古文即战国文字抄写，很有来头。《仲尼弟子列传》是记孔门的在籍弟子，每个都有名有姓。这才是真实数字。

司马迁之后，西汉成、哀之际，《汉书·艺文志·六艺略》论语类有《孔子家语》二十七卷、《孔子徒人图法》二卷。东汉时期，有郑玄《论语孔子弟子目录》(《史记·仲尼弟子列传》三家注引，今佚)；魏晋以来，有《孔子家语·七十二弟子解》(《史记·仲尼弟子列传》三家注引，并有今本)，这类说法，流传有绪。郑玄《目录》和《七十二弟子解》，与《仲尼弟子列传》比较，细节有出入，但校除重复，大体相同。《七十二弟子解》，题目是"七十二弟子"，实际人数还是77人。

可见，"七十子"就是孔子的77个学生。

孔子的弟子这么多，可信吗？

我们都知道，中国近代废科举，立学校，中国才有"班级授课制"。"班级授课制"是17世纪捷克人夸美纽斯所创，不是几个学生，个别辅导，而是把学生分为年级编成班，一个老师带一大堆学生，坐在同一个教室里上课。

孔子的时代不是这样。读《论语》，我们都知道，孔子给学生上课，不是这样上。所谓上课，只是让学生陪他聊天，大家在一起讨论，很随便。他们或者坐屋里，东拉西扯；或者在户外，边走边聊。如果坐屋里，一般情况下，是孔子在当中，弟子在两旁，或立或坐（跪坐）。站着叫"侍"（《公冶长》5.26），坐着叫"侍坐"（《先进》11.26），坐立不肯定，叫"侍侧"（《先进》11.13）。孔门的核心弟子，没多少人，他叫"二三子"。谈话，主要是这些人，一般只有两三个学生，顶多四个人，加个弹琴的，如《公冶长》5.26讲"四子言志"，就是如此。孔子重乐教，他教《诗经》，总是配乐而歌，琴不离手，即使说话，也是一边弹琴，一边说话，跟崔永元的"实话实说"一样。孔子教学，有一大特点，就是"弦歌一堂"。

谈话，是有讲究的。我认为，真正的交流，人不能多，最好是两个人，一壶茶（或一壶酒），促膝谈心，面对面谈。要谈，就谈透，哪怕竟夕长谈，一直谈到无话可说，才各自睡觉。三人也行，两人说，一人听，插着说或轮着说。三人以上，太乱。

上课，道理是一样的。讨论课，不能超过十个人，五六个就差不多了。我很羡慕孔子时代的教学。可是，他这么带学生，怎么会有三千人？即使今天，一个教授，带三千个本科生，七十个研究生，那也不得了。

司马迁的话是真是假？我们可以讨论一下。

比如，我们拿汉代的情况作一比较。吕思勉说，汉代的大师，教授之弟子甚多，如《后汉书·儒林传》"精庐暂建，赢粮动有千百；其著名高义，开门授徒者，编牒不下万人"，我们从有关记载看，当时的大师，及门弟子上千，编牒弟子上万，是很普通的事。[1]这是东汉时候的情形。西汉的规模，即使没这么大，也该八九不离十。

这等于说，一个教授，可以教一所大学。

读吕先生的书，我们可以明白，孔子的学生，比起汉代，并不算多，完全在合理的范围之内。

孔子的学生太多，他怎么教？

别担心，他是把学生分成很多层，大徒弟带小徒弟，传帮带。

孔子的学生分两大类：

（1）"编牒"的弟子。只是慕名前往、登记在册的学生。注册者，也叫"著录"或"在籍"，其中有核心弟子，但外围学生居多。外围的学生，很可怜，大师，一般情况下，根

1　吕思勉《讲学者不亲授》，收入《吕思勉读史札记》，上海古籍出版社，1982年，上册，675—678页。

本见不着。

（2）"及门"的弟子。是入了老师门的弟子。这种弟子，又分两种：一种是及门而未入室，到了老师的门，没进老师的屋，未尝亲炙师教，顶多在院子里蹓跶；一种是入室，可以进老师的客厅，旁无杂人，听老师亲授。比如董仲舒，西汉大师，"下帷讲诵"，"三年不窥园"（《汉书·董仲舒传》），院子里的人，自然见不着面。马融，东汉大师，及门弟子有四百多人，登堂入室的只有五十多人，郑玄出其门下，三年都见不着一面（《后汉书·郑玄传》）。

见不着面的学生怎么办？很简单，可以让学生带学生，受业早的教受业晚的，学哪门的教哪门，转相传授，这叫"闻道有先后，术业有专攻"（韩愈《进学解》）。读《论语》，我们不难发现，很多情况下，都是大徒弟在屋里和孔子谈话，其他学生，只能在门外候着，孔子走了，才追着大徒弟问，刚才老师都讲了什么（如《里仁》4.15）。孔子的学生，既然徒弟带徒弟，其中就有再传弟子，大徒弟也是老师。如陈亢，就是端木赐的学生；阳肤，就是曾参的学生。澹台灭明，也是言偃任武城宰时发现的人材。陈亢和澹台灭明，都是77弟子中的人。普通弟子，《论语》叫"门人""门弟子"和"门人小子"的，很多人恐怕都是学生的学生。如"子夏之门人"（《子张》19.3）和"子夏之门人小子"（《子张》19.12），就是子夏的学生。我们从子路给孔子办丧事的故事看（《子罕》9.12），他们和"二三子"是不一样的。大徒弟和小徒弟，核心弟子和外围弟子，他们的关系，好像传销，一传一大片，人数很多，但不管哪个辈分，大家说起来，还是出自同一个师门。

古代大师，有很多"仰慕虚名、借资声气"的追随者，远道前来，建舍赁屋，为的只是一睹风采，并不一定见过老师，更不一定得过什么具体指点。

《论语》中的学生，他们的辈分

司马迁讲的77个学生，见于《论语》，有29人。这些弟子，有"先进"和"后进"之分（《先进》11.1）。"先进"是早期弟子，"后进"是晚期弟子。我按他们的年龄，对照孔子的生平，粗分为三期四组，每一组按年龄排序：[1]

（甲）第一期

孔子的第一批学生，主要是他早年居鲁时（1—35岁）招收的学生，共5人。

（1）颜无繇（字季路，前545—前？年）。鲁人，颜回的爸爸，比孔子小6岁。颜氏是孔子他姥姥家的人。颜回

---

[1] 这里只是按年龄段大致分组，不一定反映每个弟子的从学先后。

死，颜无繇请孔子卖掉自己的车，为颜回置棺椁，被孔子拒绝（《先进》11.8）。孔子最疼颜回，不是没有原因。孔门有八个学生以颜为氏，估计就是由他带进门。孔门有两子路。古人同名的很多，他的名、字和子路一样（"繇"通"由"）。

（2）冉耕（字伯牛，生卒不详）。鲁人，是有名的道德先生。孔府《圣门志》和《阙里广志》说冉耕比孔子小7岁，暂时排在这里。据说，他是得恶疾（麻风病）而死。孔子探望他，连声叹息说，这么好的人，怎么得了这种病，觉得非常可惜（《雍也》6.10）。冉氏也是孔门的生力军。孔子有五个学生出自冉氏，除这里的冉耕，还有冉雍和冉求，都是孔子最有名的学生。

（3）仲由（字子路或季路，前542—前480年）。鲁卞邑（在今山东泗水东卞桥镇）人，比孔子小9岁，有治国用兵之才，是孔门中最早做官的学生，也是他最重要的学生。孔子仕鲁定公，他任季桓子宰（前498年）。孔子周游列国，他追随左右。返鲁之前，还任卫蒲邑宰（前488年）。孔子回到鲁国，他与冉有共事季康子，并往来于鲁、卫之间。前480年，死于卫乱（《左传》哀公十五年）。卞邑出过个勇士，叫卞庄子。子路也是卞人，好勇过人。他性子急，脾气大，常挨孔子骂，不像颜回讨老师喜欢。他在《论语》中，出现次数最多（42次）。

（4）漆雕启（字子开，前540—前？年）。鲁人（或说蔡人），比孔子小11岁，他是个受过刑的残疾人，孔子鼓励他出去做官，他说他信心不足，孔子很高兴（《公冶长》5.6）。孔门有3人出自漆雕氏。

（5）闵损（字子骞，前536—前？年）。鲁人，比孔子小15岁，以德行称，是有名的大孝子，闵家的人全都夸他（《先进》11.5）。

（乙）第二期

孔子的第二批学生，主要是他自齐返鲁后（36—54岁）招收的学生，共8人。

（1）冉雍（字仲弓，前522—前？年）。鲁人，比孔子小29岁，以德行称，并长于政事。他这个人不爱说话（《公冶长》5.5），孔子夸他，"雍也可使南面"（《雍也》6.1）。前497—前493年，他接替子路为季桓子宰，《论语》提到这事，只说"仲弓为季氏宰"（《子路》13.2），上博楚简《仲弓》也提到这事，作"季桓子使仲弓为宰"。

（2）冉求（字子有，前522—前472—前？年）。鲁人，比孔子小29岁，以政事称。前492年，他接替冉雍为季康子宰。前472年，他仍在鲁国（《左传》哀公二十三年）。他在《论语》中，出现次数也比较多（16次），两称"冉子"（《雍也》6.4、《子路》13.14）。

（3）宰予（字子我，生卒不详）。鲁人，以言语称。《大成通志·先贤列传上》说他比孔子小29岁，暂时排在这里。

古人说，"宰予之辞，雅而文也"，但孔子和他相处久了，却发现他"智不充其辨"，因而说"以言取人乎，失之宰予"（《韩非子·显学》）。有一次，孔子骂他，"朽木不可雕也，粪土之墙不可杇也"（《公冶长》5.10），但他却是孔子最优秀的学生。他人很倔，孔子讲三年之丧，他公然反对，把老师气得够呛（《阳货》17.21）。孔子死后，他还在。端木赐树孔子为圣人，他是支持者。

（4）颜回（字子渊，前521—前481年）。鲁人，比孔子小30岁，以德行称，经常受老师表扬，是孔子最得意的门生。《庄子·田子方》说，颜回对孔子是亦步亦趋，"夫子步亦步，夫子趋亦趋，夫子驰亦驰；夫子奔逸绝尘，而回瞠若乎后矣"，自称紧跟紧跟还是跟不上。他在《论语》中，出现次数也比较多（21次）。

（5）巫马施（字子期或子旗，前521—前489—前？年）。鲁人，比孔子小30岁。他当过鲁单父宰（《吕氏春秋·察贤》，《韩诗外传》第二十六章，《淮南子·泰族》，《说苑·政理》，《孔子家语·屈节解》）。孔子仕陈湣公（前491—前489年），和陈司败谈话，他正好在陈国（《述而》7.31），故一说他是陈人。

（6）高柴（字子羔或季羔，前521—前478—前？年，或前511—前478—前？年）。齐人，[1]比孔子小30岁（或40

1　《孔子家语·七十二弟子解》。《世本》佚文说高柴出齐高氏，见《世本八种》，上海：商务印书馆，1957年，秦嘉谟辑补本，182页。

岁），据说个子很矮（不足五尺），相貌丑陋。他也是有政事才能的弟子。前498年，子路使子羔为费宰，[1]孔子骂子路，"贼夫人之子"，认为他是害了子羔（《先进》11.25）。约前488—前480年之间，他仕卫出公，《孔子家语·致思》说是当士师，故一说他是卫人。前480年，蒯聩入卫，他逃卫返鲁，而子路死于难（《左传》哀公十五年）。前478年，他还在鲁国（《左传》哀公十七年）。

（7）宓不齐（字子贱，前521—前？年，或前502—前？年）。鲁人，比孔子小30岁或49岁，曾任单父宰（《史记·仲尼弟子列传》），孔子夸他是鲁国的君子（《公冶长》5.3）。

（8）端木赐（字子贡，前520—前468—前？年）。原本是卫国的商人，以言语称，比孔子小31岁。从年龄上讲，他跟这一期的学生更接近，但拜师是在孔子去鲁适卫，到达卫国的前497年之后。古人说，他在卫当过信阳令或信阳宰（《说苑·政理》《孔子家语·辨政》）。孔子周游列国，他也参加了。孔子返鲁，他仕于鲁，从事外交活动。孔子死，他是掌门人。弟子服丧三年，相率去，只有他庐守六年，是孔门晚期最重要的人物。"叔孙武叔毁仲尼"，是他捍卫了老师的声誉。树孔子，当圣人，也是他发动。前468年，他还在鲁国（《左传》哀公二十七年），最后死在齐国（《史记·儒林列传》）。

1　"费宰"，《史记·仲尼弟子列传》引作"费、郈宰"。《礼记·檀弓下》说他当过成宰，《孔子家语·七十二弟子解》说他当过武城宰。

他在《论语》中，出现次数仅次于仲由（38次）。

（丙）第三期

孔子的第三批学生，主要是他周游列国和晚期居鲁时（55—68岁）招收的学生，共11人。

（1）原宪（字子思，前515—前？年）。鲁人（或说宋人），比孔子小36岁。他当过孔子的管家（《雍也》6.5）。战国秦汉的古书，常拿他和端木赐作对比，端木赐很阔，他很穷。

（2）樊须（字子迟，前515—前484—前？年）。齐人（或说鲁人），比孔子小36岁。此人喜欢种庄稼，是个重农派，孔子骂他是小人（《子路》13.4）。前484年，他还在鲁国（《左传》哀公十一年）。

（3）澹台灭明（字子羽，前512—前？年，或前502—前？年）。鲁武城（今山东平邑南）人，比孔子小49岁或39岁。他是孔子晚年居鲁（前484—前479年），言偃当武城宰时，在当地发现的人才（《雍也》6.14），[1] 后来到楚国发展，有弟子300人，很有名气。古人说他有"君子之容"，但孔子和他相处久了，却发现他"行不称其貌"，因而说"以容取人乎，失之子羽"（《韩非子·显学》）。司马迁作"以貌取人，失之子羽"（《史记·仲尼弟子列传》），[2] 后来成为成语。

1　《左传》哀公八年提到"澹台灭明之父"。
2　但司马迁说他"状貌甚恶"，正好相反。

（4）陈亢（字子亢或子禽，前511—前？年）。陈人，比孔子小40岁。此人大概是子贡的学生，《论语》三见，两次都是向子贡问教（《学而》1.10、《子张》19.25）。

（5）公西赤（字子华，前509—前？年）。鲁人，比孔子小42岁，好礼，有外交才能。

（6）有若（字子有，前518—前？年，或前508—前？年）。鲁人，比孔子小43岁或33岁，据说长相酷似孔子。孔子死后，他还在。端木赐树孔子当圣人，他是支持者。言偃、卜商和颛孙师曾公推有若代替孔子，受弟子拜，遭曾参反对。《论语》四次提到他，三称"有子"（《学而》1.2、1.12、1.13），一称"有若"（《颜渊》12.9），从未提到他的字。

（7）卜商（字子夏，前507—前？年）。卫国温县（温县在今河南温县西南）人，比孔子小44岁，以文学称，曾任莒父宰（《子路》13.17），老年讲学西河，魏文侯、田子方、段干木、李克、吴起师事之，对三晋的法术之学很有影响。子夏传《诗》和《春秋》，在经艺传授上很有名。孔子死后，他还在。他在《论语》中，出现次数也比较多（21次）。

（8）言偃（字子游，前516—前？年，或前506—前？年）。吴人（或说鲁人），比孔子小45岁或35岁，曾任武城宰（《雍也》6.14）。他也以文学称，经常与子夏并举，孔子死后，他还在。

（9）曾参（字子舆，前505—前432年）。鲁南武城（今山东费县西）人，比孔子小46岁。他在《论语》中，出现次数也比较多（15次），多半称为"曾子"。

（10）颛孙师（字子张，前503—前？年）。陈人（今河南淮阳），或说阳城人（今河南登封东南），或说鲁人，比孔子小48岁，曾从孔子游于陈、蔡。他个性比较强，有点类似子路。他在《论语》中，出现次数也比较多（18次）。

（11）司马耕（字子牛，前？—前481年）。宋司马桓魋（见第八章）的弟弟。《论语》三见，在一块儿，都称"司马牛"（《颜渊》12.3—12.5）。此人多言而躁，比较情绪化，孔子叫他说话要忍着点，朝不忧不惧努力。他说谁都有兄弟，就我没有，不认自己的兄弟，子夏安慰他，说"四海之内，皆兄弟也"。前481年，司马桓魋作乱，他的兄弟都参加，只有他一人拒绝，流亡在外，最后，死在鲁国（《左传》哀公十四年）。

（丁）其他

还有一批，是年代不可考的学生，共5人。

（1）公冶长（字子长，生卒不详）。齐人（或说鲁人），此人蹲过监狱，孔子认为很无辜，所以把女儿嫁给他（《公冶长》5.1）。

（2）南宫括（字子容，生卒不详）。鲁人，此人谨小慎微，很会保护自己，孔子喜欢这样的学生，所以把他哥哥（孟皮）的女儿嫁给了他（《公冶长》5.2）。

（3）曾点（字子皙，生卒不详）。曾参的爸爸，鲁人。据说，他喜欢吃羊枣（一种小柿子），在孔子眼中是个"狂士"（《孟子·尽心下》）。《论语》讲四子侍坐，四子各言其志，孔子独与曾点，爱其陶然忘机（《先进》11.26）。

（4）公伯寮（字子周，生卒不详）。鲁人，他曾到季孙氏那里搬弄是非，诽谤子路，出卖孔子（《宪问》14.36），后人想不通，孔门怎么会有这样的学生，怀疑司马迁搞错了，明嘉靖年间，把他开除出孔庙。但孔门也会出叛徒，有什么奇怪。他是孔门中的"犹大"。

（5）琴牢（字子开或子张，生卒不详）。卫人，古书多称"琴张"，是他的字（《左传》昭公二十年、《孟子·尽心下》《庄子·大宗师》），《论语》呼名，曰"牢"（《子罕》9.7）。

六　孔门十三贤

　　孔子，学生太多。但三千弟子，除七十子，全不可考。七十子，也只有一小半可考。司马迁讲的学生，77人，其中只有35人，有年龄，有姓名，有跟孔子学习的经历（《史记·仲尼弟子列传》）；其他42人，司马迁已说不清，光剩名字。《论语》提到的人更少，只有29人，都在司马迁讲的35人之内，即上一章所讲。照理说，我们只要把这29人记住，读《论语》就容易了。

　　其实，在我看来，《论语》的29人，还有点多，仍可浓缩，聚焦于13人。这13人，才是《论语》中最重要的人物（除了孔子）。现在，我们就来讨论这13人。

"四科十哲"

　　《论语》有段话，非常有名：

　　　德行：颜渊、闵子骞、冉伯牛、仲弓。言语：宰我、子贡。政事：冉有、季路。文学：子游、子夏。

（《先进》11.3）[1]

这里，"德行""言语""政事""文学"，习惯上叫"四科"。它们是孔门教学的四个科目。这里只讲十个人，其他学生也可按此分类。

这种分类法，对后世也有影响。如王莽时代，就是凭这四科来选拔人材（《后汉书·景丹传》）。魏晋时期，流行品评人物，《世说新语》的前四篇，以四科为题，四科也是品评人物的分类法。

颜渊等人，上面讲的这十个人，习惯上是叫"十哲"。一般认为，他们是孔子最得意的学生。唐开元八年，定祭孔之礼，就是以十哲配享（《旧唐书·礼仪志四》）。他们最重要。

德行科的四大弟子

"德行"是个人修养，孔子最重这一科。它的主要标志是安贫乐道。人，看上去，呆头呆脑，笨嘴拙舌，但埋头苦干，勤学好问，而且多半是大孝子。

1　这段话，现在的各个本子，都没有"子曰"。它们是不是孔子所说，前人有争论。有人说，它和它上面的一章（"子曰：'从我于陈、蔡者，皆不及门也。'"）应该连起来读，都是孔子的话，不对。其实，从文意看，这两章应分开读。此章的十个人既然以字称，可见不是孔子本人的话，而是后人的总结。即使是老师的想法，语气也是后人的语气。

颜渊（颜回）、闵子骞（闵损）、冉伯牛（冉耕）、仲弓（冉雍），都是苦出身，为这一科的代表人物。他们四个，冉伯牛最大（比孔子小7岁），闵子骞次之（比孔子小15岁），仲弓又次之（比孔子小29岁），颜渊最小（比孔子小30岁）。但颜渊反而排第一。颜渊是孔子姥姥家的人，孔子最心疼。他的特点是，从不多说，从不顶嘴，从不怠惰，特能琢磨老师的想法，老师最喜欢。闵子骞，也不爱说话，但"夫人不言，言必有中"（《先进》11.14），孔子也很欣赏。他是有名的大孝子，闵家的人，谁都夸他，没一个不说好（《先进》11.5）。这里排第二。冉伯牛有什么美德，不知道。《论语》提到他，就一件事，只说他有恶疾（麻风病），临死，怪可怜的，孔子去看他，拉着他的手，惋惜得不得了（《雍也》6.10）。这里排第三。仲弓最后。孔子夸他，"雍也可使南面"（《雍也》6.1），有人君之相。他的特长，本来在政事，似乎应入政事科，但他有一大美德，曰"不佞"（《公冶长》5.5），很合格。他也是一不爱说话的主儿。

孔子认为道德好，学问好，应该做官，但这几位，只有仲弓，接替子路，做过季氏宰（《子路》13.2）。闵子骞，太清高，季氏派他当费邑宰，他撒腿就跑，一口气跑到汶水的北边（《雍也》6.9）。颜渊、冉伯牛，也没当官的记录。孔子说，"天下有道则见，无道则隐"（《泰伯》8.13）。他生活的时代，分明无道，当学生的该怎么办？是躲家里，枕着胳膊喝凉水，还是死乞白赖找官做，管他干净不干净，先参与一把？孔子很矛盾。安贫乐道躲家里，道德肯定最高，但高尚的结果，是无所作为，和隐者没什么两样，孔子又不乐意。

孔子喜欢老实巴交，"讷于言而敏于行"（《里仁》4.24），"刚、毅、木、讷，近仁"（《子路》13.27）。人，一定要"木讷"，面无表情，不善言辞。但春秋晚期，人处乱世，老实是无用之别名。战国更是。他把老实巴交的学生搁家里，感动身边的人；有本事的学生撒外边儿，说服外边的人，各有各的用。但在他的心目中，后三科比不了第一科。

他明白，要想冰清玉洁，就得待家里，隐士的道德才最高尚。

言语科的两大弟子

"言语"，是口才好，善于主持仪式，处理场面上的事，属于政治才能或外交才能。孔子讨厌"佞"，不喜欢能说会道的人，但"言语"是说话的本领。战国时期，诸子游说，全凭一张嘴，笨嘴拙舌怎么行？孔子周游列国，到处劝说统治者，游说的风气，恰好是孔子提倡起来的。微生亩对孔子说，你干吗非这样忙忙碌碌到处跑，这不是卖弄口舌吗？孔子赶紧解释说，不是我爱卖弄口舌，而是他们太顽固（《宪问》14.32）。

宰我（宰予）、子贡（端木赐）是言语科的代表，他们都能说会道。这两位，和颜渊是一辈，宰我比颜渊大一岁，子贡（端木赐）比颜渊小一岁。孔子离不开能说会道的人，但能说会道，他又讨厌。能说会道，有两大坏处：一是食言自肥，说了做不到，丢人；二是说话不得体，把事办砸，得罪人。如宰予昼寝，孔子破口大骂，"朽木不可雕也，粪土之墙不可圬也"，俗话说，狗屎上不了墙，话非常难听。他挨骂，不是因为白天睡大觉，而是说话不算话。他肯定发过誓，决不在白天睡大觉（《公冶长》5.10）。光看这条，不看其他，你根本想不到，他居然也是孔子的得意门生。宰我性格倔，老师讲三年之丧，他抬杠，说时间这么长，礼必坏，乐必崩，没必要。老师说，服丧期间，吃好的，穿好的，你心里踏实吗？他说踏实，偏不顺着老师的心意。孔子说，宰予不仁，真是没良心的东西，谁不是爹娘养，爹娘养你三年，才能脱离怀抱，难道不要回报，他怎么能说这话（《阳货》17.21）。子贡也是言语科，不但会做买卖，有政治、外交方面的才能，本事相当大，对孔子，也是忠心耿耿，一点不比子路差。孔子回到鲁国后，他在鲁国的政界，影响特别大，三桓中的叔孙武叔说，子贡比他的老师还高明（《子张》19.23）。特别是颜渊、子路死后，在孔门弟子中，他地位最高。但孔子对他，评价并不高，说跟颜渊比，他差远了（《公冶长》5.9）。子贡有本事，顶多是个器。什么器，曰瑚琏之器（《公冶长》5.4）。瑚琏是什么器？古代盛饭的家伙。孔子说，他修养不够，还做不到恕（《公冶长》5.12）；与人攀比，也是坏毛病（《宪问》14.29）。

总之，能说会道的学生，孔子不喜欢。

政事科的两大弟子

"政事"，是管理才能。冉有（冉求）、季路（仲由，即子路），两人都当过季氏宰。宰是什么？是贵族雇佣的大管家，他们是大臣的臣，古人叫"陪臣"。孔门弟子找工作，主要就是找这种差事。他们当中，有三人当过季氏宰。子路最早最短（前498年），仲弓其次早其次短（前497—前493年），冉有最晚也最长（前492—前？年）。《论语》中，孔门弟子称子，只有三人：冉子、有子和曾子。冉有是其中之一。

冉有长于理财。怎么理？主要是劫贫济富，"损不足而奉有余"（《老子》第79章）。他帮孔子管家，这么管；帮季氏管家，也这么管。人才是人才，太势利眼。公西赤出差，"乘肥马，衣轻裘"，他使劲儿给他妈送米，孔子不乐意（《雍也》6.4）。季氏比周公阔，他还帮他搜刮，孔子叫学生

"鸣鼓而攻之"（《先进》11.17）。

季路和他不一样。冉有能治一城，他能治一国，志气大，本事也大（《公冶长》5.8、《先进》11.26），但他对老师特忠诚，门里的事高于门外的事，总是鞍前马后，替老师张罗。

季路比孔子小9岁，是孔门的大师兄，冉有和宰我同岁，是晚辈。但这里把冉有摆在季路前。冉有，当季氏宰时间最长，孔子死后继续当，在官场陷得最深。孔子死后，似与师门无来往，谁也不知道他在干什么。

文学科的两大弟子

"文学"，不是今天说的文学，作诗、写小说。文学是对方术而言。方术是古代的自然科学（外加各种占卜和迷信），文学是古代的人文学术（六艺、诸子、诗赋）。孔子说，"行有余力，则以学文"（《学而》1.6）。所谓"学文"，就是学这种东西。文学，不是口头传授的东西，而是写在简帛上的东西。

文学科的学生，特点是好读书，长于经艺。经是经书，艺是礼乐，要说这方面，本事最大，是两个年龄最小的学生。子夏比孔子小44岁，子游比孔子小45岁，在孔门十哲中，是最小的一辈儿。他俩，岁数差不多，兴趣差不多，但处理问题，两种风格。

子夏的特点，是热衷小道，追求细节（《子张》19.4），[1]捡了芝麻，丢了西瓜。子游对他颇有微词，说他光注意"洒扫、应对、进退"，舍本逐末，不识大体，他反唇相讥，认为没有小，哪有大（《子张》19.12）。一个重小，一个重大。子夏泥于小，导致行动迟缓，作风与子张也不一样。孔子说，子张的毛病是"过"，大刀阔斧，干什么都容易过梭；子夏的毛病是"不及"，干什么老赶不上趟（《先进》11.16）。

孔门四科，哪种对后世影响最大？不是德行，不是言语，不是政事，主要是文学。儒学靠书本传世，他俩对儒家经典的传授贡献最大，尤其是子夏（当然，他也搞政治，很多学生都是政治家）。战国和汉代，子夏很有名。

古代取仕，选举方法不断变，但大体不出这四科。学生，能说会道是言语科，理财管人是政事科，知书达理是文学科，都比德行科低一截儿。孔子认为，不爱说话，不能干，像颜渊那样，很好；能干，不爱说话，像仲弓那样，也行；最最不能容忍，是像子路那样，多嘴多舌，抬杠，抢风头。能说会道，肯定入不了德行门。

1　子夏说，"虽小道，必有可观者焉，致远恐泥，是以君子不为也"（《子张》19.4），当是孔子针对他的弱点而讲。

孔子死后的七大弟子

孔门十哲，德行科的四人、政事科的两人，这六个人，年龄比较大。颜渊、子路、冉伯牛，都没活过孔子；闵子骞、仲弓和冉有，孔子死后，我们知道，冉有还在，可能忙于季氏家的事，不大听说，其他两位，不清楚。真正留下来，还有点故事，主要是四个人，言语科的宰我、子贡，文学科的子游、子夏。

孔子死后，有七个学生最有名，就是这里讲的"七大弟子"，他们是宰予（宰我）、端木赐（子贡）、有若（子有）、卜商（子夏）、言偃（子游）、曾参（子舆）、颛孙师（子张）。他们当中，有四人是孔门十哲留下来的，即刚才说的四个人。多出三个人，是有若、曾参、颛孙师。这七个人，宰予、端木赐是大师兄，孔子死时，宰予44岁，端木赐42岁。有若、卜商、言偃、曾参、颛孙师是小师弟，孔子死时，有若30岁，卜商29岁，言偃28岁，曾参27岁，颛孙师25岁。有若和曾参，可能属于德行门。颛孙师，性格激烈似仲由，是个小子路，可能属于政事门。

七大弟子，后世有书，只有曾参。有书没书，就是不一样。颜回道德高，没事迹，没著作，光一虚名，没法学；仲由本事大，有事迹，没著作，也没法学；端木赐，孔子死后，地位最高，没书，同样没法学。七十子，《汉书·艺文志·诸子略》只有《子思》《曾子》《漆雕子》（漆雕启后的书）和《宓子》（宓不齐的书）。这些书，大多失传，只有曾参的东西留下来，比较多（除《孝经》，传说与他有关，多散见于大小戴《记》）。

古人说，"大上有立德，其次有立功，其次有立言"（《左传》襄公二十四年），是所谓"三不朽"。颜渊有德，德散得最快；仲由有功，当时能记得，死后也被遗忘。知识分子，后世得大名，有书没书，就是不一样。曾子，唐以来，名气上升；宋以来，地位很高。宋儒突出曾子，孔门七十子，全都不讲，光突出他一个，就是因为他有东西。

但老实讲，孔子死后，曾子的地位不如有若。有若和两位老大哥，共树孔子为圣人（《孟子·公孙丑上》），于光大师门有功。可能是两位老大哥的主意，有若成为接班人。有若不但熟悉孔子的想法（《礼记·檀弓上》），长相也酷似孔子（《孟子·公孙丑上》）。当时，他的三个小同学，卜商、言偃、颛孙师，才华出众，各有一帮学生，谁也不服谁，唯独对他没意见。大家一致推举有若，代替孔子，受弟子拜。只有曾参不服（《孟子·滕文公上》）。当时，他是晚辈，心里不平衡。有若，他不服。子张，他也羞与为伍，"堂堂乎张也，难与并为仁矣"（《子张》19.16）。他是十足的少数派，绝非主流。

孔门十哲，加上有若、曾参和颛孙师，就是我们说的"孔门十三贤"。

去圣乃得真孔子

历代祭孔，有各种配享从祀的制度，从汉代到清代，主要就是祭这13人。

道统之谬

历代祭孔，配享从祀，有谁没谁，谁站哪儿，很有讲究。就跟"文革"那阵儿，天安门上怎么站，第二天见报，谁在谁不在，哪个上去，哪个下来，很敏感。

清代的孔庙，孔子坐当间，弟子在两边，有所谓"四配十二哲"。"四配"是四个二等圣人：颜回是复圣、曾参是宗圣、孔伋（子思）是述圣、孟轲是亚圣。"十二哲"是十哲去颜回（已升四配），加颛孙师、有若和朱熹。除去七十子之外的孔伋、孟轲、朱熹，正好是13人，就是我们说的"十三贤"。这套制度是慢慢形成的，我把过程讲一下。

汉代，文翁学宫、鸿都学宫，有壁画，上面有很多人物，不仅孔子和七十子，还有汉代的名儒，但怎么排，不知道，画像石上有，比较随意，不能当根据。

祀孔，魏正始五年（244年）以来，是以颜渊配享（《三国志·魏书·齐王芳纪》）。东魏兴和三年（541年），有十哲配享的立像，儒冠，青襟青领（李仲璇《修孔子庙碑》）。

唐代，开元八年（720年）以前，只有颜回称亚圣，为塑像，立侍，在孔子旁，十哲是画像，刊于两壁。是年，李元瓘奏，把颜回像改为坐像，十哲像改为塑像，十哲缺颜回（升孔子旁），补进曾参，在庙堂的东西两侧，也是坐像，七十子和何休、范甯等二十二贤则画于两壁（《旧唐书·礼仪志四》）。

南宋，端平二年（1235 年），升曾参配孔子，孔子有了左膀右臂。十哲的空位由孔伋补上（《宋史·理宗本纪》）。咸淳三年（1267 年），又升孔伋配孔子，加上孟轲，与颜回、曾参，构成"四配"，十哲的空位由颛孙师补上（《宋史·度宗本纪》）。四配，孔子传曾参，曾参传子思，子思传孟子，就是宋儒树立的道统，有如佛教的传灯。宋代的四书，《论语》《孟子》《大学》《中庸》就是对应于四配。

元代，至顺元年（1330 年），封颜回为复圣公，曾参为宗圣公，孔伋为述圣公，孟轲为亚圣公（《元史·文宗本纪》），都带"圣"字。他们是二等圣人，地位在十哲之上。

明代，有人说，孔子和神佛不同，不应立像，塑像的彩画容易剥落，反而不敬。嘉靖九年（1530 年），孔庙改制，毁塑像，用木主（《明史·礼志四》）。

清代，康熙五十一年（1712 年），升朱熹为第十一哲，乾隆三年（1738 年），升有若为第十二哲（《清史稿·礼志三》），从此形成"四配十二哲"。

四配十二哲，加一起，一共16人，多出三个人。

多出的三个人，子思、孟子和朱熹，根本不是孔子的学生。孔子死时，子思才五岁，孟子还没出生，差着一百多年，朱熹更是一千六百多年后的人。宋儒把子思、孟子塞进来，摆在十哲之上，很可笑（北京话，迈辈儿了）。清代把朱熹塞进来，就更可笑。孔颜之道变孔孟之道，孔孟之道变孔朱之道。这种后来居上，是儒学传统的最大断裂。

宋以来，讲道统。道统是对治统而言。治统是政治合法性，道统是思想正统性。汉代所谓阳儒阴法，就是这两样的结合。

宋儒所谓道统，是四科独尊德行，七十子独尊曾子。他们从孟子上溯子思，从子思上溯曾子，从曾子上溯孔子，说孔子是一脉单传。这不仅是以偏概全，也是凭空虚构，对研究孔子是大破坏。

为什么我说破坏，道理很简单。

第一，七十子不止曾子一人，凭什么只讲曾子，而且还是一脉单传。

第二，七十子分四门，不止德行一门，德行四哲无曾子。

第三，孔子活着，德行四哲，近于隐士，多半不中用，捍卫师门，传播主张，远不如其他六人；孔子死后，真正光大师门，主要是后一类学生。

第四，孔子死后，曾子不是主流派，主流派是言语、文学两科的学生，即使讲德行，有若也比他地位高。他是七十子中辈分最小的学生，在孔子死后的七大弟子中不是主流派。

第五，子思、孟子的派别只是儒家八派的两派（《韩非子·显学》），八派只讲两派，也不像话。

第六，先秦儒籍多失传，但《荀子》还在，汉代的四大传记没有《荀子》，宋代的"四书"也没有，《大学》《中庸》只是《礼记》的两篇，大小戴《记》还有不少儒书，包括曾子的东西，都没有包括在内。孔、曾、思、孟，《论》《孟》《学》《庸》，根本不是儒家全貌。出土发现也证明，我们要讲孔门弟子，起码也得有13人。

《论语》的文学特点

《论语》这书是语录，选得好，也编得好。好在哪儿？主要是坦荡直率不虚伪。书中人物，夫子也好，十哲也好，孔子死后的七大弟子也好，喜怒笑骂，毫不遮掩，寥寥数语，写意传神，让你觉得，生活中的事，本来就该是这么个样子。后人崇圣，再怎么曲里拐弯，美化之，神化之，都遮不住这种优点。谁说伟大导师就得高大全，圣门子弟就得身披光芒？比如子路，他跟老师没大没小，老师对他说骂就骂，一点面子都不给。冉求惹他生气，他叫学生"鸣鼓而攻之"（《先进》11.17）。他们师生在一块儿，学生顶老师，老师骂学生，都被记下来。

孔子周游列国，跟隐士打交道，被他们讽刺、挖苦，也被记下来。

孔子对学生说，我没有什么要瞒着你们的，"二三子以我为隐乎？吾无隐乎尔。吾无行而不与二三子者，是丘也"（《述而》7.24）。

孔门十三贤，早期主要是六人：闵子骞、冉耕、颜回、冉雍、仲由、冉求；晚期主要是七人：宰予、端木赐、有若、卜商、言偃、曾参、颛孙师。

孔子最喜欢颜回，但颜回的描写很失败，不如仲由，也不如端木赐。

四大道德先生，死后默默无闻，有闻也是虚名而已，还不如仲由。仲由，就像《三国》的张飞，《水浒》的李逵，比刘备、宋江写得好，给大家留下的印象深。比如，同样是讲富贵观，大家可以对比这两段话：

子曰："贤哉回也！一箪食，一瓢饮，在陋巷，人不堪其忧，回也不改其乐，贤哉回也！"（《雍也》6.11）

子曰："衣敝缊袍，与衣狐貉者立，而不耻者，其由也与（欤）。'不忮不求，何用不臧？'"子路终身诵之。子曰："是道也，何足以臧？"（《子罕》9.27）

我们看电影，好人经常记不住，记住的都是坏人和有毛病的人，道理就在这里。老师都喜欢好孩子，但很多小孩不想当好孩子。

七 孔子品人录（上）：古昔圣贤及其他

俗话说，"谁人背后无人说，哪个人前不说人"（《增广贤文》）。[1]议论人和被人议论，很正常，比如孔子就爱议论人。战国时期，处士横议，横议的结果，是流行诸子百家语，谈古论今，论政论人，什么都批评。语类的作品，品评人物，很常见。《论语》的语，《世说新语》的语，都是如此。

有人以为，口不臧否人物，那是修养到家，非道德高尚不能为，这是误解。"口不臧否人物"，是阮籍的话。阮籍是魏晋名士，竹林七贤之一。他说，他是裤裆中的虱子，"逃乎深缝，匿乎坏絮，自以为吉宅"。他能做到"喜怒不形于色""口不臧否人物"，根本不是道德修养太高，而是叫乱世给吓的。古人说，阮籍"本有济世志"，"魏、晋之际，天下多故，名士少有全者"，他成天喝酒装糊涂，目的是为了保全性命（《晋书》本传）。

《论语》中的人物，除去孔子，除去孔子的儿子和他的

1　这话因刘少奇的书而非常有名。他说，"中国有两句谚语：'谁人背后无人说，哪个人前不说人？''任从风浪起，稳坐钓鱼船。'世界上完全不被别人误会的人是没有的，而误会迟早都是可以弄清楚的"（刘少奇《论共产党员的修养》，北京：人民出版社，1962年，84—85页）。

去圣乃得真孔子

104

学生，有125人。我把这些孔门外的人物讲一下。

这里先讲孔子以前的人物，他们一共有42人，约占1/3。

唐虞时期的人物

古人所谓唐虞，不是两个朝代。唐虞禅让，只是两个个人之间的关系，时间很短。传说唐在今山西临汾市，虞在今山西永济市，都是小地方。唐尧和虞舜，后世以为富有天下的一统君王，其实只是两个小部落的首长。孔子时代，传贤不传子，是上古美谈，先秦诸子都喜欢讲，不止孔子。"仲尼祖述尧舜"（《礼记·中庸》），是拿这两个人当人品的顶点，只要提到他们的名字，总是使用"巍巍乎"这样的字眼（《泰伯》8.18—8.19），认为高不可攀。尧的美德是按天道行事（《泰伯》8.19），舜的美德是无为而治（《卫灵公》15.5）。这些印象不是凭空杜撰，而是来自《尚书》的《尧典》和《舜典》。

《论语》提到"舜有臣五人而天下治"（《泰伯》8.20）。这五个大臣是谁？估计即《舜典》提到的禹（司工）、弃（后稷）、契（司徒）、皋陶（李）和伯益（虞），但书中只提到皋陶和后稷（《颜渊》12.22、《宪问》14.5）。

夏商周三代的人物

孔子对三代，评价不如唐虞。三代，除禹是得自禅让，其他都是用暴力革命取天下，易姓而王，传子不传贤。

（1）夏代

夏的开国之君禹，也是孔子推崇的人物。他是传说上古禅让的最后一人，常与尧、舜并举，和后来的三代之君不一样。孔子对他也极尽赞美。孔子夸他，有两条：一是夸他无为而治，和舜一样（《泰伯》8.18）；二是夸他治水有功，勤劳节俭（《泰伯》8.21）。这些印象也来自《尚书》，即其中的《禹贡》篇。

夏代的暴君是桀，《论语》未见。它只提到羿、奡。羿是有穷之君，奡是过国之君。这两人都很厉害，但"强梁者不得其死"（《老子》第四十二章）。有一次，南宫适问孔子，"羿善射，奡荡舟，俱不得其死然。禹、稷躬稼而有天下"，这个评价怎么样？孔子不回答，等他走了才夸，"君子哉若人！尚德哉若人"（《宪问》14.5）。孔子为什么不答？我猜，"羿善射，奡荡舟，俱不得其死然"，孔子赞同，禹、稷躬稼，谦抑自得，孔子也欣赏，但孔子不喜欢种庄稼，他对"禹、稷躬稼而有天下"，还是有所保留。

（2）商代

商的开国之君汤（《颜渊》12.22），自称是"履"（《尧曰》

20.1）。履是汤的私名。伊尹是辅佐他取天下的名臣。汤从天下之众中把他发现，选拔出来，放在一般人之上，在《论语》中是作为选贤举能的榜样。

商的最后一代国君纣，此人有恶名，怎么骂，似乎都不过分，就像污水坑，谁都可以泼脏水。但子贡说，"纣之不善，不如是之甚也"（《子张》19.20），就是坏人，也得公正客观有尺度，反对墙倒众人推，坏人随便骂。他的话，似乎和孔子死后的某些谣言有关。

纣是暴君，但他的三个大臣：微子、箕子、比干，在古人心目中，却是有名的好人。微子，是纣的庶兄；箕子、比干，是纣的叔父，他们都反对纣的暴政，但方式不一样，微子选择逃跑，箕子选择佯狂，比干宁肯强谏而死。孔子说"殷有三仁"（《微子》18.1），对他们非常欣赏。他们是孔子所谓的逸民，古代的不合作者。《论语》讲这类人，主要都在《微子》篇。

另外，孔子自比于古代的老彭，说自己"述而不作，信而好古"（《述而》7.1）。老彭是什么人？就是古书中的彭祖（祝融八姓中的彭姓之祖）。战国以来，古书盛称，他是有名的老寿星和养生家，据考，也是商代初年的人物。

（3）先周

孔子崇拜周。武王克商以前，与商并存，还有一段历史，一般叫先周。传说周太王的长子泰伯（也作太伯），次子仲雍，知道爸爸喜欢小弟弟季历，故意断发文身，跑到吴国，把王位让给小弟弟季历，季历的儿子就是后来的周文王。泰伯是吴国的始祖，他是周文王的大伯。司马迁讲列国史，是从西周讲起，吴泰伯辈分最大。《史记》的三十世家，第一篇就是写他。

古代禅让，传贤不传子，体现的是原始民主制。这种精神，三代已经灭绝，只在边远的小国可能还有残余。泰伯让弟，是兄弟相让，并非贤与贤让，但不管怎么让，总比当时的各国，兄弟争政，自相残杀好多了。孔子喜欢讲让，对泰伯让弟极尽赞美。他说，"泰伯，其可谓至德也已矣。三以天下让，民无得而称焉"（《泰伯》8.1）。

周文王，也属于先周时期的人物。他被称为"文王"，是以仁爱著称，和后来的"武王"相反，他的谥号是"文"。武王凭暴力革命取天下，讲的是硬道理，他讲的是软道理。他是以善养老，倡谦让，为虞芮两国调解边界纠纷而著称（《史记·周本纪》）。他以"文"为谥号，体现的是仁恩慈爱。孔子"宪章文武"（《礼记·中庸》），好像"文武之道"，都是他要传的道，但暴力革命，他没有兴趣，他要传的，主要还是文王的道。他甚至以为，这是天降大任，义不容辞，自己的使命就是传这种道。如孔子围于匡，大难临头，他不怕自己死，怕的是文王的道从此断绝（《子罕》9.5）。

传说文王受命有周，身边有八个贤臣，即"周有八士"：伯达、伯适、仲突、仲忽、叔夜、叔夏、季随、季骓（《微子》18.11）。这八个人，大概分属于两个家族。他们可能是投靠文王的殷臣，也属于孔子所谓的逸民。

（4）西周

孔子的叙事模式，商周君臣是模仿唐虞君臣——明君必有贤臣。商代的贤臣，是辅佐商汤取天下的伊尹。周武王取天下，也有一批贤臣。孔子提到武王身边有"乱臣十人"（《泰伯》8.20）。这十人，书中未列人名，马融注说，他们是文母（即文王妻太姒）、周公、召公、太公、毕公、荣公、大颠、闳夭、散宜生、南宫适。文母是女人，其他是男人。

西周名臣，名气最大，是太公和周公。太公是辅佐周武王马上取天下的名臣，周公是辅佐周成王马下治天下的名臣。《论语》没提到太公，只提到周公。

孔子爱周公，做梦都是做周公之梦。这不仅因为他是治国的能臣，而且因为他是鲁国的始祖。鲁国的第一代国君，鲁公伯禽，就是周公旦的后代。

《论语》三次提到周公旦。《述而》7.5是讲孔子晚年的心境。他说，"甚矣吾衰也！久矣吾不复梦见周公"，这可能是他临死前的话。《泰伯》8.11提到"周公之才之美"。《微子》18.10提到周公旦封伯禽于鲁的命辞，"君子不施（弛）其亲，不使大臣怨乎不以。故旧无大故，则不弃也。无求备于一人”，他书未见，很珍贵。

西周人物，除去明君贤臣，还有几个古逸民。一是饿死首阳山的孤竹君二子：伯夷、叔齐（《公冶长》5.23、《述而》7.15、《季氏》16.12、《微子》18.8），二是吴仲雍之后，虞国的始封之君虞仲（《微子》18.8）。虞仲是武王从民间访求而得，属于“举逸民”（《尧曰》20.1）的“逸民”。[1]

伯夷、叔齐是两个非暴力主义者，他们既反对殷纣的暴政，也反对武王的革命。这两位怪人，脾气太好，对别人的伤害，从不记仇，对自己的遭遇，毫无怨言，但性格特别偏，属于“不降其志，不辱其身”的一类，宁肯饿死，也不放弃自己的信念（《公冶长》5.23）。孔子认为，他们是“求仁得仁”，已经达到古代仁人的标准，四次提到，都是夸赞。他们是古代的道德楷模，《史记》的七十列传，就是以《伯夷叔齐列传》为第一篇。

东周各国的人物

主要是春秋早期和中期的人物，国别包括齐、晋、鲁、卫和楚。他最关注的国家，其实是齐、鲁和卫。

1　《微子》18.8是把虞仲、夷逸列为“隐居放言，身中清，废中权”一类。夷逸，年代国别不详。后面还有朱张，不知属于哪一类，年代国别也不详。

（1）齐国

孔子生活在春秋晚期。在他之前，春秋早期和中期，最显赫的政治人物是齐桓公和晋文公。他们是春秋五霸的代表人物。

齐桓公是春秋早期的大名人。孔子对他评价极高，比晋文公高。主要原因是他还讲点王道，不全是霸道。讲霸道，也还是在王道的前提下。他尊王攘夷，以王命号令天下，团结中原诸夏，抵御戎狄入侵，干事讲合法性，堂堂正正，不搞歪的邪的（《宪问》14.15）。

孔子看重齐桓公，但对齐桓公本人，还不如管仲说得多。管仲是帮助齐桓公取威定霸的能臣。孔子对管仲很佩服，但并不是全面肯定，像伊尹、周公那么高。他对管仲的看法很复杂，一方面很坏，一方面很好。

他不喜欢管仲，主要是因为他权力大，器量小，作风骄奢，不知礼（《八佾》3.22）；喜欢管仲，则是因为他辅佐桓公，尊王攘夷，有大功，挽救了中原诸夏，挽救了周。孔子对春秋人物，评价很苛，他很少以仁许人，但对管仲，评价极高，认为他也算得上是一位仁人。

管仲本来是齐桓公的敌人。他和召忽辅佐流亡在鲁的齐公子纠，与流亡在莒的齐公子小白争政。小白一方，是鲍叔牙佐之。管仲射中小白的带钩，令小白恨，必欲得而杀之。小白立为桓公，杀公子纠，召忽自杀，管仲不能尽节，受鲍叔牙推荐，反而受到桓公重用，委以国政。孔子说他是仁人，他的学生想不通。

有一次，子路问孔子，"桓公杀公子纠，召忽死之，管仲不死"，从为臣之道讲，这不能算仁吧？但孔子说，"桓公九合诸侯，不以兵车，管仲之力也。如其仁！如其仁！"（《宪问》14.16）还是肯定他是仁人。

还有一次，子贡也用同样的问题问孔子，"管仲非仁者与（欤）？桓公杀公子纠，不能死，又相之"。孔子说，"管仲相桓公，霸诸侯，一匡天下，民到于今受其赐。微管仲，吾其被发左衽矣。岂若匹夫匹妇之为谅也，自经于沟渎而莫之知也"（《宪问》14.17）。孔子认为，如果没有管仲帮助齐桓公赶走夷狄，我们就会披头散发，穿衣襟向左的胡服，他要挽救的东周早就完蛋了。管仲，肩上有大任，怎么能像普通老百姓，为了守点小信，随随便便就自杀。

孔子维护管仲，认为他大节好，小节可以忽略不计。

另外，《论语》还提到一位伯氏，是评管仲时顺便说起。此人于史无考，唯见此书。有一次，某人和孔子谈话，议论起春秋时期的执政大臣，一是郑国的子产，二是楚国的令尹子西，三是齐国的管仲。孔子对这三个人的评价是，子产政宽，泽及于民，是个"惠人"，比较好；令尹子西，两度让政，徒有虚名，不听叶公之劝，引发白公之乱，死于难，"彼哉彼哉"，不值得提；管仲手段最猛，反而体现的是仁。他对管仲的评价是，"人（仁）也。夺伯氏骈邑三百，饭疏食，没齿无怨言"（《宪问》14.9）。管仲剥夺了伯氏的食邑，把伯氏降为平民，过贫困生活，但伯氏到死都没有怨言，对他的惩罚心悦诚服，可见管仲很有权威性。孔子认为，乱世用重典，一个政治家，不知宽猛相济，是谈不上"仁"的。他对管仲的权威主义非常欣赏。

（2）晋国

晋国的大名人是晋文公。孔子拿他和齐桓公对比，评价是，"晋文公谲而不正，齐桓公正而不谲"（《宪问》14.15），对晋文公的评价非常负面。

齐桓公和晋文公都是霸，他们都讲霸道。但齐桓公，"九合诸侯，一匡天下"，是以王命行事，霸道出于王道，这是"正而不谲"。晋文公不一样，他是挟天子以令诸侯，不太讲规矩，践土之盟，竟然对周天子发号施令，召周天子到河阳赴会，被孔子批评。孔子说，"以臣召君，不可以训"（《左传》襄公二十八年）。

"正"是合法性，堂堂正正。"谲"是出邪招，玩诡诈，不合于正。

（3）鲁国

鲁国是孔子的母国。他生于鲁襄公二十二年，鲁昭公继位时，他只有10岁，所以对鲁襄公没有多少印象。《论语》没提到鲁襄公。早一点的鲁臣，他只提到三个人，臧文仲、柳下惠（展禽）和季文子（季孙意如）。

臧文仲，历事庄、闵、僖、文四公，比孔子早很多。臧氏出自鲁孝公，是鲁国的老牌贵族。鲁孝公是西周末年的鲁君，臧氏比三桓早得多。司马迁说，孔子数称臧文仲（《史记·孔子世家》），其实《论语》只提到两次，全是负面评价。一次是批评他给占卜用的大蔡之龟盖房子，雕梁画栋，奢侈到愚蠢的地步（《公冶长》5.18）；一次骂他是"窃位者"，明知柳下惠贤，却不肯让位给他（《卫灵公》15.14）。

柳下惠，与臧文仲大略同时，与臧文仲形成鲜明对比。司马迁说，孔子数称柳下惠（《史记·孔子世家》），其实《论语》只提到三次。一次是和臧文仲对比，即上面那段话。一次是讲他任士师，三次遭到贬黜，别人劝他离开鲁国，他不走。他说，我要凭良心办事，"直道而事人"，到哪儿不是这个下场；我要昧着良心办事，"枉道而事人"，又何必离开"父母之邦"（《微子》18.2）。还有一次，是把柳下惠列入古逸民（《微子》18.8）。[1]

孟子讲柳下惠，次数很多。他说，柳下惠和伯夷都是道德高尚的人，但处世之道正好相反。伯夷嫉恶如仇，"非其君，不事；非其友，不友"，决不肯将就妥协，比较偏。柳下惠呢，非常随和，只要自己行得端，立得正，对外界无

1　《微子》18.8是把柳下惠和少连列为"降志辱身"一类。少连，年代国别不详。

所求，不嫌君主坏，不怕官位小，不管周围的人对自己怎么样，你是你，我是我，分得一清二楚（《孟子》的《公孙丑上》《万章下》《告子下》《尽心上》）。照他描写，柳下惠是个出污泥而不染的人。

孔子说，伯夷是"古之贤人也"，"求仁而得仁"（《述而》7.15），是个仁人；柳下惠是古"逸民"中能够"降志辱身"的一类（《微子》18.8）。他们都不是圣人。但孟子却说，他们是"圣人，百世之师也"（《孟子·尽心下》）。

孟子所谓的圣人和孔子所谓的圣人有根本不同。他的圣人，概念比较滥，只要学着圣人的样子做，谁都可以当圣人。他说，"伯夷，圣之清者也；伊尹，圣之任者也；柳下惠，圣之和者也；孔子，圣之时者也"（《孟子·万章下》），这些都是他乱讲的圣人。按孔子的标准要求，全都不对头。"圣之和者也"是什么样的人？看上文可知，就是性格随和的圣人。柳下惠是这种圣人。他的特点，是忍辱负重，不怕受委屈。

季文子是鲁桓公之子季友的孙子，年龄比前两位小一点，历事文、宣、成、襄四公。桓公之后有孟孙、叔孙和季孙三支，号称三桓，是鲁国的新贵族，也叫孟氏、叔氏和季氏。季文子是季氏的第一代，政声比较好，他死时，"无衣帛之妾，无食粟之马，无藏金玉，无重器备。君子是以知季文子之忠于公室也。相三君矣，而无私积，可不谓忠乎"

（《左传》襄公七年）。这个人，办事比较谨慎，"三思而后行"，孔子说，其实想两遍也就够了（《公冶长》5.20）。

（4）卫国

只提到一个人，即宁武子。宁武子，名俞，是卫国的正卿，春秋中期人。这个人很会保护自己。孔子对他的评价是，"邦有道，则知（智）；邦无道，则愚。其知（智）可及也，其愚不可及也"（《公冶长》5.21）。乱世装糊涂，他的本事最大。

（5）楚国

令尹子文，是楚成王的令尹，出于斗氏，名谷於菟，字子文，春秋中期人。当时，楚有三大贵族，斗氏是其中之一。

子文是个忠于职守的人。有一次，子张问孔子，他三次当令尹，脸上看不出高兴；三次被免职，脸上看不出不高兴，"旧令尹之政，必以告新令尹"，他这个人怎么样？孔子对他的评价是"忠"，但还够不上"仁"（《公冶长》5.19）。

上面这些人，主要是好人。好人中的极品是圣人，其次是仁人。好人多生活于古代，对孔子来说，他们都是死人。孔子说的圣人和仁人，都是生活于古代。[1]

1　《论语》中，还有一个叫周任的人（《季氏》16.1），见于《左传》隐公六年，年代国别不详，可能比较早。

八　孔子品人录（下）：今之从政者和　　隐逸之士

　　孔子当世的人物，[1] 见于《论语》，只有两类：仕与不仕，做官还是不做官。一类是上流君子，当官玩政治；一类是弃官不做，隐逸山林。他们一共有83人，是剩下的2/3。

　　我们先谈前一类。这类人物，在《论语》中有个固定叫法，是"今之从政者"，[2] 翻成白话，就是"现在当官的"。孔子对这类人，批评居多，夸的少。

周王室

　　孔子是东方之人。他到过的最西边的地方是周都洛阳。

1　包括他幼年还在世的人物。
2　如子贡问孔子，"今之从政者何如"，孔子说，"噫！斗筲之人，何足算也"（《子路》13.20）；又楚狂接舆歌而过孔子，曰："凤兮凤兮，何德之衰！往者不可谏，来者犹可追。已而已而！今之从政者殆而"（《微子》18.5）。他们都对当时的在位者表示轻蔑。

在洛阳，他拜见过在国家图书馆当差的老子，但《论语》没有提到老子。[1]周王室的人，它只提到一位年代很晚的周公（《先进》11.17）。这位周公是谁？当然不是孔子经常梦见的周公，即周公旦，而是周公旦传了很多代的一位后人。他的确切身份，我们已无从查考，但可以估计其大致年代。《先进》11.17提到的"季氏"是冉求所事的季氏，肯定是季康子，可见该章应在鲁哀公三年（前492年）之后，即孔子60岁以后。当时的季氏比周公还阔，周公的地位已大不如前。[2]

齐　国

齐国是与鲁国关系最密切的大国，经常欺负鲁国，鲁国的动乱往往与齐国有关。

孔子生活的时代，主要是齐景公当政的时代（前547—前490年）。齐景公在位，时间很长，长达58年。孔子5岁，他即位；62岁，他去世。前面只有4年，是齐庄公；后面只有11年，是晏孺子、齐悼公、齐简公、齐平公。《论语》只

1　《述而》7.1的老彭是彭祖，不是老子和彭祖，参看李零《丧家狗》，142页。

2　《左传》定公元年："周巩简公弃其子弟，而好用远人。"定公二年："二年夏四月辛酉，巩氏之群子弟贼简公。"两年的传文应连读。杜预注："简公，周卿士。"我很怀疑，此人是一代周公，而以巩（恭）、简为谥，与季康子时的周公年代相近。案：东周流行双字谥，参看拙作《楚景平王与古多字谥》，《传统文化与现代化》1996年6期，23—27页。

提到齐庄公、齐景公和齐简公。

子张问孔子，提到齐庄公、崔杼和陈文子（《公冶长》5.19）。庄公淫乱无道，引发崔杼之乱。崔杼弑庄公，立庄公异母弟为景公，陈文子逃亡在外。这是孔子幼年的事（前547年）。

陈文子，名须无，是陈完的曾孙。陈氏是齐国的新贵族，后来势力越来越大，终于取姜齐而代之。他历事灵、庄、景三公。崔杼之乱，陈文子拒绝合作，在外流亡，用孔子的标准看，是个不错的大臣。子张说，陈文子流亡，每到一个国家，都很失望，说这些当政者怎么和崔杼一模一样。孔子欣赏陈文子，认为他有操守，可以称得上"清"，但还不配称"仁"。

齐景公，《论语》提到三次，两次是讲孔子到齐国找工作，一次是说景公之死。孔子初到齐国，景公问政，孔子答以"君君臣臣，父父子子"，景公表示赞赏（《颜渊》12.11），这是开头。后来，景公说没有合适的位子，自己年纪太大，婉言谢绝孔子，这是结束（《微子》18.3）。齐景公，也算得上是一位能干的君主，但孔子对他的评价不怎么高。他说，"齐景公有马千驷，死之日，民无德（得）而称焉"（《季氏》16.12）。

晏婴，是齐景公的著名大臣，他在《论语》中只出现过一次。孔子说："晏平仲善与人交，久而敬之"（《公冶长》

5.17），对他很欣赏。司马迁说，"孔子之所严事"（孔子奉为自己学习的榜样），有六个人，他是其中之一（《史记·孔子世家》）。

《论语》提到陈成子弑齐简公（前481年），孔子告于哀公，请讨之，哀公让他请示三桓，三桓拒绝了他（《宪问》14.21）。这是春秋末年最著名的历史事件："田氏代齐"（其实是"陈氏代齐"）。齐简公，是孔子晚年回到鲁国后，短暂在位的齐君（《宪问》14.21）。陈成子，名恒。陈氏传到这一代，势力达到顶峰。在孔子看来，他是个乱臣贼子。

晋　国

孔子时代，晋国是北方大国，南与楚抗衡，东与齐抗衡，对国际局势，影响很大，中原小国多受其控制。当时的晋国，六卿强，公室卑，如同三桓控制鲁国。而六卿中，又以赵简子最强，类似鲁国的季氏。鲁国有难，叛臣往往逃齐逃晋，如阳货失败后，就是先逃齐，后逃晋，投奔赵简子，在赵简子手下做事。

《论语》很少提到晋国，它只提到一个小人物，晋中牟宰佛肸。按孔子的标准，这也是个乱臣贼子。前490年，赵简子围中牟（今河南鹤壁市西），佛肸以中牟叛，佛肸召孔子前往，孔子一度动心，遭到子路反对（《阳货》17.7）。

鲁　国

《论语》提到的鲁君是昭、定、哀三公。孔子在世，主要生活在这一段。襄公时，他还小。他的童年（1—10岁）是襄公的晚期。他对这些鲁君不满意，但从不直接批评鲁君，很给领导留面子。

鲁昭公，是孔子47岁前的鲁君。他的夫人叫吴孟子。这两位，《论语》只提到过一次（《述而》7.31）。鲁昭公娶于吴，吴、鲁都是姬姓，违反同姓不婚的礼俗。古代女子称谓，一定要有姓，他的夫人和自己同姓，不好意思，故只称吴孟子。孔子流亡陈国，陈司败问，"昭公知礼乎"，他说，"知礼"，有意为昭公讳。孔子退，陈司败对孔子的学生巫马期说，"吾闻君子不党，君子亦党乎？君取于吴为同姓，谓之吴孟子。君而知礼，孰不知礼"，对孔子不满。巫马期把他的话转告孔子。孔子说，"丘也幸，苟有过，人必知之"，承认陈司败的批评是对的。但他撒谎，是为自己的国君遮丑。在他看来，别国的国君可以批评，自己的国君不行。

鲁定公，是孔子48—58岁时的鲁君。《论语》提到两次，都是向孔子问政，讨论君臣之道（《八佾》3.19、《子路》

13.15）。

鲁哀公，是孔子59岁以后的鲁君。《论语》提到他，次数较多，有些是问孔子，有些是问孔子的弟子（《为政》2.19、《八佾》3.21、《雍也》6.3、《颜渊》12.9、《宪问》14.21）。

鲁国的大臣，几乎都是世袭贵族。一是老贵族臧氏，二是新贵族三桓：季氏、叔氏和孟氏。

臧氏，有臧武仲，即臧孙纥，他是臧文仲的孙子，历事成、襄二公，孔子小时候，恐怕就死了。此人很聪明，但不得不逃亡齐国。《论语》两次提到他，一次，孔子讲"成人"（完人），举了四个人，其中有"臧武仲之知（智）"（《宪问》14.12）；一次，孔子说"臧武仲以防求为后于鲁，虽曰不要君，吾不信也"（《宪问》14.14），认为他把防邑（臧氏的私邑）交出来，请鲁襄公不废其后，带有要挟的成分。这两段话，可参看《左传》襄公二十三年。传文说"臧纥致防以奔齐"，最后有孔子语"知之难也。有臧武仲之知，而不容于鲁国，抑有由也，作不顺而施不恕也。《夏书》曰：'念兹在兹'，顺事，恕施也"。孔子认为，他这么聪明，还逃亡在外，原因是他继承不合法，又参与季氏的废立，既得罪季氏，也得罪孟氏，聪明反被聪明误。

季氏，是鲁国的世卿，世世为鲁国的大司徒，在三桓中，势力最大。孔子时代，所谓季氏，主要是季平子（名意如）、季桓子（名斯）和季康子（名肥）。他们三位，大体上是每人各事一公，季平子事鲁昭公，季桓子事鲁定公，季康子事鲁哀公（从哀公三年起）。《论语》中的"季氏"，所指不一：《八佾》3.1、《微子》18.3的"季氏"是季平子，《子路》13.2的"季氏"是季桓子，《先进》11.17、《季氏》16.1的"季氏"是季康子。"季平子"，《论语》未见。"季桓子"，见《微子》18.4。《论语》提到最多，是"季康子"，一共六条（《为政》2.20、《雍也》6.8、《先进》11.7、《颜渊》12.17—12.19）。《宪问》14.36还提到过"季孙"，不知是季桓子，还是季康子。

《先进》11.24的季子然，是季康子派来，向孔子调查仲由、冉求的人，孔注以为季氏的子弟。司马迁引此，则作"季氏"（《史记·孔子世家》）。

《论语》还提到季氏的家臣，季氏宰阳货和费宰公山弗扰。按孔子的标准，他们也都是乱臣贼子。阳货见《阳货》17.1，公山弗扰见《阳货》17.5。他们都召孔子出仕，孔子动过心。季氏势力最大，孔子很重视，但很不满。

叔氏，也是鲁国的世卿，世世为鲁国的大司马。孔子时代的叔氏，是叔孙武叔。叔孙武叔，名州仇，历事定、哀二公。孔子死后，在朝中毁谤孔子，说子贡比孔子贤的就是他（《子张》19.23—19.24）。看来，孔子和叔氏，关系并不好。

孟氏，也是鲁国的世卿，世世为鲁国的大司空。孔子时代的孟氏有四位：孟庄子（仲孙速）、孟孝伯（仲孙羯）、孟僖子（仲孙貜）和孟懿子（仲孙何忌）。襄公末年的孟氏是孟庄子和孟孝伯。孔子出生后一年，孟庄子就死了。《论语》提到孟庄子，说他是位大孝子，其父（孟献子）死后，他能"不改父之臣与父之政"（《子张》19.18），但没提到孟孝伯。孟孝伯谥孝，应当也是大孝子。昭公时的孟氏是孟僖子。孟僖子亦好礼。他卒于昭公二十四年（前518年），临死前把他的两个儿子，孟懿子和南宫敬叔，托付给身边的大夫，让他们拜孔子为师，但《论语》没提到孟僖子。孔子时代的孟氏主要是孟懿子。他活得比较长，孔子34—71岁，他一直在。孟氏重孝，孟懿子问孝，孔子答曰"无违"（《为政》2.5）。他的儿子是孟武伯（仲孙彘），估计与孔鲤、颜回年龄相近。《论语》两次提到孟武伯，一次是问孝（《为政》2.6），一次是问子路、冉求、公西赤是否算仁人（《公冶长》5.8）。孟武伯的儿子是孟敬子（仲孙捷），他是曾子的学生。《论语》提到曾子有疾，孟敬子问之（《泰伯》8.4）。曾子在孔门弟子中年龄最小，此事可能在孔子死后。孔子和孟氏，关系最好。

　　《论语》还提到几位孟氏家族的成员。一是孟公绰（《宪问》14.11—14.12），此人见于《左传》襄公二十五年，是一位孔子的前辈。司马迁说，他也是"孔子之所严事"（《史记·仲尼弟子列传》），其特点是"无欲"。二是孟之反（《雍也》6.15），此人即《左传》哀公十一年的孟之侧，年代比较晚。三是子服景伯（《宪问》14.36、《子张》19.23）。子服氏是孟氏的一个分支，他的年代也比较晚。此人和孔门关系非常好，如公伯寮向季氏告密，说子路的坏话，他要杀掉公伯寮；孔子死后，叔孙武叔在朝中散布谣言，说子贡贤于孔子，他也马上报告子贡。[1]

孟氏是三桓中的弱者，与孔门关系最好。

卫　国

孔子周游列国，主要仕于卫。孔子对卫国感兴趣，是因为"鲁、卫之政，兄弟也"（《子路》13.7），卫国富庶（《子路》13.9），"卫多君子"（《左传》襄公二十九年）。

《论语》提到两位卫君，一位是卫灵公，一位是卫出公，皆孔子所仕。

卫灵公，在位达42年（前534—前493年），是个老朽昏聩的家伙。孔子仕卫，是在他最后的三年。《论语》两次提到他，都不是什么好话。一次，是孔子回到鲁国后，孔子跟季康子说，卫灵公无道。季康子问，那他为什么没有完蛋

1　《论语》中的鲁人还有：林放（《八佾》3.4、3.6）、左丘明（《公冶长》5.25）、孺悲（《阳货》17.20）、阳肤（《子张》19.19）、微生亩（《宪问》14.32）、原壤（《宪问》14.43）、师冕（《卫灵公》15.42）、太宰（《子罕》9.6）、石门晨门（《宪问》14.38）、互乡难与言童子（《述而》7.29）、达巷党人（《子罕》9.2）和阙党童子（《宪问》14.44）。

呢？孔子说，那是因为"仲叔圉治宾客，祝鮀治宗庙，王孙贾治军旅"，他有一批能干的大臣帮他撑着（《宪问》14.19）。还有一次，大约在卫灵公死前，他很担心，死后将有兵祸（晋国将用武力送太子蒯聩入卫），因而问陈于孔子，孔子说，"俎豆之事，则尝闻之矣；军旅之事，未之学也"，第二天就离开了卫国（《卫灵公》15.1）。

卫灵公时，卫国有一批不错的大臣。如吴季札赞美的六君子：蘧瑗、史狗、史鰌、公子荆、公叔发、公子朝（《左传》襄公二十九年）。这六个人，年代偏早，孔子仕卫灵公，有些已经不在。

蘧瑗，即蘧伯玉。司马迁说，蘧伯玉也是"孔子之所严事"，孔子适卫，曾住过他家（《史记·孔子世家》）。他是个爱惜羽毛的人，特爱检讨，认为自己的一生，几乎都是错误（《庄子·则阳》《淮南子·原道》）。有一次，他派人看孔子，孔子问使者，老先生干什么呢？使者说，"夫子欲寡其过而未能也"（《宪问》14.25），就是这么股劲儿。孔子说，"君子哉蘧伯玉！邦有道则仕，邦无道则可卷而怀之"（《卫灵公》15.7），夸他是君子。

史鰌，即史鱼。孔子夸他为人正直，"直哉史鱼！邦有道如矢，邦无道如矢"（《卫灵公》15.7）。

公子荆，即卫公子荆，孔子夸他追求简朴，生活上，能凑合就凑合，"子谓卫公子荆善居室，始有，曰苟合矣；

少有，曰苟完矣；富有，曰苟美矣"（《子路》13.8）。

公叔发，即公叔文子。孔子曾经向公明贾打听公叔文子，看来他是个不苟言笑、不义不取的人（《宪问》14.13）。他死后是以文为谥。公叔文子手下有个大夫叫僎，受他推荐，和他一起在朝中做官，孔子说，"可以为'文'矣"（《宪问》14.18）。孔子对他很欣赏，认为他当得起这个谥号。

另外，上面提到的"仲叔圉治宾客，祝鮀治宗庙，王孙贾治军旅"，这三个人，也是卫国的能臣，虽然孔子不喜欢祝鮀。

仲叔圉，即孔文子，负责宾客接待，死后以文为谥。有一次，子贡问孔子，孔文子为什么以文为谥，孔子说，"敏而好学，不耻下问，是以谓之'文'也"（《公冶长》5.15）。孔子对他也很欣赏，认为他当得起这个谥号。

祝鮀，负责宗庙祭祀。这个人，能说会道，孔子用"佞"字形容他（《雍也》6.16）。

王孙贾，可能是卫国的大司马。当时，有句俗话，"与其媚于奥，宁媚于灶"，即与其给奥神拍马屁（奥是室内的西南角），不如给灶神拍马屁，类似今语"县官不如现管"。王孙贾问孔子，这话是什么意思，孔子说，这话不对，如果得罪了上天，求什么神也没用（《八佾》3.13）。

卫国的坏人，《论语》提到，主要是卫灵公的夫人南子和宋朝。

南子，是美女。子见南子，见《雍也》6.28，子路对孔子不满，孔子对天发誓，说如果我有非礼的想法和举动，就让老天抛弃我。

宋朝，是美男，通于南子。太子蒯聩丑之，欲杀南子，事败奔晋，为卫灵公死后的乱局埋下祸根。孔子讨厌以口才和美色取悦于人，他说，"不有祝鲍之佞，而有宋朝之美，难乎免于今之世矣"（《雍也》6.16）。

卫灵公死，晋赵简子用武力送太子蒯聩入卫，卫立蒯聩子，为出公，形成父子争政的乱局。冉有曾拿伯夷、叔齐的故事试探孔子（伯夷、叔齐嫉恶如仇，非其君不事），看他是否打算留在卫国，结果证明，孔子不愿留在这个乱邦之中（《述而》7.15）。后来，孔子再度返回卫国，仕卫出公，在他看来，大局已定。这时，子路问孔子，他的施政纲领是什么？孔子说是正名（《子路》13.3）。[1]

宋 国

孔子60岁，途经宋国，险遭司马桓魋杀害，事见《述

1　《论语》中的卫人还有：棘子成（《颜渊》12.8）、公明贾（《宪问》14.13）、卫公孙朝（《子张》19.22）、仪封人（《八佾》3.24）、荷蒉而过孔氏之门者（《宪问》14.39）。

而》7.23。孔子遭此大难，说"天生德于予，桓魋其如予何"，这是他的精神胜利法。司马桓魋，是司马牛的兄弟。司马牛是孔子的学生。前481年，司马桓魋作乱，司马牛的兄弟，除他，全都参加作乱，让他觉得很丢脸。他说，谁都有兄弟，就我没有，子夏安慰他，说"四海之内，皆兄弟也"（《颜渊》12.5）。

郑　国

郑国的大臣，要属子产名气最大。司马迁说，子产也是"孔子之所严事"（《史记·孔子世家》）。孔子60岁，途经郑国，子产已经去世。子产，即公孙侨，历事简、灵二公。子产当政，有四臣襄助：冯简子、子大叔、公孙挥和裨灶（《左传》襄公三十一年）。孔子说，郑国的命令，是由四个人起草，"裨谌草创之，世叔讨论之，行人子羽修饰之，东里子产润色之"（《宪问》14.8）。世叔即子大叔，行人子羽即公孙挥，裨谌即裨灶。孔子说，子产是"惠人"（《宪问》14.9），他"有君子之道四焉：其行己也恭，其事上也敬，其养民也惠，其使民也义"（《公冶长》5.16）。子产之政宽，惠民是子产的特点。

陈　国

孔子61—63岁，曾仕陈湣公。他提到一位陈司败（相当其他国家的司寇），见《述而》7.31，前面讲鲁昭公，我们已经提到。

楚　国

孔子评价各国政要，曾拿子产、子西和管仲作比较（《宪问》14.9）。他提到的子西是楚昭王的令尹，即楚公子申，令尹子西。孔子对他的评价不好，前面讲管仲，我们已经提到。

孔子63岁，到过楚国边境的叶县，见过沈诸梁，即叶公子高。叶公在《论语》中出现过三次：一次是他向子路打听孔子的为人，当时孔子还未和他见面，叶公先见的是子路（《述而》7.19）；两次是叶公直接和孔子谈话，一次是问政（《子路》13.16），一次是论直（《子路》13.18）。

下面，我们再讲一下"隐逸之士"。

隐者躲藏，逸者逃避，都是政治上的不合作者。不合作，以死抗争，不值，要么隐逸山林，躬耕垄亩，要么佯狂避世，隐于市，隐于朝。这类人物，主要集中在《微子》篇，其他各篇也有。孔子对他们很敬佩，但他们对孔子看不起。他们是知其不可而逃之，孔子是"知其不可而为之"（《宪问》14.38）。"知其不可"是共同点，为不为，分歧就大了。不过，尽管如此，孔子对他们很敬佩，因为这是古风，微子、箕子、比干、伯夷、叔齐，这些合格的仁人，就是他的好榜样。

隐　士

长沮、桀溺，见《微子》18.6，是孔子周游列国时碰到的两位隐者，"长沮、桀溺耦而耕"，他们都是靠种地为生，孔子使子路问津，受到他们的嘲笑。

荷蓧丈人，见《微子》18.7，也是孔子在路上碰着的。他是个种地的老头，孔子向他致敬，他也嘲笑孔子。

逸　民

《微子》篇的逸民，多半是孔子以前的人物，已经收人第七章。[1] 只有《微子》18.9讲的八个乐师，"大师挚适齐，亚饭干适楚，三饭缭适蔡，四饭缺适秦，鼓方叔入于河，播鼗武入于汉，少师阳、击磬襄入于海"，属于这一时期。这些乐师，都是鲁乐师，他们的四处逃散，正是"礼坏乐崩"的象征。其中大师挚，就是《泰伯》8.15的"师挚"；击磬襄，就是孔子的音乐老师师襄子（《孔子家语·辨乐》）。

狂人和怪人

楚狂接舆，是孔子在楚国碰见的狂人，见《微子》18.5。他也嘲笑孔子。

子桑伯子，是个凡事求简的狂人，见《雍也》6.2。据说，孔子见子桑伯子，他是光着身子，简到衣服都不穿（《说苑·修文》）。

原壤，是个不拘礼节的人，见《宪问》14.43。孔子上他家，他很无礼，两腿平伸，屁股坐在地上，用所谓"箕踞"的坐姿待客。孔子跟他打小就认识，认为他从小就没教

---

1 《微子》18.1的微子、箕子、比干是殷末的不合作者，《微子》18.11的周八士估计也是投靠周文王的殷臣，《微子》18.8的伯夷、叔齐、虞仲、夷逸、朱张、柳下惠、少连也是两周时期的不合作者。这些人物，我们在第七章已做过讨论。

养，老了还如此放肆，气得不得了，使劲用棍子打他的腿。[1]

孔子品评人物，特点是厚古薄今：好人，古代多；坏人，现在多。现在的人，今之从政者坏人多，道德反而在隐逸之士。隐逸之士，好是好，但他不效仿，他的活动圈子，还是官场。他才不走与工农兵相结合的道路。

1　前人也把《八佾》3.24的仪封人（卫人）、《宪问》14.38的石门晨门（鲁人）、《宪问》14.39的荷蒉而过孔氏之门者（卫人）列入隐逸之士。但我们从原文看不出这一点，前两人还是小吏。又《论语》中的微生高（《公冶长》5.24）和卞庄子（《宪问》14.12），年代不详。后者为鲁卞邑大夫，以勇出名。

九　孔子是怎么变成圣人的

孔子不是圣人，不是古人所说本来意义上的圣人。他老人家活着，不是圣，只是人；死了，才变成圣人，一摞摞高帽往头上扣，圣得吓人。后人说的圣人和孔子说的圣人，根本不是一回事。

历史上的孔子有两个，一个是《论语》中的，有血有肉，活生生；一个是孔庙中的，泥塑木胎，供人烧香磕头。前者是真孔子，后者是假孔子，哪个更可爱？

五四运动，表面上是批孔子，其实是救孔子。孔子安然，孔子无恙。很多人不理解，批孔子怎么救孔子。我说，去其神圣外衣，还其本来面目，就是救孔子。去掉假孔子，留下真孔子，有什么不好？这是我们帮他恢复做人的尊严，这是我们对他的人文关怀。

孔子多变，两千多年，形象不断变。孔子从一普通人变成圣人，这是个历史过程。很多读《论语》的根本不思考，孔子的圣人头衔是怎么来的。他们还以为，这是天经地义。

下面，我把这个变形记讲一下。说实话，这是我读

《论语》的主要收获。

圣人是什么意思？

"圣人"这个词，孔子时代谁都说。《墨子》也好，《老子》也好，其他子书也好，所有古书都用这个概念。我把古书的说法归纳一下，让大家看看，圣人的本义是什么。

（1）圣人是无所不知、无所不晓的聪明人。[1]

朱骏声说，"春秋以前所谓圣人者，通人也"（《说文通训定声·鼎部第十七》）。圣人是无所不知、无所不晓的聪明人。

古人所谓聪明，聪是耳聪，明是目明。古文字，圣和听、声二字同源。圣是聪明，但特别指聪，即耳朵灵。俗话说，眼见为实，耳听为虚，但耳朵比眼睛，得到的消息更多，了解的范围更广。古人有个说法，"闻而知之谓之圣"（《素问·至真要大论》，林亿等新校正引《难经》）。这是圣字的本义。

当圣人，一定要聪明，耳顺很重要（孔子是60岁才达到耳顺）。但年纪再大一些，耳又聋来眼又花，看不见人也听不见话，就该让位了。上博楚简《容成氏》讲尧、舜禅让，说

1　参看宗福邦等主编《故训汇纂》，北京：商务印书馆，2003年，1835—1836页。

他们老了，"视不明，圣（听）不聪"，可见原来是聪明人，不聪不明了，才让位给另外的聪明人。这是上古禅让的本义。

古人说，圣人治理天下，"参于天地，并于鬼神"（《礼记·礼运》），但他们只是天地之间的人，不同于鬼神。圣人是人，但不是一般人，而是聪明人；不是一般的聪明人，而是特别聪明的人。孔子心目中的圣人，是这种聪明人。我们要知道，古代贵族制，只有贵族，才是聪明人。天生聪明，绝顶聪明，是贵族血统论的概念，全世界如此。

圣人是人中极品。孔子品题人物，这是最高一级。古人说"万人曰杰，万杰曰圣"（《白虎通义·圣人》引《礼别名记》），那都是出类拔萃的人物。

（2）圣人是南面听治、统治天下、安定万民的人，古代的用法实与圣王同义，没有权位不能当圣人。

"天地养万物，圣人养贤以及万民"（《易·颐》的象辞），"天地感而万物化生，圣人感人心而天下和平"（《易·咸》的象辞）。圣人的责任是养万民，治天下。所谓圣人，都是南面听政的人。听即圣也。

圣人本来是王者，古书绝无异词。如：

> 圣人南面而听天下……（《易·说卦》《礼记·大传》）
>
> 是故圣人南面而立，而天下大治。（《礼记·礼器》）
>
> 圣人以治天下为事者也……（《墨子·兼爱上》，三次出现）

圣人无心，以百姓心为心……圣人在天下，怵怵；为天下，浑其心。(《老子》第49章)

夫贵为天子，富有天下，名为圣人。(《荀子·王霸》)

（3）圣人是各种发明的集大成者，不是自己发明，也是臣下发明。

《世本·作》把上古发明归之于上古帝王。这些帝王，就是所谓圣人：

百工之事，皆圣人之作也。(《周礼·冬官·考工记》)

是故古者圣王制为节用之法……

古者圣王制为饮食之法……

古者圣（人）〔王〕制为衣服之法……

古者圣（人）〔王〕为猛禽狡兽暴人害民，于是教民以兵行……

古者圣王为大川广谷之不可济，于是利为舟楫，足以将之，则止……

古者圣王制为节葬之法……

古者人之始生、未有宫室之时，因陵丘堀穴而处焉……(《墨子·节用中》)

（4）古人说的圣人是尧、舜一类上古帝王，都是死了很久的人。

古人说的圣人，首先是唐、虞之君，其次是三代之王，都是孔子以前的人。《礼记·中庸》："仲尼祖述尧舜，宪章文武。"尧、舜、禹、汤、文、武，是先秦时代大家公认的六大圣人。尧、舜、禹是"禅让圣人"，地位最高；汤、文、武是"革命圣人"，低一点。古人认为，革命不如禅让，孔子也这么看。他心中的圣人，首先是尧、舜：

> 子贡曰："如有博施于民而能济众，何如？可谓仁乎？"子曰："何事于仁，必也圣乎！尧、舜其犹病诸！夫仁者，己欲立而立人，己欲达而达人。能近取譬，可谓仁之方也已。"（《雍也》6.30）

> 子路问君子。子曰："修己以敬。"曰："如斯而已乎？"曰："修己以安人。"曰："如斯而已乎？"曰："修己以安百姓。修己以安百姓，尧、舜其犹病诸。"（《宪问》14.42）

圣人的特点是安民济众。孔子说，这样的圣人，他是见不着的：

> 子曰："圣人，吾不得而见之矣；得见君子者，斯可矣。"子曰："善人，吾不得而见之矣；得见有恒者，斯可矣。亡而为有，虚而为盈，约而为泰，难乎有恒矣。"（《述而》7.26）

《礼记·中庸》引孔子的话，也说舜是圣人：

> 子曰："舜其大孝也与！德为圣人，尊为天子，富有四海之内……"

孔子活着的时候，子贡就想树孔子
为圣人，当即被孔子否认

孔子是"圣人之后"。[1]但他不会自称圣人。他说尧、舜是巍巍乎高不可攀的圣人（《泰伯》8.18—8.19），绝不会自比尧、舜，更不会说，自己比尧、舜还伟大。

孔子不是上述意义的圣人，原因很简单。

第一，他不认为自己特别聪明。他把人按智力分为四等，第一等为"上智"，是"生而知之"的聪明人；第二等为"中人"之上等，是"学而知之"的普通人；第三等为"中人"之下等，是"困而学之"的普通人；第四类为"下愚"，是"困而不学"的傻瓜。圣人是其中的第一等。我们从他的自我评价看，他绝不是第一等，肯定是第二等。他常说，"吾犹人也"（《述而》7.33、《颜渊》12.13），自己也就是个普通人。

第二，他没有权位，不可能像尧、舜那样，做到"博施于民而能济众"，或"修己以安百姓"，当全国人民的大救星。

后人有崇圣之心，孔子有自知之明，他比后人老实

1　柳若说，子思是"圣人之后"（《礼记·檀弓上》）。《左传》昭公七年，孟僖子说孔子是"圣人之后"，王引之认为"圣人"是指弗父何（《经义述闻·春秋左传下》）。如此说成立，让出君位的贤君，也可称为"圣人"。

得多。

孔门弟子树孔子为圣人，子贡是第一人。《子罕》9.6提到一件事：

> 太宰问于子贡曰："夫子圣者与（欤）？何其多能也？"子贡曰："固天纵之将圣，又多能也。"子闻之，曰："太宰知我乎？吾少也贱，故多能鄙事。君子多乎哉？不多也！"

文中的"太宰"，不知是谁，估计是鲁太宰。他问子贡说，孔子难道是圣人吗？他的本事怎么这么多？子贡说，我的老师当然是圣人，天生的大圣人，他的本事非常多。孔子听说这事，当即予以否认。他说，太宰了解我吗（他怎么知道我的经历）？我是因为年轻时地位低贱，才会干各种下贱活。本事多是本事多，这跟圣人有什么关系？你看看当今的君子，那些有贵族身份的人，他们有这么多本事吗？没有呀。

显然，他并不接受子贡的恭维。

乱世，本来是圣人死光光，因而没有圣人的时代。但越是乱世，人们越盼救世主，这是规律。前面讲"丧家狗"，就是反映这一现象。值得注意的是，这个故事，恰恰就和子贡有关。故事里，孔子也不承认自己是圣人。他的态度很明确。

孔子死后，子贡、宰我、有若
继续树孔子为圣人

读《论语》，我们不难发现，它的很多章都是记孔子晚年的事。孔子晚年，子贡已经成为孔子的主要助手。孔子死后，七大弟子，子贡的地位最突出。特别是，《子张》篇的最后六章（19.20—19.25）讲子贡捍卫老师。这一背景很重要。

孔子死后，孔子受到各种质疑，比如他的学历，还有不少流言和诽谤（《子张》19.20—19.22）。特别是"叔孙武叔毁仲尼"事件（《子张》19.23—19.24），叔孙武叔是三桓之一，地位很高，他在鲁国的上流社会散布流言，说孔子不如子贡贤，对孔子很不利。这种说法越吵越凶，就连子贡的学生子禽（他也可以算孔子的学生）也跑来跟老师说，您也太客气了，孔子哪里比您强。子贡为了捍卫老师，说老师如日月在天，高不可攀，自己和老师没法比（《子张》19.25）。

为了捍卫老师，团结孔门弟子，子贡一定要树立孔子的绝对权威，刻不容缓。他必须扫除老师本人设下的障碍，对圣人的标准做巧妙的修正。

圣人是聪明人，他们是各种发明的集大成者，多才多艺。上面说过，这是圣人的基本特点。子贡心里想，现在的贵族都很笨，我老师，学问大，谁人能比？起码聪明这一点，他总够了吧？怎么不是圣人？上面，他跟太宰的谈话，就是以孔子的多才多艺作突破口。他的想法是，多才多艺，什么都会，难道不就是"圣"字的本来含义吗？老师谦虚，不肯当圣人，我们不能不管。

孟子说，子贡和孔子有一段对话。子贡问孔子，老师达到"圣"了吗？孔子说，"圣则吾不能"，我能做到的只是"学不厌，而教不倦也"。子贡说，"学不厌"是"智"，"教不倦"是"仁"，您既然已经做到了"仁"和"智"，当然是"圣"而无疑了（《孟子·公孙丑上》）。

子贡的说法是钻空子。读《论语》，我们都知道，孔子说的圣，和仁、智不一样，绝对不一样。

圣比仁高，只有尧、舜一类王者才能叫圣人。仁人是道德高尚者，但不是王者。孔子说的仁人，如微子、比干、箕子、伯夷、叔齐、管仲，都不是王者。他们不是圣人。

圣人是聪明人，没错，但绝不是一般的智者。孔子说，"若圣与仁，则吾岂敢"，我也不过就是"为之不厌，诲人不倦"罢了（《述而》7.34），"为之不厌，诲人不倦"，也作"学而不厌，诲人不倦"（《述而》7.2）。"学而不厌，诲人不倦"是好学者，按孔子的概念，只能算"学而知之者"或"有恒者"。"学而知之者"或"有恒者"是中人之智的上等，根本够不上圣人。孔子自我评价，是这种人。子贡很聪明，他是量体裁衣，就着孔子，打造圣人，和老师的说法相去甚远。

上文提到，孔子明明说，圣人和善人，他见不着，见着的只是有恒者，子贡却说，只要做到"学而不厌，诲人不倦"，就达到了"圣"的标准，这是他的巧妙修正。

孔门弟子树孔子，不只是子贡，还有同样是言语科的宰我，以及他们护佑的小师弟，长相酷似老师的有若。

孟子说，宰我、子贡、有若，"智足以知圣人，汙不至阿其所好"，即他们对老师的价值太了解，绝不是给孔子拍马屁：

宰我曰："以予观于夫子，贤于尧、舜远矣。"

子贡曰："见其礼而知其政，闻其乐而知其德，由百世之后，等百世之王，莫之能违也。自生民以来，未有夫子也。"

有若曰："岂惟民哉？麒麟之于走兽，凤凰之于飞鸟，泰山之于丘垤，河海之于行潦，类也。圣人之于民，亦类也。出于其类，拔乎其萃，自生民以来，未有盛于孔子也。"（《孟子·公孙丑上》）

宰我说，孔子比尧、舜强多了，就像林彪大树毛主席，说他超过了马、恩、列、斯。[1] 子贡、有若也说，自有人类以来，没人比得上我老师。老师之于人类，就像兽中麒麟，

---

[1] "文革"时，有个"伊林·涤西事件"，两个农大附中的学生，就是因为反对这一说法，差点被他的同学塞进冰窟窿。

鸟中凤凰，无人能比。[1]

这些话，孔子做梦也想不到，怎么不是拍马屁？[2]

宰我、子贡、有若之后，圣人的概念乱了套

圣人是乱世的产物，圣人是苦难的产物。

> 尧、舜既没，圣人之道衰，暴君代作。(《孟子·滕文公下》)

> 孔子适楚，楚狂接舆游其门曰："凤兮凤兮，何如德之衰也！来世不可待，往世不可追也。天下有道，圣人成焉；天下无道，圣人生焉……"(《庄子·人间世》)

孟子说，尧、舜死后是没有圣人只有暴君的时代。但越是没有圣人，才越需要圣人，没有也得有，甭管真和假。这是造圣的普遍心理（参看本书的题辞）。

孔子死后，不仅孔门弟子说孔子是圣人，墨子的学生也管墨子叫圣人。

我在《丧家狗》中说，老师是靠学生出名，古代和现

1　这让我想到了现在的笑话。凤凰台"一虎一席谈"，有好辩狂徒说，孔子"上管五千年，下管五千年"，下管且不说，上管怎么管？都管到新石器时代去了。

2　明《孔子为鲁司寇像》，上面也有"贤于尧舜，日月其誉"等语。

144

代一样，学生经常拍老师。有些崇圣卫道者，对我破口大骂，主要就是攻击这一点。他们说，墨子也有很多学生，他怎么没当圣人？还是孔子威望高。我请他们注意下面的话：

> 子墨子有疾，跌鼻进而问曰："先生以鬼神为明，能为祸福，为善者赏之，为不善者罚之。今先生，圣人也，何故有疾？意者先生之言有不善乎？鬼神不明知乎？"子墨子曰："虽使我有病，何遽不明？人之所得于病者多方，有得之寒暑，有得之劳苦。百门而闭一门焉，则盗何遽无从入？"（《墨子·公孟》）

> 相里勤之弟子五侯之徒，南方之墨者苦获、已齿、邓陵子之属，俱诵《墨经》，而倍谲不同，相谓别墨；以坚白同异之辩相訾，以觭偶不仵之辞相应；以巨子为圣人，皆愿为之尸，冀得为其后世，至今不决。（《庄子·杂篇·天下》）

事实上，孔子的学生既然可以把孔子捧成圣人，墨子的学生怎么不会？墨子的学生，脑筋很迷信，他们以为，得病都是不积德（东汉道教讲命算，就是这种想法）。老师既然是圣人，圣人做好事，鬼神该知道，怎么会让老师得病？老师不会得病。

孟子的时代，孔子已经是天经地义的圣人。他对孔子的称呼是"圣之时者也"（《孟子·万章下》），其实也就是当代圣人。鲁迅说，翻成现代话，就是"摩登圣人"。[1]孔子说，圣人都是死人，孟子却说，孔子就是活圣人。这个修正，很重要。从此，圣人的尺度很宽松。不只舜是圣人，文王、周公是圣人，伊尹、伯夷、柳下惠是圣人（《公孙丑上》《公孙丑下》《离娄下》《万章下》《尽心下》），谁都有可能当圣人。

老师当圣人，这是第一步。老师不当圣人，学生怎么当？孟子既然称孔子为圣人，他的学生就要想，我的老师是不是也可以算个圣人。比如公孙丑就问孟子，您是不是也可以算是圣人了呢？孟子的回答很有意思，他把孔子拒绝子贡的故事照演一遍。孟子板起面孔，对公孙丑说，嘿，你这叫什么话？"圣"这个头衔，孔子都不敢当，你这叫什么话（《孟子·公孙丑上》）？但公孙丑的问题，实在太合理，和子贡当年没什么不同。孟子当圣人，那是早晚的事。后来，孟子果然当了圣人，四配，颜、曾、思、孟，他是其中之一，站在孔子身边，号称"亚圣"。虽然年代晚了点，宋人封的，毕竟是二等圣人（四配是二等圣人）。

其次，不要忘了，诸子拍马屁，还有君王。圣人，老师可以当，领导也可以当。比如神农派的许行，他见滕文公，就说"闻君行圣人之政，是亦圣人也"（《孟子·滕文公上》），当面就拍，一点不脸红。后世帝王都爱"圣"字，谁

1　鲁迅《在现代中国的孔夫子》，收入《鲁迅全集》第6卷，北京：人民文学出版社，1958年，248—254页。

都往自己脸上贴。

最后，还没完。人都可当圣人吗？这是下一步推论。有一次，曹交问孟子，"人皆可以为尧、舜"，有这种说法吗？孟子说，有呀，只要你穿尧的衣服，背尧的话，按尧的榜样行事，你就是尧（《孟子·告子下》），舜也一样。这和"阿弥陀佛，往生净土"，在道理上是一样的。

谁都可以当圣人，太妙！毛泽东说，"六亿神州尽舜尧"。

孔子死后，圣人的概念乱了套。不仅儒家乱了套，墨家乱了套，道家的说法更逗，干脆拿圣人开涮。

比如《庄子》，公然骂圣人。它说，圣人比君子高，但圣人之外，还有天人、神人和至人（《天下》）；圣人之前，另有一批帝王，如容成氏、赫胥氏等等，比圣人高。[1]圣人，别说尧、舜、禹、汤、文、武，就连三皇五帝都"无耻"（《天运》）。[2]他们都是"已死"之人，"圣人之言"是"古人之糟魄（粕）"（《天道》）。"天下之善人少而不善人多，则

---

1 《马蹄》："夫赫胥氏之时，民居不知所为，行不知所之，含哺而熙，鼓腹而游，民能以此矣。及至圣人，屈折礼乐以匡天下之形，县跂仁义以慰天下之心，而民乃始踶跂好知，争归于利，不可止也。此亦圣人之过也。"《胠箧》："昔者容成氏、大庭氏、伯皇氏、中央氏、栗陆氏、骊畜氏、轩辕氏、赫胥氏、尊卢氏、祝融氏、伏牺氏、神农氏，当是时也，民结绳而用之，甘其食，美其服，乐其俗，安其居，邻国相望，鸡狗之音相闻，民至老死而不相往来。若此之时，则至治已。今遂至使民延颈举踵曰，'某所有贤者'，赢粮而趣之，则内弃其亲而外去其主之事，足迹接乎诸侯之境，车轨结乎千里之外。则是上好知之过也。"

2 子贡树孔子为圣人，给后世留下深刻印象。这段话，故意借老聃的嘴，教训子贡，很有讽刺性。

圣人之利天下也少而害天下也多"，"圣人不死，大盗不止"（《胠箧》）。上博楚简《容成氏》的开头就是讲这批比圣人还早还高的人。

战国末年，万事俱备，只欠东风。孔子立下的标准，只有一条没修正，等着荀子。孔子说，我没权势，不可能安民济众，当全国人民的大救星，但荀子说，没关系，孔子、子弓都是圣人。他们和舜、禹的区别很小，舜、禹是"圣人之得执（势）者"，而孔子、子弓是"圣人之不得执（势）者"（《荀子·非十二子》）。不得势，照样当圣人，后人叫"素王"，就像斋饭中的素鸡素鸭，当了王，也是个素的，其实是代用品。它相当耶稣，基督教叫"万王之王"，我们叫"大成至圣文宣王"。

班固说，"昔仲尼没而微言绝，七十子丧而大义乖"（《汉书·艺文志》序）。孔子和他的学生死后，"圣人"的概念，真可谓地覆天翻。

朱骏声说得好，"战国以后所谓圣人，则尊崇之虚名也"（《说文通训定声·鼎部第十七》）。

十 "丧家狗"解

　　读过《史记·孔子世家》的人，谁都知道，"丧家狗"是古书上的典故，它是描述孔子的无所遇，不得志。这个典故，不是一个人讲，而是见于五部古书，讲话人都是非常崇拜孔子的人。我一直认为，这个故事很有深意，它回答了子贡的大问题：孔子是不是圣人？孔子的回答很明确，我不是圣人，要说我像丧家狗，倒是很对很对。

　　乱世盼望救世主，古今都一样。仪封人不是预言过吗？"天下之无道也久矣，天将以夫子为木铎"（《八佾》3.24）。《韩诗外传》讲这个故事，也很有意思。孔子说，他生活的世界太坏，大家都在盼望救世主，因而一定要拉他出来，当这个救世主。但孔子的回答是"丘何敢当"，他说他不当。

　　这个故事，绝不是侮辱孔子，如果侮辱孔子，孔庙圣迹殿里的《圣迹图》不会有表现这个故事的绘画。

　　孔庙《圣迹图》的第79石，是讲这个故事。题目是"微服过宋"。这个题目不对，其实讲的是孔子到郑国，而不是到宋国。画面上，孔子立在郑国郭城的东门外。这个东门，现在还在。今河南新郑市的郑韩故城，高大的城墙还立在地面：西边是内城，东边是郭城。郭城的东墙，有个缺口，就是郭城的东门（现在修了个门），孔子离开宋国，从东边来，就是先到这个门。它的位置，是在一个新修的公园，即郑风苑内。我去过那里，很有感受。

孔府收藏的彩绘本《圣迹图》，它的题目比较原始。这个题目，很有意思，是作"累累说圣图"。"累累"，就是"累累若丧家之狗"的"累累"，代指"丧家之狗"，"说圣"是解释圣人。[1]其实，他是以"丧家之狗"自况，用这个比喻解释，他为什么拒绝"圣人"的称号。

我在北大讲《论语》，把讲义印成书，是以"丧家狗"为题，原因很简单，因为他是夫子自道，最能反映孔子的真实遭遇。

有些人，不看书，也不看我印在封面上的话，上来就骂。

他们骂错了地方。

他们说，你为什么要标新立异，我说，请你读读《史记》，看看《圣迹图》，我没有任何发明。

他们说，你为什么要把古人讲的"丧家之犬"改成"丧家之狗"，我说，请你读读古书的原文，原文就是"丧

1　《老子》第20章"累兮如无所归"是类似说法。

去圣乃得真孔子

家狗"。

他们说，你为什么要把"丧家之狗"的"之"字去掉，我说，请你读读古书的原文，原文既有"丧家之狗"，也有"丧家狗"。

他们说，"丧家之狗"或"丧家狗"的"丧"字应读平声，意思不是无家可归的狗，而是死了人，正在办丧事的人家的狗，我说，不对，就算对，又怎么样？办丧事的人家，主子没了，无人喂养，不一样是这种狗吗？你就是再挖空心思，也没法提升这个词的含义，把它说成圣人吧。

刘苏里先生曾汇集网上的讨论，希望我能和读者交流一下，我写过一封信，不妨抄在这里。

苏里兄：

昨天在电话上，你问，网上对"丧家狗"一词有争论，我是什么看法。你知道，我是不大看网的，我没有注意他们在吵什么。那天开会，责编黄海龙倒是问起，因为旁边有人在谈别的事，我没来得及跟他讨论这个问题。

你也知道，孔子不是一般人，《论语》不是一般书，是个很容易引起争论的话题。那天的会，这个词是引起争论的话题，各种观点有各种解释，好像行为艺术，挨骂是不可免的。

既然问起，我把我的理解讲一下，供读者参考。

第一，我不是什么考据权威，和大家一样，只是普通读者。捧我骂我，都不必拿此说事儿。讨论应该是平等的。

现在的争论并不复杂。我在书里已经把"丧家狗"的出处做了交待，即下面五段话：

（1）孔子适郑，与弟子相失，孔子独立郭东门。郑人或谓子贡曰："东门有人，其颡似尧，其项类皋陶，其肩类子产，然自要（腰）以下，不及禹三寸。累累若丧家之狗。"子贡以实告孔子。孔子欣然笑曰："形状，末也。而谓似丧家之狗，然哉！然哉！"（《史记·孔子世家》）

（2）夫子过郑，与弟子相失，独立郭门外。或谓子贡曰："东门有一人，其头似尧，其颈似皋繇，其肩似子产，然自腰以下，不及禹三寸，偏偏如丧家之狗。"子贡以告孔子，孔子喟然而笑曰："形状末也。如丧家之狗，然哉乎！然哉乎！"（《白虎通义·寿命》）

（3）孔子适郑，与弟子相失，孔子独立郑东门。郑人或问子贡曰："东门有人，其头似尧，其项若皋陶，〔其〕肩类子产。然自腰以下，不及禹三寸，儽儽若丧家之狗。"子贡以告孔子，孔子欣然笑曰："形状，末也。如丧家狗，然哉！然哉！"（《论衡·骨相》）

（4）孔子适郑，与弟子相失，独立东郭门外。或人谓子贡曰："东门外有一人焉，其长九尺有六寸，河目隆颡，其头似尧，其颈似皋陶，其肩似子产，然自腰已下，不及禹者三寸，累然如丧家之狗。"子贡以告，孔子欣然而叹曰："形状，末也。如丧家之狗，然乎哉！然乎哉！"（《孔子家语·困誓》）

（5）孔子出（卫）〔郑〕之东门，逆姑布子卿，曰："二三子使车避。有人将来，必相我者也。志之。"姑布子卿亦曰："二三子引车避，有圣人将来。"孔子下步，姑布子卿迎而视之五十步，从而望之五十五步，顾子贡曰："是何为者也？"子贡曰："赐之师也，所谓鲁孔丘也。"姑布子卿曰："是鲁孔丘欤？吾固闻之。"子贡曰："赐之师何如？"姑布子卿曰："得尧之颡，舜之目，禹之颈，皋陶之喙。从前视之，盎盎乎似有（王）〔土〕者；从后视之，高肩弱脊，循循固得之转广一尺四寸，此惟不及四圣也。"子贡吁然。姑布子卿曰："子何患焉？汙面而不恶，葭（貑）喙而不藉，远而望之，羸（累）乎若丧家之狗，子何患焉？"子贡以告孔子。孔子无所辞，独辞<u>丧家狗</u>耳，曰："丘何敢乎？"子贡曰："汙面而不恶，葭（貑）喙而不藉，赐以（已）知之矣。不知丧家狗，何足辞也？"子曰："赐，汝独不见夫丧家之狗欤？既敛而椁，布（器）〔席〕而祭，顾望无人，意欲施之。上无明王，下无贤（士）方伯。王道衰，政教失，强陵弱，众暴寡，

百姓纵心，莫之纲纪。是人固以丘为欲当之者也。丘何敢乎？"（《韩诗外传》卷九第十八章）

最后这一条，我是参考许维遹《韩诗外传集释》校订的本子。

这五段话，前四种是一个说法，最后一种是一个说法。我们要注意，这里的第一、二条和第四、五条都作"丧家之狗"，但第三条和第五条还提到"丧家狗"（下划线处），可见"丧家狗"不是我的发明，古人就这么用。大家说，少了"之"字，意思全变，这两条是过硬的反证。

其实，这里问题的关键不在"之"字，而在"丧家"怎么读，下面再说。当然，我把"之"字省掉，也没什么深意，只是为了当书名，读起来比较顺溜罢了。这算不上什么错误。

第二，我使用这个词，不过是按习惯上的用法，并没有任何特殊的发明。大家只要查一下《汉语大词典》（上海：汉语大词典出版社，1997年）1616页，就可以发现，"丧家"一词有两种读法和两种用法，一种是举丧之家，丧读平声；一种是覆亡家族或失去家主，丧读去声。但"丧家之犬"和"丧家之狗"，在书中是归入第二种，都是指丢了家、死了主子的狗。现在的讨论，反而是网民们费心考证提出的新解，和习惯的用法不一样。他们说，"丧家之狗"的"丧家"应该属于第一种。

既然有不同说法，咱们可以讨论一下。好在我已经提供了古书的原文，用不着费太多的口舌。

第三，《汉语大词典》的读法，当然也可以商榷。现在，大家讨论，我们可以重新检查一下古书中的词例：

（1）当"举丧之家"讲的"丧家"，《汉语大词典》引的《颜氏家训·风操》还不是最早。《汉书·游侠传》提到，"涉亲阅视已，谓主人：'愿受赐矣。'既共饮食，涉独不饱，乃载棺物，从宾客往至丧家，为棺敛劳徕毕葬。其周急待人如此。后人有毁涉者曰'奸人之雄也'，丧家子即时刺杀言者"，比它更早。汉代肯定有这种用法，但《十三经》里没有见到这种用法。"丧家"是死了人的家。

（2）当"家族覆亡"讲的"丧家"，古书中的例子很多，家和国往往相提并论，如"灭国丧家""破国丧家""败国丧家""倾国丧家"等等，不胜枚举。这种例子中的"丧"字都是作动词用，"家"是"丧"的宾语，表示失去家。《礼记·礼运》提到，"故唯圣人为知礼之不可以已也，故坏国、丧家、亡人，必先去其礼"，是年代较早的例子。

第四，"丧家狗"的出典，第五条和前四条不一样。它们都是汉代旧说，很可能各有来源。前四条，史公的引用最早，更早的来源不清楚。第五条，更早的来源也不清楚。两种说法，我是兼存异说，没做详细讨论，读者提问题，很合理。我把我的想法，作一点老实交待。

首先，我要说的是，韩婴当然比司马迁早，但两种说法，谁早谁晚，不一定。过去辨伪家常说，如果甲书早于乙书，甲书同于乙书，乙书就是抄甲书，这种方法不一定可靠，其实还有它们共抄某书，或分抄不同传本的可能。我们不能说，司马迁就是抄韩婴。这在古书体例的研究上是有很多反证的。更何况，他们的说法，差距比较大。比如相者名，司马迁作"郑人"，韩婴作"姑布子卿"，就不一样。细节描述也很不一样。我的看法是，抄的可能几乎没有。

其次，姑布子卿是赵简子身边的相者，在古代相家中，很有名，不仅见于战国时期的《荀子·非相》，也见于《论衡》的《骨相》等篇。赵简子，始见《左传》昭公二十五年，姑布子卿见孔子，从时间看，没问题，有这种可能，但孔子没去过晋国，只去过郑国，韩婴的说法，相家的色彩太浓，可能是古代相家的传说。从情理上讲，他的说法，反不如司马迁的说法更可信。司马迁把这事放在孔子60岁上。当时，孔子正好路过郑国。郑国才是孔子去过的国家。姑布子卿是赵人，如果说，他是特意上郑国会孔子，恐怕不可靠。还有，我们都知道，司马迁历览皇家藏书，所见多广，后人引用，皆遵此说，这种说法是不容忽略的。

我的书，对"丧家狗"的出典，只引述，不考证，原意是为了避免啰唆。我没想到，现在会有这等热闹。有人以为我是故意回避《韩诗外传》，回避古书中的异读歧解，那是求之过深。如果真是这样，干吗我还抄《韩诗外传》？

又，顺便说一句，《史记·孔子世家》"累累若丧家之狗"，《集解》引王肃说："丧家之狗，主人哀荒，不见饮食，故累然而不得意。孔子生于乱世，道不得行，故累然不得志之貌也。"下面的引文就是上引《韩诗外传》。这条注文，我没提，倒是值得注意。我认为，王肃的根据就是《韩诗外传》。他的话很清楚，"丧家之狗"，主要是形容孔子不得志，不是骂他。

我想，大家争论这个词，主要在于，它是死了人的家里的狗呢？还是没了家的狗。这个问题，下面再讨论。我想，这里并没有什么了不起的分歧。王肃的话，似可理解为前一种含义。但即作如此解，也还是无法改变故事的基本含义。丧家狗是死了主子，因而无人喂养的狗，其实也就是无家可归的狗。

我在书里没有就五条引文做细节考证，只是表达了我的宽泛理解，这是我考虑不周的地方，特别是对问题的敏感性估计不足。现在就细节展开讨论，当然是好事。

第五，我想说明的是，"无家可归"，只是大意，不是定义，不是翻译。引文前四条，我只撮述大意，并没注释，也没翻译，更没有进行任何考证，我的懒惰和疏忽，把争论和想象的空间留给了大家。第五条，我同样没讨论，大家也有充分的自由。

第五条的意思主要是，姑布子卿相孔子，想看看这位人称"圣人"的孔子到底像不像圣人。我们要注意，这个故事的象征意义到底在哪里。这才是问题的关键。

先秦古书，无论《论语》，无论《墨子》，无论《老子》，还是其他书，所谓"圣人"，既不是神，也不是普通人，而是聪明绝顶、道德高尚，有权有势，可以安民济众、治理天下的古昔圣贤，特别是指尧、舜、禹。台湾有人写过这方面的考证。上文提到的"四圣"就是这种人。在《论语》中，孔子说得很明确，圣人，他是见不着的。他怎么会说自己是圣人？

读《论语》，我们可以知道，孔子还活着，子贡就出来树孔子为圣人，这是对古代圣人概念的颠覆，孔子不答应，只好作罢。后来，孔子死了，子贡、宰我、有若继续树孔子，一直到孟子、荀子，大树特树，从未停止，但子贡是倡言者。尧、舜是随便当的吗？孔子的态度很严肃，但孟子赞同，"人皆可以为尧、舜"（《孟子·告子下》），这是把圣人的概念彻底庸俗化（毛泽东说，"六亿神州尽舜尧"，人民最爱听）。他这么干，用心良苦，可理解，但概念完全是伪造。

这五条，相者的对话者都是子贡，并非偶然。它们都是为了回答子贡提出的大问题：孔子到底是不是圣人。故事是在这样的背景下展开。

当时的人，想法很自然，上古圣人都死光光了，现在的世界这么坏，也该出圣人了。圣人就是救世主。他们盼圣人，盼得好苦，就算没有，也得造一个，和现在的心情一样。子贡的想法很自然，这样的圣人，除了老师，还有谁？

姑布子卿相孔子，答案是，他既像又不像，细节描述不同，但大体意思和《史记》是一样的：孔子有圣人相，但又像丧家之狗。孔子听说后，对"圣人"的说法不赞一词，只承认自己是"丧家之狗"。孔子是圣人吗？他说，"丘何敢乎"？后面的话比这还清楚，"上无明王，下无贤（士）方伯。王道衰，政教失，强陵弱，众暴寡，百姓纵心，莫之纲纪。是人固以丘为欲当之者也。丘何敢乎"，意思是说，有人非拉我出来当他们盼望的圣人，我怎么敢？这是对子贡的正面回答。其态度和《论语》是一致的。

至于"丧家之狗"的说法，原文虽然没有"然哉"等字，但"孔子无所辞，独辞丧家狗耳"，就是肯定的答案。他说，"既敛而椁，布（器）〔席〕而祭，顾望无人，意欲施之"，前面两句是讲敛、葬、祭、奠等仪节，后面两句是讲家里的人都死了，没人喂狗，只好把狗放掉。"施"读为弛。这段话，当然是讲办丧事，但"丧家之狗"是指家里的人死光，狗没了主子，这种没了主子，只好放掉，让它在外面流浪的狗，当然是无家可归的狗。死了主子的狗和无家可归的狗，一点矛盾都没有。

如果大家还不满意，请读下面这段话：

> 当此之时，若失水之鱼，丧家之狗，行不胜衣，言不出口，安能干当世之务，触人主之威，适足以露狂简而增尘垢。（夏侯湛《抵疑》，收入丁福保《全晋文》卷六九）

湛为西晋初年人，距汉不远。上面的"丧家之狗"与"失水之鱼"互文，"丧家"的"丧"字显然是动词，说成举丧之家的狗，显然不通。历代诗文的用法也都是当动词解，不能说是犯了不可饶恕的错误。

更何况，举丧之家的狗是什么意思？它能给美圣帮什么忙？什么狗都是狗，狗不是骂孔子，只是比喻。古人的这个比喻，再怎么解释，也变不成圣人。

这三个字太厉害。当年，崔东壁见了，马上心惊肉跳，破口大骂。他不想想，司马迁是什么人，他是孔子的崇拜者呀。司马迁讲了这个故事，怎么就成了千古罪人？更何况这是两汉旧说，韩婴讲，班固讲，王充也讲。难道他们都是千古罪人？

研究古书，都知道，崔东壁不仅有护圣卫道的偏见，而且在方法上也有很大的主观随意性。考证的外貌，遮不住卫道的动机。顾颉刚先生对他的卫道有批评，可惜，在古书体例的研究上仍嫌不足，在方法上还不能突破宋代到清代的"引文反证法"。辨伪学本身，现在也是怀疑的对象。这里没有工夫多谈。

现在，这三个字，居然成了可以测试不同观点的行为艺术。爱者见之爱，可以滔滔不绝讲出一番道理；恨者见之恨，也能滔滔不绝讲出一番道理。

古人想不到。

最后，我想说一句，我用"丧家狗"作书名，不是骂孔子，不是比自己，只是为了说明孔子的真实遭遇，知识分子常有的遭遇，我很同情他的遭遇。他有精神，有理想，谁都不否认，问题是精神无所托，理想无所遇。[1]这是事实陈述，不是为了给孔子抹黑。

在上面的故事中，"丧家狗"是和"圣人"相对而言。这有很深的寓意。孔子宁认"丧家狗"，不认"圣人"，是他清醒的地方。

大家可以想一想，从大方向上想一想，哪个说法更贴切。

我把这个故事翻出来，目的不是为了挑起争论，而是为了理解孔子。我不觉得颠沛流离的孔子，就比死后冠以各

1　有人说，孔子有精神家园，不需要找，或孔子有精神，现实世界没精神，当然也没什么精神家园，这是成心抬杠、胡搅蛮缠。

种头衔的孔子更少光辉。我喜欢的是那个活生生的孔子，而不是泥塑木胎，端坐在孔庙当中受人膜拜的孔子。我的目的，是要彻底破除历代崇圣、美圣的虚伪说法，还孔子以本来面目，[1]这有什么不对吗？

一个历史学家，不管为了什么目的，难道可以用信仰、感情代替历史真实吗？

我的观点很明确，也很简单，孔子是个可爱可怜的"丧家狗"，不是本来意义上的"圣人"。我是拿他当"人"来理解，不是当"圣"来崇拜。要骂尽管骂，不用拐弯抹角。

我没有崇圣的心情。对我来说，"圣人"才是骂孔子。我和很多人的文化立场不同，他们的反应很正常。

对于崇圣者，我只能说，你把"圣人"强加给孔子，训诂学的考证帮不了忙。

李 零

2007 年 4 月 29 日

1　我说的孔子，是历史上的孔子，真实的孔子。有人说，历史没有真相，有也不知道，根本无法复原，这都是借口。历史学的认知困境，本来只能提醒我们，如何控制自己在历史空白处的想象，而决不能成为信口雌黄的依据。古人说，"山川而能语，相师面如土；肺腑而能语，医师食无所"。无头公案，不等于推理小说。宋慈《洗冤录》讲什么？开棺验尸。考古干什么？就是把已经失去的东西再端到你的眼前。这些手段，都有局限性，没错，但你要胡说八道，说不定就撞在它的枪口上，它可以马上叫你住嘴。

去圣乃得真孔子

下篇　横读《论语》（思想篇）

十一　周公之梦

本书下篇是思想篇。我想从三个方面解剖《论语》。第一，我想把孔子本人的话，孔门弟子"接闻于夫子"的话（他们从孔子那里听来的话），试着归纳一下，把孔子最重要的想法介绍给大家。第二，我想把他的学术背景和宦游经历分析一下，看看他内心深处的矛盾到底在哪里。第三，作为最后的话，我想总结一下，我们从《论语》学什么。

研究《论语》，首先，有一点绝对不能忽视，孔子是个什么样的人，我们要从他的历史角色去了解。我先讲一下他的阶级立场和历史观。

孔子的思想是贵族本位

中国历史和欧洲历史，最大不同是两点。第一，中国的政教结构，自秦汉以下，一直是天人分裂，政教殊途，国家为冠，宗教为履，国家一元化，宗教多元化。它的文官政治很发达，读书人都是以仕途为终身大事，跟老百姓不一样，宗教感不太强烈；第二，中国的社会结构，人分三六九等，照样不平等，但除皇上，早就没什么像样的贵族，就是皇上，该打倒也照样打倒，一点不客气。这个传统，不是一下子能形成，但孔子那阵儿，已经开了头。他生活的时代，"礼坏乐崩"。什么叫"礼坏乐崩"？主要就是贵族传统大崩溃。孔子是生活在这样的时代，我们不要忘记。

孔子的思想，并不复杂。他对他生活的时代很不满意，觉得当时的贵族太不像话，不像从前的贵族，有道德，有学问，懂规矩，有一套老礼儿。这样的贵族，他叫君子。贵族社会最讲血统，但孔子那阵儿，一切乱了套。当时的贵族，徒有身份地位，却无道德学问，让他看不惯，就像司汤达的小说《红与黑》，当时的贵族，于连看不起，他比贵族会背拉丁文。

马克·吐温写过一个故事，叫《王子与贫儿》，我特别喜欢。人和人，地位悬殊，很难沟通，如同鸟兽，难与之言。换位思考，就是不一样。王子与贫儿，互相换着当，彼此都学到很多东西。这个故事很深刻。

鲁迅说，"有谁从小康人家而坠入困顿的么，我以为在这途路中，大概可以看见世人的真面目"（《呐喊》自序）。[1] 这是讲自己和自己换位，前后易位。他的话也是深有体会。

1　《鲁迅全集》，第1卷，北京：人民文学出版社，1956年，3页。

去圣乃得真孔子

孔子，祖上是宋国的大贵族，父亲在鲁国当过邑宰（相当后世的县令），本来也有点地位。但他是庶出，爹又死得早，小时候，既贫且贱，前后对比很强烈。他羡慕贵族，不是眼前的贵族，而是早先的贵族。他和于连不一样。于连，嫉妒中深藏仇恨，只想取而代之。他不是这样。

孔子的学生，很多都是苦孩子，但不一定是世世代代苦出身，而是跟他类似，往上追个三五代，没准儿也是世家子弟。这些人，只要肯纳见面礼，向他交十条干肉，他就教。他自己说，这叫"有教无类"（《卫灵公》15.39）。其实，他们都是社会的游离分子和边缘人。子夏说，"四海之内，皆兄弟也"（《颜渊》12.5）。这种不能归类的一类，本身就是一类。他们是为了同一个目标，走到一起来了。

孔子开门授徒，什么人都教，甚至连犯过罪的人都教（如漆雕启、公冶长），似乎很博爱，但我们不要以为，孔子是个不讲出身，认同劳动人民的人。其实，真正了解孔子，你会知道，他比贵族还贵族。他教苦孩子，不是让他们接茬儿当苦孩子，而是当君子，不是当当时的君子（很多都是伪君子），而是当古代的君子（他心目中的真君子），做个榜样，给当时的贵族看。

他的一切思想都是以君子为中心。他的理想国是君子国。君子国里的君子，不但有道德学问，还有富贵功名。这是他的理想。

孔子是个复古主义者

孔子认为，好人多生活于古代，道德和历史是戗着走。先秦诸子，几乎都这么想。他们几乎都是复古主义者。不是复古主义者，倒是怪事。战国时期，即使最激进最务实最标新立异的法家，也不能不拿古代说事儿，借死人吓唬活人。当时人都相信，谁懂古事越多，学问越大。他们都是贵古贱今，以古非今，就是标新立异，也要拿出点儿古代依据。这是当时的风气。

《论语》有两段话，可以说明孔子的特点：

> 子曰："述而不作，信而好古，窃比于我老彭。"
（《述而》7.1）

> 子曰："我非生而知之者，好古，敏以求之者也。"
（《述而》7.20）

他说，我是个信古、好古的人，只传旧说，不创新说；他说，我不是生而知之的人，只是比较勤奋的人，我的知识，全是从古代学来的。

孔子说的"古"，唐、虞以上，什么容成呀、什么黄帝呀，他不讲。他所谓的"古"，远古止于唐、虞，近古限于三代。东周以来，是近现代。他的历史视野，是由这三段构成。

孔子的历史知识从哪儿来？子贡说，孔子学无常师，"文武之道，未坠于地，在人"（《子张》19.22）。什么人？不知道。

他看过什么书？也无法全知道。我们只知道，他很推崇六种古书，即所谓六经。他的历史知识，主要来自三本古书，古代，主要是《诗》《书》，特别是《书》。近现代，主要是《春秋》。《春秋》十二公，他主要生活在襄、昭、定、哀，春秋最晚这一段。这段历史，他体会最深。复古的出发点，是在这里。

孔子的复古主义，不是为复古而复古，就像欧洲的"文艺复兴"，所谓复古，其实有很强烈的现实目的。他是借古代批判现实，借古代寄托理想，目的是改造社会，挽救世道人心。

古人批判现实，绝不会相信未来，只会相信过去，特别是离他们最近的某个盛世，就像冬天太冷，怀念夏天，夏天太热，又怀念冬天。

他理想的君子国，主要是西周盛世，他批判的小人国，主要是东周季世。这是最主要的对比。

他是身在东周，心在西周。

孔子复古，并不是越古越好

读《论语》，我们要注意，孔子复古，并不是越古越好。唐、虞，人无异辞，大家都说好，他也说好，但基本上是敬而远之，束之高阁。

《论语》讲禹以下的夏、商、周三代，主要是讲礼，即制度沿革。这才是正题。

在孔子的心目中，三代是三个前后相继的朝代。这三个朝代，都是阶级社会，充满不平等。不平等，就会出乱子。对付乱子，有软硬两手，一手是刑，一手是礼。礼是维持君子关系的规矩，刑是对付小人作乱的手段。孔子认为，礼比刑更重要（《为政》2.3）。

孔子说，"君子和而不同，小人同而不和"（《子路》13.23），"和"是和谐，"同"是平等（什么都一样）。有若说，"礼之用，和为贵"（《学而》1.12）。礼是以身份定位，君臣上下，老师和学生，都跟父子关系一样，每个人要本分，承认长幼尊卑，要的就是不平等。大同社会，孔子也欣赏，但他认为，那是超级乌托邦，虚无缥缈，搁三代，是小人之道。墨子尚同，在阶级社会，讲共产主义，按孔子的标准理解，就是小人之道。

小人之道，是拿小人的标准整齐社会：我穷，你也穷；我乱，你也乱。孔子想，这怎么行。他的标准是礼。在他看来，只要君子都彬彬有礼，安定团结，一片祥和，小人又能怎么着，自然而然，也就安居乐业了。

孔子说，三代制度，核心是礼：

　　子张问："十世可知也？"子曰："殷因于夏礼，所损益可知也；周因于殷礼，所损益可知也。其或继

周者，虽百世可知也。"（《为政》2.23）

子曰："夏礼吾能言之，杞不足征也；殷礼吾能言之，宋不足征也。文献不足故也，足则吾能征之矣。"（《八佾》3.9）

他相信，三代相因，有连续性，主要在礼制的损益。我们只要能把握这种损益，这儿加一点，那儿减一点，就能做长程预测，不是"三年早知道"（有个老电影叫这个名），而是三千年早知道。这个想法很诱人，但实际做起来，谈何容易。后人总是苦于史料不足。杞为夏后，宋为殷后，都保留了早期的东西。从宋推殷，从杞推夏，是个好办法（类似现代人类学的办法），但这个办法也不可靠，史料缺环，实在太多。

三代文明，孔子是各有所取：

颜渊问为邦。子曰："行夏之时，乘殷之辂，服周之冕，乐则《韶》《舞（武）》。……"（《卫灵公》15.11）

颜渊问怎么治理国家，孔子的回答有点怪，不是富国强兵，而是日常生活，个人可以享受到的日常生活。[1]他说，历法是夏代的好，车子是商代的好，帽子是周代的好，音乐是古典的好，最好把不同时期的好捏一块儿。这话，

1　《先进》11.26，四子言志，子路、冉有、公西华，其志不在小，而夫子独与点，是同一个道理。

表面是讲日常生活，其实是讲礼乐制度。《韶》是舜乐，《武》是周乐。他最喜欢的音乐是《韶》，《韶》比《武》，更古典。

这是他的复古主义——浑身都要古典。但他最欣赏，还是周，并不是越古越好：

> 子曰："周监于二代，郁郁乎文哉！吾从周。"（《八佾》3.14）

在他看来，夏、商太简朴，不如周，文明程度高。夏、商质胜于文，周人文胜于质。

文和质，哪个更重要，这是先秦诸子争论的大问题。

古人早就有一种看法，发展必然带来腐化，必然带来道德上的堕落，但也有人认为，情况正好相反，只有发展才能拯救道德，发展的弊病还要靠发展来解决。这种争论，是个永恒话题，即使现代人，也还在为这样的问题而困惑。

孔子的时代，贵古贱今是主流。古人说，古代总比现代好，好在哪儿？好就好在比现代朴素。《墨子》批判孔子，《老子》批判孔子，都这么讲，他们的复古目标都比孔子远。孔子虽然也崇尚古代，但对古代却颇有保留。三代，大家说好，他也说好。但他的讲法是，周已经吸收了前面的好，比夏、商都好。

有一次，棘子成说，君子只要有"质"就够了，何必还追求"文"。子贡不同意，说可惜呀，你这么讲君子，真是"驷不及舌"，话一出口，就收不回去了。其实，"文犹质也，质犹文也"。虎豹有皮，犬羊也有皮，如果没有毛色和花纹的不同，它们还有什么区别（《颜渊》12.8）？他是用皮毛打比方，主张文质相须，一样不能少。

孔子说，文和质，都重要，但两样都讲，仍有主从之分：

> 质胜文则野，文胜质则史。文质彬彬，然后君子。

（《雍也》6.18）

朴素好，但朴素到不要文明，就成了"野"。"野"是野蛮。周的特点是文胜于质，这种特点叫"史"。"史"是有文化。孔子喜欢周，是因为它文明程度高，特别有文化，君子的味道特浓，礼乐之盛，超过夏、商。

孔子复古，是以周公为楷模

《论语》赞美周，主要是三个人。

第一是周文王：

> 子畏于匡，曰："文王既没，文不在兹乎？天之将丧斯文也，后死者不得与于斯文也；天之未丧斯文也，匡人其如予何？"（《子罕》9.5）

司马迁说，文王是以宽仁深厚、谦和礼让、善养老人而著称（《史记·周本纪》）。他的谥号是"文"，"文"是文明，也是美德。孔子以传文王之"文"为己任，当作上天之命。

文王受命有周，身边有很多贤臣，如孔子提到的"周有八士"：伯达、伯适、仲突、仲忽、叔夜、叔夏、季随、季骁（《微子》18.11），就是这样的人。

第二是周武王：

> 舜有臣五人而天下治。武王曰："予有乱臣十人。"孔子曰："才难，不其然乎？唐虞之际，于斯为盛。有妇人焉，九人而已。三分天下有其二，以服事殷。周之德，其可谓至德也已矣。"（《泰伯》8.20）

武王是以强毅、勇武而著称。他的谥号是"武"。"武"是表示这类美德。他身边有十个谋臣，靠他们，用武力推翻商朝。商王的势力范围包括三块儿，西为周所居，中为夏土，东为商土。文、武图商，是先统一西土各国，再蚕食夏人故地，最后进攻商。他很聪明，已经取得商代疆域的三分之二，还对商称臣，孔子很佩服。但孔子对武王的暴力革命没兴趣，他更重视，还是文王的文。

第三是周公：

> 子曰："如有周公之才之美，使骄且吝，其余不足观也已。"（《泰伯》8.11）

> 周公谓鲁公曰："君子不施（弛）其亲，不使大臣

怨乎不以。故旧无大故，则不弃也。无求备于一人。"

（《微子》18.10）

子曰："甚矣吾衰也！久矣吾不复梦见周公！"

（《述而》7.5）

鲁是周公之后，周礼尽在于鲁。孔子对周公最崇拜。《论语》保留了周公封鲁公伯禽的命辞，就是上面的第二段。

孔子复兴西周，文武之道和周公之道，他更重后者。他的一切梦想，都是托付周公，梦里常见周公。最后梦不见，就是死到临头，没什么希望了。

孔子复古，是为了挽救东周

东周史，特点是乱。《春秋》经传讲什么？就是讲乱。我一直认为，读《左传》，有把钥匙，是下面两段话：

初，子仪有宠于桓王，桓王属诸周公。辛伯谏曰："并后、匹嫡、两政、耦国，乱之本也。"周公弗从，故及。（《左传》桓公十八年）

大子将战，狐突谏曰："不可，昔辛伯谂周桓公云：'内宠并后，外宠二政，嬖子配嫡，大都耦国，乱之本也。'周公弗从，故及于难。……"（《左传》闵公二年）

这两段话是同一说法的两种记录。辛伯的说法很对，乱的根本是在权力的二元化：国君有两个太太，一个年老色衰，是大太太，一个年轻貌美，是小老婆，大太太的孩子本来是合法继承人，但老家伙一旦爱上小老婆，往往废长立幼。这两个孩子的背后，还有父国的政治势力和母国的政治势力，两帮亲戚抢小孩，非常残酷。特别是执政大臣，地位更重要。如果执政大臣也分两拨，情况更复杂。另外，受宠的小孩，封邑逾制，如同第二个首都，也是祸根。

西周是宗法社会，国是搁在家里边儿。春秋的乱是国乱，国乱起于家乱，天子、王臣先乱，诸侯、卿大夫、陪臣后乱。从上往下乱，从里往外乱。孔子就是看到这一点，才讲以家治国，以德治国。

春秋十二诸侯，孔子宦游，到过周，到过齐，仕于卫、陈，路过曹、宋、郑、蔡，访问过楚的边邑，但足迹从未出于今山东、河南二省。秦、晋、燕、吴、越，他没去过。当时的大国，他只去过齐。

孔子是鲁国人，齐国是鲁国的主要邻国，卫国是他周游列国逗留时间最长的国家。

他最关注的国家，主要是鲁、齐、卫：

> 子曰："齐一变，至于鲁；鲁一变，至于道。"（《雍也》6.24）

子曰："鲁、卫之政，兄弟也。"（《子路》13.7）

齐国是东方的第一大国。齐桓公，尊王攘夷，第一霸，曾挽救过东周，在他的头脑里留下深刻印象。他的第一希望是上齐国，用鲁国之道改造齐国。在他看来，齐国改好了，东周就有希望了。35岁，他曾到齐国找工作，被齐景公谢绝。

鲁国是他的第二希望。51—54岁，他在鲁国当中都宰、少司空和大司寇，本想大展身手，干一番事业，也被排挤出国。

卫国是他的第三希望。孔子周游列国，主要是去卫国。他在卫国当过七年官，也一无所获。

孔子想改造齐、鲁、卫，目的是想帮周天子一把，把东周的烂摊子收拾好，把已经根本扶不起来的周天子再扶起来：

公山弗扰以费畔（叛），召，子欲往。子路不说（悦），曰："末（蔑）之也已，何必公山氏之之也？"子曰："夫召我者，而岂徒哉？如有用我者，吾其为东周乎！"（《阳货》17.5）

但他的一切努力，宝是押在统治者身上。他劝统治者痛改前非，跟他学好，无异与虎谋皮，难怪他的努力，全都失败。

他很徒劳，他很无奈。

周公之梦是乌托邦

欧洲古典传说有所谓黄金时代。追求历史上的黄金时代，是复古思想的共同特点。他们的理想国，叫乌托邦（Utopia）。乌托邦，早期都是托古，后来才转到海上，成为"海客谈瀛洲"，"瀛洲"那样的仙境。前者是历史上的虚无缥缈，后者是地理上的虚无缥缈，都是虚无缥缈。

孔子是个理想主义者。他有个梦，是周公之梦，他要率领大家奔西周。这种以退为进的复古思想，也是一种乌托邦。

孔子的周公之梦，是想以鲁继周，但他想不到的是，历史总是同人开玩笑，想进东房却进了西厢。西周的继承者，不是鲁国，而是秦国。

司马迁说，周太史儋有个著名预言，周与秦本来合在一起，后来却分手东西，分开五百年后，它们又合在一起。再过17年，就会有霸王出来。[1] 这个预言，是倒追其事。预言的结果是出发点，即秦王政攻灭东周，做始皇帝。

秦人，他们的祖先是东夷嬴姓部族的一支，奉少昊为祖先。这批人，早在商代，就从东方西迁，进入山西，进入陕西，进入甘肃。他们的故乡在哪里？就在曲阜。

1　司马迁说，历史是30年一小变，100年一中变，500年一大变（《史记·天官书》）。他讲这个预言，一共讲过四次（《周本纪》《秦本纪》《封禅书》《老子申韩列传》）。

曲阜是什么地方？是少昊之墟。西周初年，周公东征，在东方建立鲁。鲁就是建在少昊之墟。周人从哪里来？从今天的陕西。

他们是一拨西去，一拨东来，彼此换位。

西周中期，非子邑秦，为周孝王养马，就住在周的身边，这是他们的合。分是西周末年的事。犬戎灭西周，周人弃土东逃，秦襄公护送平王到洛阳，平王曾与秦人誓，如果你们能赶走戎狄，收复失地，这些土地就归你们。后来，秦人沿着周人的足迹，又一次东征，不但收复了西周的失地，还占领了整个东周，向东向东再向东，直到海天茫茫，望不到边。他们才是西周的遗嘱继承人。

秦始皇的混一海内，是一次历史性的大回归。五百年后，当他登临泰山，巡游海上，勒铭于石，宣告他的伟大功业时，他恐怕早已忘记，这里就是其祖先世代居住的地方。

周公之梦，一直是个乌托邦。

王莽、王安石，这两个姓王的儒生都想重温旧梦，但他们都失败了，败得很惨。

乌托邦是永远吸引人类的东西，也是无法实现的东西。

知识分子最迷这类东西。

十二　天命和人性

上面的问题是立场问题。这里的问题是思想问题。孔子的思想，这个问题最基本，很多想法都与此有关。

天人关系是终极问题

读《论语》，有一点，我想提个醒。大家不要以为，孔子是一切古代思想的发明者，什么概念，全是他老人家发明出来的，在他之前没人用；也不要以为，孔子用的概念，就他一人用，其他思想家都不用。比如，有人说，孔子发明了孝，这不是瞎扯吗？你去读读西周金文吧，这个字，早就用烂了。我们别把他说成"前无古人，后无来者"，那样，你就把他老人家彻底孤立起来了。

我们不要忘记，孔子是个复古色彩很浓的人，他讲话，喜欢翻老理儿，特点是"述而不作"（《述而》7.1）。他的很多概念，古人早就用，甚至他的名言佳句，经学者查考，很多也是在他之前，早就有人讲。

比如颜渊问仁，孔子答"克己复礼为仁"（《颜渊》12.1）。这话，据《左传》昭公十二年，"仲尼曰：'古也有志：克己复礼，仁也。'……"，古书早就讲。"志"是一种讲历史成败的古书。还有，齐景公问政，孔子答"君君臣臣、父父子子"（《颜渊》12.11）。这话，据《国语·晋语四》"君君臣臣，是为明训"，也是古代的名言。

先秦诸子讲话，有两大前提，一个是天，一个是人。天人关系，是宗教问题，也是哲学问题，所有思想家都关心。

现在，大家都说，孔子的思想就是天人合一，这是胡说八道。

战国秦汉，古人最爱讲，不是"天人合一"，而是"天人之分""天人之际"。"天人之分""天人之际"，都是讲分，即天与人有什么不同，先分开来，再讲两者是什么关系。董仲舒说，"天人之际，合而为一"（《春秋繁露·深察名号》)，固然是讲合，但他说的合，是以分为前提，即天和人是分开的，不一样。他认为，只有借助名号，才能沟通二者，把它们再合起来。这是讲天人感应。天人感应是宗教话语。

天人合一，古人不大讲，大讲是宋以来，比如张载。这话，本无深义，有，也是和尚味儿，道士味儿，向宗教话语靠拢。但最近二十年，经"大师"一吹，神乎其神，简直成了绿色和平、环保主义。好像全世界，独一无二，就咱们中国人，不但人跟大自然和谐相处，人和人也和谐相处。[1]这就成了睁眼说瞎话。

天人合一，中国特色，谁敢怀疑？近二十年，此类说法，不胫而走。谁都说，中国是天人合一，西方是天人分裂。这类说法有什么根据？全是自欺欺人，无知妄想。[2]

天人合一，是宗教话语。早期巫术，天地不分，人神杂糅，就是天人合一。这种天人合一，是混沌状态。只要国家出现，政教僧俗，势必有所分工，这个混沌状态就被打破了。《国语·楚语下》有个古老传说，叫"绝地天通"，就是讲这个道理。"绝地天通"，是断绝天地的来往，由专门的神职人员负责沟通。这当然是分。西方的说法，是"上帝归上帝，恺撒归恺撒"。

中国传统和西方传统，其实都讲分，但政教僧俗，关系不一样，结构正好相反。他们的传统是政教合一：宗教大一统，国家多元化，我们的传统是政教分离：国家大一统，宗教多元化。如果非讲天人合一，那也是他们，而不是我们。我们的传统是突出政治，他们的传统是突出宗教。他们

---

1 这和1980年代正好相反。当时的时尚是骂祖宗，气急败坏，连中国人吃什么都骂。有人说，我们从一开始就不如欧洲，因为他们吃肉，我们吃粮食，我们是破坏环境的罪魁祸首。

2 参看李零《中国方术续考》，北京：中华书局，2006年，新版前言，5页；又，本书8—14页。

的状态更原始。

什么叫"天人之分"，其实很简单，我可以拿中国古代的兵家做例子。战场上，瞬息万变，跟运气关系最大。

第一，古代兵家，都很迷信，大将身边，养一堆术士、方士。术士"主为谲诈，依托鬼神，以惑众心"，方士"主百药，以治金疮，以痊万病"（《六韬·龙韬·王翼》）。这些专家都是大将依为心腹的人，由他控制，对他负责，不能随便跟士兵乱讲，乱讲要杀头。机密是掌握在将军手里。天机不可泄露。他们对天机，都是又信又怕。

第二，古代兵家，自古就讲兵阴阳，他们上知天文，下知地理，靠的全是占星推式、望云省气、风角鸟情，迷信很多，禁忌很多，当将军的不是不信，也不是全信，聪明的将军对这一套都有所限制，比如《孙子·用间》"先知者，不可取于鬼神，不可象于事，不可验于度，必取于人，知敌之情者也"，《尉缭子·天官》"天官、时日，不若人事也"，都是强调人。

古代的聪明人，他们的态度比较类似这类讲实际的将军，都是讲天人之分，强调人的。

荀子说，"故明于天人之分，则可谓至人矣"（《荀子·天论》）。

司马迁作《史记》，也说"究天人之际，通古今之变"（《报任少卿书》），他说的"天人之际"，也叫"天人分际"

（《儒林列传》）。际是分的意思。

这两件事分不清，全是愚夫愚妇。

过去，大家有个印象，孔子对这类终极问题，好像不太关心。比如《论语》有这样的话：

> 子贡曰："夫子之文章，可得而闻也；夫子之言性与天道，不可得而闻也。"（《公冶长》5.13）

孔子不大讲天道、性命，没错。子贡说，他没听老师讲过。但不讲，不一定不关心。孔子对天人关系到底怎么看，我们可以讨论一下。

孔子对天命和鬼神的看法

天命和天有关。古人讲天，是指人以外的世界，既包括天，也包括地。古人说，天有天神，地有地祇，这是神。人死了，魂飞魄散，归于天地，这是鬼。除此之外，物老成精，还有山精树怪。"天反时为灾，地反物为妖"（《左传》宣公十五年），还有很多超自然现象，古人叫"妖怪"或"灾异"。这些，按古人的概念，都可归入广义的天。人以外，都是天。

过去，大家有个印象，孔子不讲天，光讲人。这个印象不完全对。

孔子对天，当然很重视。但他重视的，不是天道，而是天命。他的想法很简单，武人打仗，要靠运气，文人做官，也要靠运气。怀才不遇，才不才，重要，遇不遇，更重要。中国的读书人，怀才不遇者很多，孔子正是这一类。他关心的，主要不是天道本身，而是天道对人事的支配。俗话说，谋事在人，成事在天。这种天命观，在古代，是常识层面的东西，深文奥义，一点没有。[1]

孔子也是人，情绪激动起来，动不动就呼天吁命，跟普通人没什么两样：

> 伯牛有疾，子问之，自牖执其手，曰："亡之，命矣夫！斯人也而有斯疾也！斯人也而有斯疾也！"（《雍也》6.10）

> 子见南子，子路不说（悦）。夫子矢之曰："予所否者，天厌之！天厌之！"（《雍也》6.28）

> 颜渊死。子曰："噫！天丧予！天丧予！"（《先进》11.9）[2]

古人讲天命，天命是天降的命。对孔子来说，是责任感和使命感。

《论语》中有段话：

---

[1] 郭店楚简《穷达以时》："有天有人，天人有分。察天人之分，而知所行矣。有其人，无其世，虽贤弗行矣。苟有其世矣，何难之有哉！""……遇不遇，天也……"

[2] 子路死，孔子也这么喊。《公羊传》哀公十四年："颜渊死，子曰：'噫！天丧予。'子路死，子曰：'噫！天祝予。'""祝"是断的意思，和"丧"类似。

仪封人请见，曰："君子之至于斯也，吾未尝不得见也。"从者见之。出曰："二三子何患于丧乎？天下之无道也久矣，天将以夫子为木铎。"（《八佾》3.24）

仪封人，是卫国边境上的官员。[1]他对孔子的学生说，你们何必为背井离乡而苦恼，天下无道已经很久了，老天将以你们的老师为木铎，用以警醒世人。这是别人讲。他自己也认为，他肩上扛着这种东西。

孔子周游列国，在卫，围于匡、蒲；过宋，遇司马桓魋伐木；适楚，厄于陈、蔡，三次蒙难，三次脱险，在他看来，都是靠老天保佑。比如：

子曰："天生德于予，桓魋其如予何？"（《述而》7.23）

子畏于匡，曰："文王既没，文不在兹乎？天之将丧斯文也，后死者不得与于斯文也；天之未丧斯文也，匡人其如予何？"（《子罕》9.5）

他说，上天降命于我，就是要我复兴周文王的"文"，我既有天命在身，怕什么？如果老天保佑我，命不该绝，坏人能拿我怎么着？他是靠天命为自己打气。[2]

1　元设仪封县，就是以此得名，旧治在今河南兰考县东仪封乡，当地有所谓"请见夫子处"。现在的兰考是由兰仪、考成二县合并而成，而兰仪县又是由仪封、兰阳二县合并而成。

2　类似的话还有："公伯寮愬子路于季孙。子服景伯以告，曰：'夫子固有惑志，于公伯寮，吾力犹能肆诸市朝。'子曰：'道之将行也与（欤），命也；道之将废也与（欤），命也。公伯寮其如命何！'"（《宪问》14.36）后来，王莽学他，死到临头，还说"汉兵其如予何"，结果死在乱刃之下。

去圣乃得真孔子

这些都说明，天对他很重要。

天和人，孔子重人，这是他的特点。但他不是不讲天。不讲天，就超出了当时的常识。

天，古人都怕，谁敢不重视。不重视倒是咄咄怪事。

古人讲天，有两种讲法：一种是讲天本身如何如何，一种是讲天对人有什么影响。前者是天道，古代的《天官书》《天文志》，还有各种天论，都是讲天道。这类东西，属于天文学和宇宙论，都是终极性的大问题。古人讲"杞人忧天"，说杞国有人发大愁，害怕天塌地陷，星星砸着脑袋（《列子·天瑞》）。这类问题会不会发生，孔子不关心。他关心的不是天本身，而是天降祸福，对人有什么影响，当下有什么影响。这种和人有关的顾虑，是属于天命的范畴。

在天的问题上，孔子的态度，和《老子》不一样。《老子》才不讲以人为本，它强调的是"人法天，天法道，道法自然"（第25章），对天道本身，喜欢刨根问底，比孔子更关心。

天命，是古代政权合法性的保证。天子是上天授命，君临天下的统治者。古人认为，一个王朝，有上天保佑，才能存在；没有，就会灭亡。这种天意安排，叫天命。所谓"革命"，就是用暴力改变天命，替天行道。比如汤武革命，就是如此。一个朝代取代另一个朝代，都是靠天说话。如西周金文就常有这类说法。

这种想法，一直贯穿于中国历史。早期，这个想法更神圣。

鲁迅说，"孔墨都不满于现状，要加以改革，但那第一步，是在说动人主，而那用于压服人主的家伙，则都是'天'"（《流氓的变迁》）。[1]

孔子对天，非常敬畏。他熟读《诗》《书》，当然清楚，他说的圣人，一代传一代，都是靠天吃饭：

> 子曰："大哉尧之为君也！巍巍乎！唯天为大，唯尧则之。荡荡乎！民无能名焉。巍巍乎其有成功也，焕乎其有文章！"（《泰伯》8.19）

> 尧曰："咨！尔舜！天之历数在尔躬，允执其中。四海困穷，天禄永终。"舜亦以命禹。（《尧曰》20.1）

孔子不喜欢讲天道，但对命却十分看重，和仁一样重要，甚至更重要：

> 子罕言利，与命与仁。（《子罕》9.1）

他说，君子有三样不可不畏，头一条就是天命，不知命，就算不上君子：

> 孔子曰："君子有三畏：畏天命，畏大人，畏圣人之言。小人不知天命而不畏也，狎大人，侮圣人之言。"（《季氏》16.8）

1　《鲁迅全集》，第4卷，北京：人民文学出版社，1957年，123—124页。

去圣乃得真孔子

孔子曰："不知命，无以为君子也；不知礼，无以立也；不知言，无以知人也。"（《尧曰》20.3）

他说的命分两种，一种是死生寿夭，一种是穷达祸福。死生寿夭是性命之命；穷达祸福是命运之命。他认为，这两种命，都是穷人力，竭智巧，最终不能控驭的东西。

《论语》里有段话：

子夏曰："商闻之矣：死生有命，富贵在天。君子敬而无失，与人恭而有礼。四海之内，皆兄弟也。君子何患乎无兄弟也？"（《颜渊》12.5）

这段话，"商闻之矣"，是接闻于夫子，后面的话，是来源于孔子。[1]

天命是天意天运。天意天运，可改不可改，历来有争论。孔子的想法是不可改，只能认命服命。

天命不可违，是贵族血统论。在命的问题上，孔、墨的态度是对立的。墨子讲迷信，讲得很厉害，但《墨子·非命》专批孔子的命，认为富贵并非天定，从此无法改变。这是大众信仰的特点。中国的老百姓，都信天命，但要造反，就不认这个命。承认这个命，还造什么反？他们一定要说，我是"替天行道"。

命运不可改变，这是孔子的想法，但是不是可以知

---

1 参看《述而》7.12："子曰：'富而可求也，虽执鞭之士，吾亦为之。如不可求，从吾所好。'"

道？孔子说，可以知道，知道的办法是什么？是占卜。我们从《论语》看，祷告和占卜，他更爱占卜，不是商人的占卜，而是周人的占卜。[1]

比如他自己，就是通过学《易》，才知道自己该出来当官了：[2]

> 子曰："吾十有五而志于学，三十而立，四十而不惑，五十而知天命，六十而耳顺，七十而从心所欲，不逾矩。"（《为政》2.4）

> 子曰："加我数年，五十以学《易》，可以无大过矣。"（《述而》7.17）

孔子对天，态度很简单，充满敬畏。鬼神，他也敬畏，但是敬而远之。敬是敬，但有距离感，不是一味往上贴。

> 樊迟问知（智）。子曰："务民之义，敬鬼神而远之，可谓知（智）矣。"（《雍也》6.22）

在他看来，敬鬼神而远之，是一种比较理智的态度，和愚夫愚妇不一样。愚夫愚妇，太迷信，他们喜欢讲"怪力乱神"，即各种超常超验，充满魔力和神奇的东西。[3]他更重

---

1 参看《八佾》3.13："王孙贾问曰：'与其媚于奥，宁媚于灶，何谓也？'子曰：'不然。获罪于天，无所祷也。'"《述而》7.35："子疾病，子路请祷。子曰：'有诸？'子路对曰：'有之。诔曰：祷尔于上下神祇。'子曰：'丘之祷久矣。'"

2 天命怎么知，一般印象，今人靠科学，古人靠占卜，不对。其实，古人和今人，面临的问题差不多，都有人智够不着的地方。够不着的地方，科学也没辙，还是靠猜测，猜测就是占卜的本质。

3 "怪力乱神"，集解是一字一断，皇疏是两字一断。后说似乎更好。

视现实世界，重视人，超过鬼神。

子不语怪、力、乱、神。(《述而》7.21)

季路问事鬼神。子曰："未能事人，焉能事鬼？"曰："敢问死。"曰："未知生，焉知死？"(《先进》11.12)

这是他对鬼神的态度。

孔子对人性的看法

孔子重人，但对人的身体不关心，不像道家，强调养性命，通神明。他对人的关心，主要是人性。

人性是什么？孔子没说。这个问题也是大问题，先秦思想最大最大的问题。西方讲自然人，讲天赋人权，讲人性异化，都和这个问题有关。

郭店楚简《性自命出》说，"性自命出，命自天降"。人性来自天命，和上面讲过的问题有关。但天赋人性，人和人一样吗？争论就大了。

孔子论人性，只有一句话：

子曰："性相近也，习相远也。"(《阳货》17.2)

这段话，有两点值得注意：第一，他说"性相近"，没说"性相同"，人和人，从一开始就不一样；第二，他说

"习相远"，"习"和"性"不同，是后天获得的东西。人和人，差异拉大，主要是后天造成的，先前差距不大，后来大，越拉越大。

人性的"性"字，是来源于"生"字。小孩，刚生下来，细皮嫩肉、白白胖胖，个个招人疼，惹人爱。就是桀、纣，就是希特勒，生下来，也是这样，好像差不多。大了，才不一样，大不一样。这是一般人的印象。但他们是生下来就好，后来继续好，或不幸变坏，还是生下来就坏，后来继续坏，或有幸变好，有四种可能。

善恶是道德概念。道德当然是后天获得。[1]小孩善不善，全是大人的评价，他是调过头来，拿大人的标准评价。孔子认为，人和人，本来差不多，只是后天的习染，才让他们不一样。这是他讲教化的依据。他没说，人性到底善不善，但后人吵得不亦乐乎。老师不讲，学生当然要吵。有多少种可能，就有多少种讲法。

有人说，性无善恶，好像一张白纸，全看你怎么画。比如告子，就这么看（《孟子·告子上》）。他很强调"势"（环境）和"仁义"（后天的道德规范）对性的制约。

孟子批判告子，说人生下来，本性就是善的（《孟子·告子上》）。《三字经》一开头，"人之初，性本善"，根据便是

1　当然，也有一些伪科学，竭力论证道德是先天就有，还可遗传。

孟子的话。在他看来，人性本善，有"良知""良能"（《孟子·尽心上》），学坏是后来的事，教育孩子，就是要保持他的善，使之不为不善。道德和礼义都是从人性自然生发，顺性而为，不是从外部强加，压抑性，扭曲性。他更强调的是"性"（心性、情性），而不是"习"。

孟子的性善论，表面是讲抽象的人性，其实隐含着历史判断。孔子活着的时候，这个世界就乱了套，礼坏乐崩，人很坏，但当时还不够坏。孔子的历史记忆告诉他，西周初年，人不是这样坏，其实很好，人是后来变坏的，原先肯定比较好。从老师的想法推理，孟子可以认为，小孩也是这样，本来好好的，学坏都是后来的事。

荀子批判他说，不对，"人之性恶，其善者伪也"（《荀子·性恶》）。在他看来，人生下来就坏，贪生怕死、好吃懒做、好勇斗狠，浑身都是毛病，必须打小就拿出点规矩，用礼义训练他，约束他，把他那些毛病扳过来。不然，社会就没有秩序。这是性恶论。

荀子讲性恶，更接近告子的说法。他更强调以"礼义""法度""师法""文学"规范人的"性"（《荀子·性恶》）。法家的"释情任法""释智任术""释人任势"，就是来源于这种理论，都是和孟子的人性说唱对台戏。他的理论，也隐含着历史判断。荀子讲人性，特别强调的是"今之人性"（《荀子·性恶》）。"今之人性"的"今"是战国末年。

当时的人很坏，坏得不能再坏。你要生活在这样的时代，恐怕也会觉得，人可能从来就这么坏，压根儿就没好过，不好好收拾一下，解决不了问题。在他看来，道德都是后天人为的善，即所谓"伪善"（《荀子·性恶》）。

这些说法，都是对老师的补充。

和孔子对人性的看法有关，是他对人有差等的看法。孔子既然认为，人性相近，并不相同，他当然要把人分为三六九等。下面两章，就是谈这类问题。

十三 圣人和仁人

读《论语》，很多人都以为，仁是孔子的最高价值，仁人最高，不对。孔子品人，最高一级，不是仁，而是圣。圣人才最伟大，天底下，除了神，就他伟大。仁人，比起君子，是高一大截儿，但和圣人没法比，和圣人比，又低一大截儿。

这两样，常人做不到，活人做不到，伟大的人，都生活在古代，孔子这么想。

大家千万不要忘记，在《论语》一书中，圣人和仁人都是死人，没一个是活着的。

什么叫圣人？要看《尧曰》第一章和 《泰伯》的最后四章

孔子时代，所谓圣人，都是东周以前的死人。大家公认，主要是六个人，尧、舜、禹和汤、文、武。前三位是"禅让圣人"，后三位是"革命圣人"。孔子讲圣人，主要是讲"禅让圣人"，特别是它的前两位。

孔子说，"君子有三畏：畏天命，畏大人，畏圣人之言"（《季氏》16.8）。天命，前面讲过，是老天爷的意志，叫你活到初一，你活不到十五，不能不怕。大人，是长官，现在叫领导，你的一切归他管，不能不怕。最后这样，也不得了。所谓圣人之言，都是古代最伟大的人留下的教训。圣人已经死了，但他们的话，仍有权威，你不能不听。

读《论语》，我们要注意，它讲尧、舜、禹，主要是根据《尚书》。比如《尧曰》，《论语》最后一篇，其第一章，是孔子的施政纲领，就是根据尧、舜、禹。它的前三节，估计是抄自古本《尚书》：

尧曰："咨！尔舜！天之历数在尔躬，允执其中。四海困穷，天禄永终。"舜亦以命禹。

曰："予小子履，敢用玄牡，敢昭告于皇皇后帝：有罪不敢赦。帝臣不蔽，简在帝心。朕躬有罪，无以万方；万方有罪，罪在朕躬。"

"周有大赉，善人是富。虽有周亲，不如仁人。百姓有过，在予一人。"

《论语》讲唐、虞、夏，主要是讲尧、舜、禹。传说，尧、舜、禹分属唐、虞、夏，不同族，但他们是禅让关系，年代是接着的，也就是一百年左右的事。尧让舜，舜让禹，据说讲了同样的话，就是上面第一节。后面两节，一节是汤的罪己之辞，一节无主语，估计是武王或周公的罪己之辞。这些都是圣人的话。

大家注意，尧、舜、禹是三个人，不是三个朝代，让来让去，不过是三代领导。

禹以下，有所谓夏代。夏、商、周也不同族，但王位世袭，一传好多代，打断世袭，是靠革命。孔子虽讲夏代，但禹承舜，还是禅让，不属朝代史。朝代是他以后的事。

孔子认为，尧、舜、禹最伟大。他夸尧、舜、禹，极尽赞美：

子曰："巍巍乎，舜、禹之有天下也而不与焉！"（《泰伯》8.18）

子曰："大哉尧之为君也！巍巍乎！唯天为大，唯尧则之，荡荡乎，民无能名焉。巍巍乎其有成功也，焕乎其有文章！"（《泰伯》8.19）

"巍巍"形容山高，"荡荡"形容水大，"焕乎"形容光辉，都是歌功颂德。

孔子夸尧，主要夸他"则天"（武则天名字中的"则天"）："唯天为大，唯尧则之"（《泰伯》8.19），"天之历数在尔躬，允执其中"（《尧曰》20.1）。话和《书·尧典》一致。《尧典》讲尧，三件事，一是命羲、和四子观象授时，二是命鲧治水，三是让位于舜。第一件事，《尧典》说，"乃命羲、和钦若昊天，历象日月星辰，敬授民时"，正是此文注脚。

从前讲天文的，都称《尧典》。

孔子夸舜，主要夸他无为而治。无为而治，不光老子讲，孔子也讲：

> 子曰："无为而治者，其舜也与（欤）？夫何为哉？恭己正南面而已矣。"（《卫灵公》15.5）

无为而治靠什么？靠能干的大臣。这是以《书·舜典》的叙事为母题。孔子说：

> 舜有臣五人而天下治。……（《泰伯》8.20）

这五大臣是谁？孔注说，禹、弃、契、皋陶、益。古本《舜典》说，舜有臣22人，四岳、十二牧，外加禹（司空）、弃（后稷）、契（司徒）、皋陶（士）、垂（工）、益（虞）、伯夷（秩宗）、夔（典乐）、龙（纳言）九官（见《史记·五帝本纪》引述）。[1]后面九人，就有这五人。

孔子讲禹，讲汤，讲文、武，讲后来的明君贤臣，无不以此为模范。后来，道家讲黄帝君臣，有"七辅""六相"。黄帝垂衣而天下治，也都有一批能干的大臣。大臣能干，天子才能无为。

孔子夸禹，主要夸他勤劳俭朴，特别是治水有功：

> 子曰："禹，吾无间然矣。菲饮食而致孝乎鬼神，

1　四岳算一人。另一说法，是加彭祖，去四岳。见泷川资言《史记会注考证》，上海古籍出版社，1986年，上册，14—15页。

恶衣服而致美乎黻冕，卑宫室而尽力乎沟洫。禹，吾无间然矣。"（《泰伯》8.21）

我们读这段话，也要看《书·禹贡》。《禹贡》的重点，就是讲大禹治水。

从前讲地理的，都称《禹贡》。

尧、舜、禹，禹是分界线。禹以前是禅让，禹以后，启代益是世袭，汤、武取天下是革命，都不是禅让。前面三位，是本来意义上的圣人。

孔子心目中的圣人，标准很高。唐虞盛世，还有禹治天下的时代，那是超级乌托邦，他连做梦都不敢想。

这是圣人。

什么是仁人？要看《微子》篇[1]

仁人是拿人当人，推己及人，道德非常高尚的人，不但自己好，还能帮助别人好。他和圣人有什么区别？主要看有没有王位，有，才是圣人，没有，道德再高，也只能算仁人。

孔子所谓仁人，标准是什么？也要看他自己的话。《论语》中的仁人，经他批准，也是六个人：

––––––––––

1 还可参看《宪问》14.37—14.40。

一是商代的微子、箕子、比干。孔子说，"殷有三仁"（《微子》18.1）。微子逃跑，箕子佯狂，比干死谏，方式不同，共同点是不合作。

二是西周的伯夷、叔齐。他们也是不合作者，而且属于以死明志的一类。孔子说，他们是"求仁而得仁，又何怨"（《述而》7.15），对他们非常佩服。司马迁写他的七十列传，也是以他们的传为第一篇。他俩是道德楷模。

三是东周的管仲。他和前面五位不一样，不但不属于不合作者，还背主降敌，骄奢不知礼。孔子说，他也算仁人。他的学生想不通，我们也觉得奇怪。其实，孔子是有所变通。他说，管仲辅佐齐桓公，尊王攘夷有大功，挽救了中原诸夏，没有他，我们都是亡国奴。他是拿恩人当仁人（《宪问》14.16—14.17）。

读《论语》，我们要知道，道德最高尚，孔子最欣赏，主要是《微子》篇中的人物。这些人，或称"逸民"，或称"隐士"。正史有所谓《隐逸传》，就是专收这类人。《微子》篇是最早的《隐逸传》。

古代所谓逸民，多半是遗老遗少，对现实不满，不是躲，就是藏，照理不可能出名，但也有一些，却因此出了名，后人叫"名士"。他们都是拒绝和当局合作的人。[1]

1　李零《说名士，兼谈人文幻想》，《三联生活周刊》2006年第20期，126—127页。

不合作，怎么办？主要有三条路（《微子》18.8）：

第一条，是"不降其志，不辱其身"，最讲原则。孔子说，不食周粟，饿死首阳山下的伯夷、叔齐，属于这一类，最冰清玉洁。其实，比干强谏而死，也属这一类。

第二条，是"降志辱身"，环境不好照样待，受委屈就受委屈，但出污泥而不染，原则还是不能丢。孔子说，柳下惠和少连属于这一类。柳下惠，是个忍辱负重的人。他在官场上很不得志，三次被罢官。但他说，他并不打算离开自己的国家（《微子》18.2）。其实，箕子佯狂，也可归入这一类。后世有"大隐隐于朝"或"大隐隐于市"的说法，统治者住哪儿你住哪儿，光讲直道很危险，当然只能装疯卖傻。

第三条，是"隐居放言，身中清，废中权"，干脆隐居山林，躬耕垄亩，躲起来，藏起来，把嘴巴管好，什么都不说。"身中清"，是洁身自好。"废中权"，是讲究策略，能够巧妙安全地溜掉，全身而退。孔子说，虞仲和夷逸属于这一类。其实，微子逃跑也属于这一类。

孔子也是持不同政见者，三条路，挑哪条？他说，他都不挑，"我则异于是，无可无不可"。

第一，隐居山林，不说话，他做不到。他不能忘情于政治，政治都在城里，他才不肯到农村安家落户，跟着老乡种庄稼。他很讨厌种庄稼。

第二，他也不会装疯卖傻，住在城里躲政治。

第三，他也不敢跟统治者硬碰硬，死磕，白白搭上一条命。

他选择的是，跟统治者死缠，原则不能丢，命也不能丢，机会更不能丢，三不丢。他是死下一条心，跟他们反复周旋，死乞白赖劝说他们，这个不听，再找下一个，一直到梦不见周公。

在《微子》篇中，孔子提到的隐逸之士，有些是古代的名人，有些是他周游列国，在路上偶尔撞见的怪人。比如楚狂接舆，比如长沮、桀溺，比如荷蓧丈人，就是他碰见的四个怪人（《微子》18.5—18.7）。

楚狂接舆唱歌讽刺他，歌词是"凤兮凤兮，何德之衰！往者不可谏，来者犹可追。已而已而！今之从政者殆而！"孔子想跟他说话，他扭头就走了。"已而已而"，是算了吧，算了吧，您老还是趁早歇着吧。"今之从政者殆而"，是说当官的都烂透了——你还跟他们废什么话。有个叫微生亩的也问过他，"丘何为是栖栖者与（欤）？无乃为佞乎"，他说："非敢为佞也，疾固也"（《宪问》14.32），不是我话多，只是他们太顽固。

长沮、桀溺也嘲笑孔子，说举世滔滔，有谁能改变它，你与其跟着"辟（避）人之士"跑，还不如跟着"辟（避）世之士"跑。孔子辩解说，我总不能与鸟兽作伴吧，我不跟人待在一起又跟谁待在一起，如果世道好，我又何必改变它。

荷蓧丈人也看不起孔子，跟子路说，"四体不勤，五谷不分，孰为夫子"，对孔子不肯躬耕垄亩，放下架子种庄稼，非常看不起。

这些人，说话都阴阳怪气，对孔子爱答不理，很不礼貌，但孔子对他们很客气。他们批评孔子，话很难听。孔子听了，情绪不太好。但这一年，他正好60岁，属于他说的"耳顺"之年，他还是听下去了。

孔子和他们的分歧是什么？鲁国的石门晨门说得好，孔子是"知其不可而为之者"（《宪问》14.38），而这些人，正好相反，他们是"知其不可而不为之"。

上述隐士，虽然不是死人，还不配称为"仁人"，但古代的"仁人"都是不合作者，和他们属于一大类。在这个举世滔滔的世界上，只有他们还保持了自己的道德操守。在他们面前，孔子很钦佩，孔子很惭愧。

因为他知道，这些人，虽然于世无补，但论道德，他们最高尚，甚至比自己还高尚。

圣人是死人，孔子绝不会自称圣人

圣人，不是孔子的发明，古人都讲圣人。

圣人也叫圣者，圣是聪明，不是一般聪明，而是绝顶聪明，谁都比不了。但光是聪明就能当圣人吗？也不是。他还得有权有势，坐在唯我独尊的位子上。古人讲的圣人，其实都是圣王，没有权力不能当。这不是我的发明，先秦古书都这么讲。

聪明的统治者才叫圣人。如果翻成现代话，就是"英明领袖"。过去，大臣给皇上拍马屁，喜欢说"皇上圣明"。但孔子是复古主义者，他说的圣人，可不是一般的君主，活着的统治者，都不配当圣人。

古人都怕死人，死人里最大的头儿，就是圣人。说起圣人，谁都肃然起敬。《论语》《墨子》《老子》都敬。《老子》讲圣人，比孔子还多，81章里，有三分之一都是拿圣人说事。他们都崇拜圣人。

孔子看人，基本上是倒着看。时光漏斗下的沙子，堆成一个尖儿，圣人是尖儿上的几个人。好人，死人多。坏人，现在多。好人多半生活在古代。圣人是好人中的大好人，他们端坐在历史的高峰上，统治着现在的世界。

这样的圣人，和后世不同。后世的圣人，一是伪，二是烂。

俗话说，好人总是多数，大家都相信。只有庄子抬杠，非说坏人多。他甚至说，"圣人不死，大盗不止"（《庄子·胠箧》）。

庄子的话比较怪，过去不理解，现在才明白。早先，孔子那阵儿，礼坏乐崩，好人就不太多，简直是凤毛麟角，而且越往后越少。圣人稀缺，供给不足，会有两种反应，一种是刺激需求，把大家的胃口吊起来，越没圣人，才越盼圣人，这是子贡等人；另一种是供给等于零，需求也等于零。乱世讲圣人，越讲越虚伪，让人觉得，有还不如没有，干脆死了算。庄子的话是后一种。从他的话，我们不难窥见，他生活的那阵儿，比起孔子生活的那阵儿，又不知坏上多少倍。

我们要知道，圣人很稀罕。古人说，这样的人，几百年才出一个。

圣人是带复古味儿和宗教味儿的概念。

圣人是什么人？都是死人，没一个是活人。孔子说，他见不着：

> 子曰："圣人，吾不得而见之矣；得见君子者，斯可矣。"子曰："善人，吾不得而见之矣；得见有恒者，斯可矣。亡而为有，虚而为盈，约而为泰，难乎有恒矣。"（《述而》7.26）

圣人都是死人，这点很重要。见着不如见不着，有心理学奥妙。见不着多好，让你使劲想，想也够不着，于是更想。

善人，《论语》五见，含义不太明确，但从这段话看，显然比君子和有恒者要高，估计是相当于仁人。它也是属于死人。

上面讲过，当圣人，必须有两个条件：一是聪明，天生聪明；二是有权有势，能安民济众。没有这两个条件，不能当圣人。

天生聪明、绝顶聪明，是贵族血统论的概念。孔子相信这一点，古人都相信这一点。但孔子没说，他自己就是天生聪明，反而一再声明，我可不是这种人（《述而》7.20）。第一个条件，他说他没有。

第二个条件，孔子也没有。他这一辈子，一共当过14年的官，鲁国4年，卫国7年（两次加起来），陈国3年，他不是国君。

圣人是尧、舜，尧、舜是死人。孔子绝不会自比于尧、舜。

我们称他为圣人，等于骂他。他不可能这么讲。

仁人的头衔也很高，孔子很吝啬，绝不轻易送给谁

孔子提倡仁，仁是很高的道德要求：低于圣人，高于君子。

有一次，子贡问孔子，如果有人能"博施于民而能济众"，这算不算仁？孔子说，这何止是仁，简直就是圣，即便尧、舜在世，都很难做到。他说，仁人不光把自己管好，还能推己及人，施爱于人，"己欲立而立人，己欲达而达人"（《雍也》6.30）。但他手中没有权，推来推去，范围比较小，帮的人比较少，只限于"人"，没法和圣人比。圣人施爱，是"博施于民"，他所救助的人可多了去，不是少数几个人，而是"众"。这里，"人"和"民"可大不一样。孔子说的"人"是君子，专指上流社会的人；"民"是百姓，专指下层社会的普通民众。只有全国人民的大救星，才叫圣人。君子中的模范，只能算"仁人"。

　　还有一次，子路问孔子，本来是问君子。孔子的答案是"修己以敬"，即把自己的道德搞好，待人很礼貌，很客气。子路问更高的要求是什么，孔子说"修己以安人"，即不但把自己的道德搞好，还能安定上流君子。这种比君子更高的人，从各方面看，显然是仁人。子路又追问更高的要求是什么，孔子说"修己以安百姓"。他说，"修己以安百姓，尧、舜其犹病诸"，显然就是圣人（《宪问》14.42）。这充分说明，子路问的三种人，一种比一种高：圣人最高，仁人其次，君子最低。"修己以敬""修己安人""修己安民"，就是不一样。

　　孔子说的仁人，是很高的头衔，他很吝啬，绝不轻易许人，特别是搞政治的人。

比如，楚国的令尹子文，齐国的陈文子，二子皆有令名。子张问孔子，"令尹子文三仕为令尹，无喜色；三已之，无愠色。旧令尹之政，必以告新令尹"，是不是够得上仁？孔子说，这只能算忠，哪里够得上仁。子张又问孔子，"崔子弑齐君，陈文子有马十乘，弃而违之。至于他邦，则曰：'犹吾大夫崔子也。'违之。之一邦，则又曰：'犹吾大夫崔子也。'违之"，是不是够得上仁？孔子说，这只能算清，哪里够得上仁（《公冶长》5.19）。

他们都够不上仁。

还有，孔门弟子，仲由、冉求有政事之才，公西赤谙习礼仪，都是他的得意门生。孟氏家族的孟武伯问他，这三个人够得上仁吗？孔子说，"由也，千乘之国，可使治其赋也，不知其仁也"，"求也，千室之邑，百乘之家，可使为之宰也，不知其仁也"，"赤也，束带立于朝，可使与宾客言也，不知其仁也"（《公冶长》5.8）。

他们也够不上仁。

孔子很清楚，政治是沾血带污的，不能戴着白手套。搞政治的，除了管仲，有旷世之才、救世之功，勉强可称为仁，其他玩政治的，即使很有道德，也够不上仁。不仅能干如子路、子贡者流还远远不够，就是奔走侯门的他自己也有点愧得慌。

有一点，我们要注意，孔子的好学生，他最待见的学生，多半不做官。四科之首的德行科，颜回、闵损、冉耕、冉雍，都是老实巴交、少言寡语。他们，除了冉雍，是个道德水准很高的官员，几乎都不做官，有些还逃官，比如闵子骞。颜回也不做官，光是躲在家里读书，吃粗食，喝凉水，贫居陋巷，不改其乐，简直和隐者差不多。

孔子说，"天下有道则见，无道则隐"（《泰伯》8.13）。他对"隐"非常欣赏，只是行为反是。他所生活的时代，按他的标准衡量，明明属于"无道"，为什么还要抛头露面？

答案是，政治家都讲可行性。"隐"意味着无所作为。他不能忘情于政治，不能放弃一切可以利用的机会。虽然，他心里和明镜一样，真正有道德的人，恰恰是那些生逢乱世而耻于做官的人。

我们只有理解他的内心矛盾，才能明白，为什么他说，"若圣与仁，则吾岂敢"（《述而》7.34）。

圣人和仁人，他自己都不敢当，谁还敢当？

十四　君子和小人

孔子品人，好人，死人多；坏人，活人多。好人，圣人最高，仁人其次。圣人和仁人是生活在好人居多的时代。当时也有坏人，比如桀、纣，孔子不太关心，《论语》里，一句话没有。他更关心好人。《论语》提到纣，是子贡的话。孔子把圣人和仁人摆在人品的最高一级，是想让乱世的人有个对比，当作追慕的对象、学习的榜样。这类人物，前面已说，这里不再讨论。

孔子说的好人，比圣人、仁人低，还有一种，是所谓君子。这对他，对他的学生，是最现实的目标。圣、仁以下的人，可分为两类：君子和小人。君子、小人，儒家最爱讲，不但孔子本人严于君子、小人之分，他的学生，学生的学生，也无不强调君子、小人之分。

孔子说的君子，指名道姓，有哪些人

打开《论语》，孔子讲君子，指名道姓，只有三个人。

一是卫国的蘧伯玉。公元前544年，吴季札访问卫国，曾盛赞卫国的六君子：蘧瑗、史狗、史鳅、公子荆、公叔发、公子朝，说"卫多君子"（《左传》襄公二十九年）。孔子是拿卫国当君子国，周游列国，主要是去卫国。他说，"君子哉蘧伯玉！邦有道则仕，邦无道则可卷而怀之"（《卫灵公》15.7）。司马迁说，"孔子之所严事"，凡六人，其中就有蘧伯玉（《史记·仲尼弟子列传》），他在卫国，住过蘧伯玉家（《史记·孔子世家》）。

二是他的学生宓子贱。他说，"君子哉若人！鲁无君子者，斯焉取斯"（《公冶长》5.3）。

三是他的学生南宫适。南宫适问孔子，"羿善射，奡荡舟，俱不得其死然。禹、稷躬稼而有天下"。孔子不回答。等他走开，孔子说，"君子哉若人！尚德哉若人"（《宪问》14.5）。

这三位，都是与他同时代的人，一位是外国的政治家，两位是他的学生。他们都是很有道德的人。君子什么样？大概就是这样。我们不要以为，孔子心中的君子，就这仨人，其他都不是。其实，君子多得是，并不稀罕，只要道德一流，都可当君子。

君子的本义是贵族，小人的本义是贱民

什么是君子？什么是小人？是个值得讨论的大问题。

君子和小人，不是孔子的发明。在他之前，人们就使用这两个词。先秦古书，使用很普遍，十三经，几乎每部都有这两个词，子书也很普遍。东周金文，也有这个词。荀子说，"君子，小人之反也"（《荀子·不苟》），它们是一对相反的概念。

君子、小人，古人一直讲，即使晚到清代，大家也讲。后世的用法，主要是着眼于道德高下，比如《儒林外史》，吴敬梓讽刺当时的知识分子，认为他们太无行，反把琴棋书画各擅一能的四个市井细民看作君子。古书和《镜花缘》里也都有海外奇谈的君子国。[1]

道德高，是君子，道德低，是小人，这是后起的概念，孔子以来的概念。孔子以前不一样，至少不完全是这个意思。

君子、小人，从根子上讲，从来源上讲，首先是指出身的不同，它是以血统高贵、血统低贱划分的概念。这是一种阶级概念。

阶级社会，当然要讲阶级分析。什么叫阶级，什么叫阶层，怎么定义，怎么划分，当然可以讨论，但说没有区分，大家都一样，肯定不对。

自有文明，就有贫富贵贱，有贫富贵贱，就有阶级、

---

1 古书所谓君子国，都在海外，如《山海经·海外东经》有君子国，就在海外。《后汉书》和《新唐书》的《东夷传》则以朝鲜、日本为君子国。

阶层和各种等级。人都是分为三六九等的。比如贵族和贱民，就是各大文明都有的两大类，最初的两大类。这两种人，甚至都不完全属于古代，其实还有很长的延续和很多的变形，就是文明昌盛的现在，也没有完全消灭。比如种姓制度，还存在于印度；欧洲，仍有许多贵族；美国废奴后，奴隶也没从地球上消灭，全世界，至今仍有两千多万。

君子的本来含义，是贵族社会的成员，甚至包括女成员。[1]贵族社会，是按血缘关系组成。它的成员，只要是同姓（异姓贵族，另当别论），都是国君的后裔，不是已故国君的孩子，就是当今国君的孩子，所以叫君子。贵族社会，上有天子、公侯，下有卿大夫和士，君子是这类人的统称。特别是士阶层，更是这个词所指代的基本人群。

小人的本来含义，和君子相反，是指贵族社会以外的人群，特别是所谓庶人。[2]在《论语》一书中，和它大致相当，还有民、众、百姓等词。民、众、百姓等词，多半是与国君或其他当政者相对，含义比较中性，不太有贬义。小人，在《论语》中则有贬义，往往让人联想到很多负面的概念：生

1　吕思勉《吕思勉读史札记》，上海古籍出版社，1982年，上册，510页。
2　小人是否包括庶民以下的贱民，是个问题。《荀子·性恶》："有圣人之知者，有士君子之知者，有小人之知者，有役夫之知者。"《荀子·哀公》："人有五仪：有庸人，有士，有君子，有贤人，有圣人。"案："贤人"低于"圣人"，相当孔子的"仁人""善人"。其次，是"士""君子"或"士君子"，"士"低于"君子"。再次，是"小人""役夫"和"庸人"，"小人"高于"役夫"。"役夫"相当"庸人"，列在"小人"之下。

活贫穷，地位低贱，愚昧无知，缺乏道德。

在《论语》一书中，和君子接近的概念是士。[1]士是古代教育的主要对象，也是孔子教育的主要对象。先秦子书，往往把这两个词合起来，叫士君子（如《墨子》《荀子》）。

古代，与君子有关，还有一个词，是大人。大人与小人相对，含义相反。比如孟子，就总是拿这两个词对着讲，小人是"劳力者"，大人是"劳心者"，"劳心者治人，劳力者治于人"（《孟子·滕文公上》）。孔子三畏有"畏大人"（《季氏》16.8），大人和君子，也是含义接近的词。[2]

前面已经说过，在《论语》一书中，"人"和"民"，对言有别。前者是君子，后者是小人。

孔子为君子重新下定义：身份君子和道德君子

孔子生活的时代，礼坏乐崩，贵族传统大崩溃，君子的概念，发生大变化。贵族社会的血统论还在，但界限已被

---

1 《论语》·论士，主要有八章。孔子论士有六章：《里人》4.9，《颜渊》12.20，《子路》13.20、13.28，《宪问》14.2和《卫灵公》15.9，曾子论士有一章（《泰伯》8.7），子张论士有一章（《子张》19.1）。另外，《论语》中提到"士"字的地方还有六章。

2 《周易》经常提到"大人""君子""大君"和"小人"等词。《周易·师》："上六，大君有命，开邦承家，小人勿用。""大君"，上博楚简本作"大君子"，马王堆帛书本作"大人君"，双古堆汉简本作"大君"。《荀子》的《仲尼》《王霸》两篇也有"大君子"一词。我很怀疑，"大君"和"大君子"都是"大人君子"的缩写。

打破，变得有点模糊。

西周时期，贵族就是贵族，贱民就是贱民，分别很清楚。孔子认为，当时，最有知识和最有道德的人，都是贵族。贱民相反，意味着愚昧无知，缺乏道德。

孔子的时代不一样，贵族正在全面衰败。

一是处于高端的统治者，他们是真正的贵族，但也最不像往昔的贵族。他们越来越安于享受，不思进取，无论在道德修养上，还是在文化修养上，都不再是社会的楷模。他们变得很懒，很多事都推给下面人去干，因而大权旁落，权力和好处，一层层被下属瓜分。就像一个权力很大的男人，被他的太太，被她手下的丫环奴才架空，伺候得舒舒服服，也控制得严严实实。这种情形，不用找太远的例子，中国末代的皇帝，如明代末年的万历皇帝，就是如此。

二是它的基层，随着氏族分衍，人口增多，血缘被稀释，很多继承谱系上的旁支，即所谓庶子、余子，渐渐失去继承权，没有官做，没有土地，没有实际的地位和收入，日益接近社会的底层，吃祖宗饭，越来越吃不下去。他们在家道中衰和生活困顿中，越来越疏离原初意义上的贵族，但又不肯融入普通的百姓，继续拿糖端谱，摆臭架子。在东周金文中，我们可以读到，很多人都喜欢自报家门，说自己是某某之子、某某之孙，即某些显赫人物的远房亲戚。讲世系的谱牒，也因而发达起来。端谱的谱就是这种谱。这种情形，不用找太远的例子，满清的八旗子弟就是如此。

正是在这种背景下，孔子把君子分成了两种。

一种是处于社会高端的那批贵族，本来意义上的贵族，大富大贵，有身份，有地位。他们，有些可能还有点道德、学问，但很多不一定有。他们是真贵族的真后代，但往往非常堕落，和他们的祖先比起来，怎么看，怎么不像贵族。这是身份君子。

一种是没落的贵族子弟或与他们沾亲带故的下层游民，类似日本浪人那样的人。他们中的很多人，可能越来越没出息，默默无闻，被社会忽视和遗忘，但也有一大批人，从社会底层走出来，成为一种新兴的力量。他们不但比当时的贵族更有知识，还有他们绝不具备的底层经历。他们对上流社会，可能嫉妒艳羡，一心想取而代之，有如《红与黑》中的于连，但也有一些人，古道热肠，留恋过去，一心想挽救衰败的世风。比如孔子就是如此。他想以古代的标准，重新塑造一批新君子。这种新君子，往往出身贫贱，但有道德，有学问，反而比贵族更贵族。他们不是本来意义上的君子，而是道德君子。

孔子说的第一种君子，是和野人或鄙夫相对。野人，是住在乡下的人，靠种地养活自己的人，相当今语的乡巴佬。野人是对国而言，国是首都和都城以外的郊区，野是郊区以外的农村。鄙夫，也是乡巴佬，比野人还土，还愚昧。

野人是住在首都附近的乡巴佬，鄙夫是住在边远县邑的乡巴佬，都是身份很低的人。孔子提到野人，只有一次（《先进》11.1）；提到鄙夫，只有两次（《子罕》9.8、《阳货》17.15）。

第一种君子，孔子很少提到，主要有两次。

一次，是批评子贡（《子罕》9.6）。太宰（估计是鲁太宰）问子贡，你这位老师是圣人吗？怎么本事这么多？子贡说，我老师是"天纵之将圣"，本事当然多。他没想到，孔子并不赏脸，竟然说，这位太宰哪里了解我。我年轻时，出身苦，所以能干很多下贱活（"故多能鄙事"），君子有这么多本事吗，没有（"君子多乎哉？不多也"）。这种不会干"鄙事"的君子，就是第一种君子。

还有一次，是他讲自己的学生（《先进》11.1）。他说，早年跟我学礼乐的学生，很多都是野人，后来跟我学礼乐的学生，很多都是君子（"先进于礼乐，野人也。后进于礼乐，君子也"）。这种与野人相对的君子，也是第一种君子。

《论语》提到的君子，绝大多数，都是第二种君子。孔子本人，孔子的学生，主要是以这种君子为目标。

孔子的概念，和贵族血统论，既有联系，又有区别。他讲君子，有两种标准，身份君子是看血统，道德君子是看表现。

他是有成分论，但不唯成分，重在表现，跟当年我们都会背的"阶级路线"相似。

他讲出身，是因为贵族社会崩溃，但还没有完全崩溃。他清楚地知道，在一个贵族势力仍然存在的社会，不讲出身行不通。他自己就是没落贵族，感情上也过不去。

他讲重在表现，是因为贵族社会崩溃，注定要崩溃。在这个风雨飘摇的社会里，他宁愿把自己的希望寄托在一批苦孩子的身上。

君子、小人之分

孔子的学派叫儒家，他是提倡做好人的，但儒家并不一定都是好人。有一次，他对子夏说，"女（汝）为君子儒，无为小人儒"（《雍也》6.13）。可见儒家，也分君子、小人。

君子的特点是什么？我可以举几个例子（只限孔子本人的话）：

（1）子曰："……人不知而不愠，不亦君子乎？"（《学而》1.1）

（2）子曰："君子食无求饱，居无求安，敏于事而慎于言，就有道而正焉，可谓好学也已。"（《学而》1.14）

（3）子曰："君子不器。"（《为政》2.12）

（4）子贡问君子。子曰："先行其言，而后从之。"（《为政》2.13）

（5）子曰："君子欲讷于言而敏于行。"（《里仁》4.24）

（6）子曰："质胜文则野，文胜质则史。文质彬彬，然后君子。"（《雍也》6.18）

（7）子曰："……君子笃于亲，则民兴于仁；故旧不遗，则民不偷。"（《泰伯》8.2）

（8）司马牛问君子。子曰："君子不忧不惧。"曰："不忧不惧，斯谓之君子已乎？"子曰："内省不疚，夫何忧何惧？"（《颜渊》12.4）

（9）棘子成曰："君子质而已矣，何以文为？"子贡曰："惜乎，夫子之说君子也，驷不及舌。文犹质也，质犹文也。虎豹之鞟犹犬羊之鞟。"（《颜渊》12.8）

（10）子曰："君子道者三，我无能焉：仁者不忧，知（智）者不惑，勇者不惧。"子贡曰："夫子自道也。"（《宪问》14.28）

（11）子曰："君子义以为质，礼以行之，孙（逊）以出之，信以成之。君子哉！"（《卫灵公》15.18）

（12）子曰："君子矜而不争，群而不党。"（《卫灵公》15.22）

（13）子曰："君子不以言举人，不以人废言。"（《卫灵公》15.23）

（14）子曰："君子贞而不谅。"（《卫灵公》15.37）

（15）子贡曰："君子亦有恶乎？"子曰："有恶。恶称人之恶者，恶居下（流）而讪上者，恶勇而无礼者，恶果敢而窒者。"曰："赐也亦有恶乎？""恶徼以为知（智）者，恶不孙（逊）以为勇者，恶讦以为直者。"（《阳货》17.24）

这15条都是讲君子，小人相反。

在《论语》一书中，君子、小人常常是对着讲。如：

（1）子曰："君子周而不比，小人比而不周。"（《为政》2.14）

（2）子曰："君子喻于义，小人喻于利。"（《里仁》4.16）

（3）子曰："君子怀德，小人怀土；君子怀刑，小人怀惠。"（《里仁》4.11）

（4）子曰："君子坦荡荡，小人长戚戚。"（《述而》7.37）

（5）子曰："君子成人之美，不成人之恶。小人反是。"（《颜渊》12.16）

（6）子曰："君子和而不同，小人同而不和。"（《子路》13.23）

（7）子曰："君子易事而难说也。说之不以道，不说（悦）也；及其使人也，器之。小人难事而易说也。说之虽不以道，说（悦）也；及其使人也，求备焉。"（《子路》13.25）

（8）子曰："君子而不仁者有矣夫，未有小人而仁者也。"（《宪问》14.6）

（9）子曰："君子上达，小人下达。"（《宪问》14.23）

（10）在陈绝粮，从者病，莫能兴。子路愠见曰："君子亦有穷乎？"子曰："君子固穷，小人穷斯滥矣。"（《卫灵公》15.2）

（11）子曰："君子求诸己，小人求诸人。"（《卫灵公》15.21）

（12）子曰："君子不可小知而可大受也，小人不可大受而可小知也。"（《卫灵公》15.34）

（13）孔子曰："君子有三畏：畏天命，畏大人，畏圣人之言。小人不知天命而不畏也，狎大人，侮圣人之言。"（《季氏》16.8）

（14）子路曰："君子尚勇乎？"子曰："君子义以为上。君子有勇而无义为乱；小人有勇而无义为盗。"（《阳货》17.23）

总结：孔子品人的标准

孔子品人，分两套标准，一套是道德，一套是智力。道德，主要是上面四种，圣人、仁人和君子、小人；智力，则分上智、中人和下愚。[1]《汉书·古今人表》把人分为九

1　《荀子·性恶》还把勇分为三等：上勇、中勇、下勇。

等，就是综合这两套标准。

孔子拿君子、小人作对比，主要是以道德作标准。他说的君子，都是讲仁义、孝悌、忠信等道德的人。他们和小人，最大不同是：

（1）君子敬畏天命，敬畏官长，敬畏圣人之言，小人相反。

（2）君子是读书人。读书，是为做官，没官做，只能挨饿，挨饿也要有风度。小人是土里刨食，靠力气吃饭，饿急了，会哇哇乱叫。

（3）君子勤学好问，食无求饱，居无求安，对物质生活不太讲究，对富贵闻达不太在乎，安贫乐道。小人才不安贫，也不乐什么道。

（4）君子不治产业，不靠种地吃饭，他们对乡土不太留恋，不会见利忘义，被小恩小惠收买。小人相反，都是见利忘义。

（5）君子只讲"和"（和谐），不讲"同"（平等），小人相反。

（6）君子以义为上，不会逞一时之忿，犯上作乱，跟小人一个样。

（7）君子为人正派，比较合群，绝不像小人，朋比为奸，结党营私，拉拉扯扯。

（8）君子与人为善，成人之美，不讲别人坏话，不给别人拆台，小人相反。

（9）君子不爱讲话，往往笨嘴拙舌，沉默寡言，但干事利索，很勤快，唯恐说了做不到。小人往往多嘴多舌，嘴上没把门的。

（10）君子都文质彬彬，既朴实，又典雅，不像小人，粗鲁野蛮。

（11）君子的心态比较平和，总是保持不忧、不惑、不惧，不像小人，心里老是不平衡。

（12）君子守大信，小人守小信。

（13）君子求自己，小人求别人。

（14）君子不以言举人，不以人废言。

君子和小人，君子比较复杂，小人比较简单。他讲的君子，分身份君子和道德君子。前者是真贵族，却往往不像君子，很多都是伪君子。后者没有身份，但很多都是真君子。

君子有真君子和伪君子，但小人都是真小人。小人不用伪装，全是真小人。

孔子定义的君子、小人，含有阶级偏见。他对妇女的看法，也有性别歧视。

孔子说，"唯女子与小人为难养也，近之则不孙（逊），远之则怨"（《阳货》17.25），对广大妇女不太客气。妇女，是人类最早的奴隶，一直受男的欺负。她们当中，当然也有女贵族，比好多男人还牛，但作为全称，她们总是低人一头，比所有男人低一头，这是古代社会的共识。孔子把她们搁一块儿，全部与小人同类，这是白纸黑字，写在《论语》里的话。

学者感到，孔子的话，有损孔子形象，千方百计，想把这块石头搬掉，其实何必。

这话的意思很清楚，用不着拐弯抹角。

曲说徒劳，强辩无益。

十五　孔子论德

　　孔子后学，分歧最大，是在孟、荀之间。[1]孟子主于性情道德，荀子主于礼法制度，各代表师说的一个侧面。孟子侧重性，主张性善，注重的是德；荀子侧重习，主张性恶，注重的是礼。他们对人有截然不同的两种理解。

　　现在，我们就来看看，孔子对德怎么看。我把它归纳为十大道德。[2]

仁

　　什么叫仁？弟子问仁，孔子的回答不一样，各有针对，很多不是定义。

　　比如他说，"巧言令色，鲜矣仁"（《学而》1.3、《阳货》17.17），"刚、毅、木、讷，近仁"（《子路》13.27）。他很讨厌花言巧语的人，喜欢沉默寡言的人，司马牛问仁，孔子嫌他

1　七十子之后，留下著作，主要是两本书，《孟子》和《荀子》。
2　以下内容，摘自《丧家狗》的353—361页。

多嘴，就说"仁者，其言也讱"（《颜渊》12.3），叫他有话憋着点。

孔子讲仁，经常东拉西扯，表面是回答仁，其实是讲其他范畴。如：

（1）颜渊问仁，他说"克己复礼为仁"（《颜渊》12.1），就是讲礼，强调个人和礼的关系。

（2）仲弓问仁，他说"己所不欲，勿施于人"（《颜渊》12.2），就是讲恕，强调个人和他人的关系。

（3）樊迟问仁，他说"居处恭，执事敬，与人忠"（《子路》13.19），则把仁分解为三种德。

（4）子张问仁，他说"恭、宽、信、敏、惠"（《阳货》17.6），则把仁分解为五种德。

另外，孔子论仁，常以智、勇为器用，与智、勇并说。如：

（1）"知（智）者乐水，仁者乐山。"（《雍也》6.23）

（2）"知（智）者不惑，仁者不忧，勇者不惧。"（《子罕》9.29）

（3）"仁者必有勇，勇者不必有仁。"（《宪问》14.4）

（4）"知（智）及之，仁不能守之，虽得之，必失之。知（智）及之，仁能守之，不庄以莅之，则民不敬。知（智）及之，仁能守之，庄以莅之，动之不以礼，未善也。"（《卫灵公》15.33）

这些都不是答案。

孔子的标准答案，是下面两条：

（1）樊迟问仁，孔子回答说"爱人"(《颜渊》12.22)。

（2）前面讲仁人，我们已提到，孔子的解释是，"修己以安人"(《宪问》14.42)，"己欲立而立人，己欲达而达人"(《雍也》6.30)。

这里，仁字和人字有关。第一，它是一种"人其人"的概念。用最通俗的说法，就是拿人当人：首先是"修己"，拿自己当人；其次是"安人"，拿别人当人。第二，人，范围比较小，不等于民，人是上流，民是大众。前面已经谈过，这里不再啰唆。

义

义字，古人的解释是宜，即应该怎么做，它是道德自律，对人有一定的约束力。

义和礼不同，礼是外部规定，义是内心约束。礼比义，更多强制。

孔子讲君子、小人，有义利之辨。君子以义为准，不义之物不取，不义之得不居，小人不同，唯利是图，一切以利为转移。如：

（1）"君子之于天下也，无适也，无莫也，义之与比。"

（《里仁》4.10）

（2）"君子义以为质。"（《卫灵公》15.18）

（3）"君子喻于义，小人喻于利。"（《里仁》4.16）

（4）"不义而富且贵，于我如浮云。"（《述而》7.16）

（5）"见利思义"（《宪问》14.12）、"见得思义"（《季氏》16.10）。

孔子论义，有三点值得注意。

第一，义与勇有很大关系。如：

（1）孔子说，"见义不为，无勇也"（《为政》2.24），勇是出于义。

（2）子路问"君子尚勇乎"，孔子说，"君子义以为上。君子有勇而无义为乱，小人有勇而无义为盗"（《阳货》17.23），勇要受义的制约。

第二，君使臣是义，官使民也是义。如：

（1）子路批评荷蓧丈人，说"君臣之义"不可废，做官是行义，隐而不仕是无义（《微子》18.7）。

（2）孔子说，"君子之道"有四条，其中一条是"使民也义"（《公冶长》5.16）。

第三，孔子把改过向义叫"徙义"或"之义"。如：

（1）"务民之义，敬鬼神而远之，可谓知（智）矣。"

（《雍也》6.22）

（2）"德之不修，学之不讲，闻义不能徙，不善不能改，是吾忧也。"（《述而》7.3）

（3）"主忠信，徙义。"（《颜渊》12.10）

孝（包括悌、孝悌）

孝与考、老同源，和养老的概念有关。人子事父母，为人伦之本。在孔子看来，也是治道之本。它是社会关系的基础，也是君臣关系的基础。他讲孝，常说父，其次是父母，单说母，一次没有。

孔子论孝，有五点值得注意。

第一，孝的基本含义，是孝顺、孝敬，事事顺父母，敬父母，活着死了，都要孝顺、孝敬。不但父母在，绝不违背；死了，服丧三年，也不改父之道，孔子叫"无违"。如：

（1）孟懿子问孝，孔子的定义是"无违"，即"生，事之以礼；死，葬之以礼，祭之以礼"（《为政》2.5）。

（2）孔子说，劝父母，必须委婉，不听，只能照着办（《里仁》4.18）。

（3）孔子说，父亲活着，要看儿子怎么想，父亲死了，要看儿子怎么做。最关键关键的考验，是父亲刚走，服丧期间，他怎么样。服丧，只有"三年无改于父之道"，才能叫做孝（《学而》1.11、《里仁》4.20），改弦更张，那可不行。

第二，孝是孝养，父母老了，总得有人养，但只养不敬，无异养牲口。如：

（1）子游问孝。孔子说，"今之孝者，是谓能养。至于犬马，皆能有养。不敬，何以别乎？"（《为政》2.7）

（2）子夏问孝。孔子说，脸上有没有敬意，才是难事，光是为长者操劳，有吃喝，先紧着老人，还不能说是孝。（《为政》2.8）

第三，当儿子的，要留心父母的年龄，他们一天天见老，既令人高兴，也令人操心（《里仁》4.21）；生病，更是令人发愁（《为政》2.6）；只要父母还健在，绝不出门远游（《里仁》4.19）。这些都是体现孝。

第四，孝是连续体，父母死后，服丧很重要。孔子讲三年之丧：

（1）子张问，《尚书》上讲，"高宗谅阴，三年不言"，是什么意思？孔子说，何止是高宗，古人全都这样。旧君去世，新君即位，都是三年不听政，一切政事，全交给冢宰（《宪问》14.40）。

（2）孔子讲三年之丧，宰我认为太长，"君子三年不为礼，礼必坏；三年不为乐，乐必崩"，一年就够了。孔子很生气，骂宰予太没良心，说小孩生下来，三年才能脱离父母的怀抱，你怎么不知回报，"夫三年之丧，天下之通丧也"，

难道就你特殊，竟没有从父母得到过这种爱吗？（《阳货》17.21）

（3）曾子听孔子说过，孟庄子之孝，最难能可贵，父亲死后，他仍"不改父之臣与父之政"（《子张》19.18）。

第五，孝和慈是双向关系。父母爱子女叫慈，子女爱父母叫孝。"孝慈"见于《为政》2.20。

另外，和孝有关，还有悌，也可顺便讲一下。

古代宗法制是长子继承制，孝敬大哥，就是孝敬父亲的继承人。孝是子事父，悌是弟事兄，两者密切相关，经常连言。如：

（1）有子说，"其为人也孝弟（悌），而好犯上者，鲜矣"，"孝弟（悌）也者，其为仁（人）之本与（欤）"（《学而》1.2）。

（2）孔子说，"弟子入则孝，出则弟（悌）"（《学而》1.6）。

（3）子贡问怎样才可以叫士，孔子的回答有三条，其中第二条，是"宗族称孝焉，乡党称弟焉"（《子路》13.20）。

友（朋、朋友）

友是同僚、同事、同学。友道是悌道的推广，两者常连言。如有人跟孔子说，您干吗不出来搞政治？孔子说，

《尚书》上说，"孝乎惟孝，友于兄弟，施于有政"，这不也是搞政治吗（《为政》2.21）；《诗·小雅·六月》"张仲孝友"，《尔雅·释训》解释这句话，说"善父母为孝，善兄弟为友"。"孝友"也可以当"孝悌"讲。

孔子尚贤，"乐多贤友"（《季氏》16.5）。他的名言是：

（1）"无友不知己者"（《学而》1.8）或"毋友不如己者"（《子罕》9.25）。

（2）"见贤思齐焉，见不贤而内自省也。"（《里仁》4.17）

（3）"三人行，必有我师焉：择其善者而从之，其不善者而改之。"（《述而》7.22）

孔子讲友道，有两种不同说法，一说传自子夏，叫"可者与之，其不可者拒之"，别什么人都乱搭理，标准高一点；一说传自子张，叫"君子尊贤而容众，嘉善而矜不能"（《子张》19.3），对不如己者要宽容，心眼大一点。二说看似矛盾，其实各有针对性。前说主于严，后说主于宽。

友的另一种说法是朋（《学而》1.1），两者常连言，也叫朋友（《学而》1.4、1.7，《里仁》4.26，《公冶长》5.26，《乡党》10.20、10.21）。

古书常以"朋友"和"兄弟"并说（《子路》13.28）。司马牛，有兄弟，皆不肖，说"人皆有兄弟，我独亡"，子夏安慰他，说"四海之内，皆兄弟也"（《颜渊》12.5），就是以朋友代兄弟。

忠

忠，简单说，是尽心尽意。忠和衷心有关，古人拆字为解，有"中心为忠"之训。孔子强调，为人谋事，一定要全心全意、真心真意。

忠是事人之道，为人谋事之道。孔子说，"与人忠"（《子路》13.19）。

人，首先是国君，如孔子说，"君使臣以礼，臣事君以忠"（《八佾》3.19）；其次，是官长，如孔子说，楚令尹子文，三次当令尹，三次被罢免，每次下台前，都要向新令尹交待工作，这也叫忠（《公冶长》5.19）；最后，是泛指一般人，如曾子三省，第三条是"为人谋而不忠乎"。

忠和好几个概念有关：

一是孝。孝是忠的基础。孔子说，"孝慈则忠"（《为政》2.20）。

二是信。参下节。孔子常以忠、信并说，频率很高。忠者，主于心；信者，主于言。

三是恕。忠是尽心，恕是将心比心，两者相通。孔子说，"吾道一以贯之"，这个道是什么？曾子说，"夫子之道，忠恕而已矣"（《里仁》4.15）。

四是敬。忠者事人，敬者敬事，也分不开。如：

（1）季康子问，怎样才能"使民敬忠以劝"，孔子说，

"临之以庄则敬，孝慈则忠，举善而教不能则劝"（《为政》2.20）。

（2）樊迟问仁，孔子说，"居处恭，执事敬，与人忠。虽之夷狄，不可弃也"（《子路》13.19）。

（3）孔子说，"君子有九思"，其中有"言思忠，事思敬"（《季氏》16.10）。

信（包括忠信）

信，简单说，就是说话算话。信和说话有关，古人拆字为解，有"人言不欺"之训。

孔子重信，唯恐说了做不到，宁肯少说不说，先干后说，干完了再说。他说：

（1）"人而无信，不知其可也。"（《为政》2.22）

（2）"古者言之不出，耻躬之不逮也。"（《里仁》4.22）

（3）"以约失之者鲜矣。"（《里仁》4.23）

（4）"君子欲讷于言而敏于行。"（《里仁》4.24）

（5）"始吾于人也，听其言而信其行；今吾于人也，听其言而观其行。"（《公冶长》5.10）

孔子讲信，有三点值得注意：

第一，为政不可无信，如子贡问政，孔子答以足食、足兵和民信，他说，三者去一，首先是兵，其次是食，唯信不可去，理由是，战死、饿死，不过是死，"自古皆有死，民无信不立"（《颜渊》12.7）。统治者使民，必先取信于民。为臣的谏君，也要先取信于君（《学而》1.5、《子路》13.4、《阳货》17.6、《微子》19.10、《尧曰》20.1）。

第二，交友不可无信，如曾子、子夏都强调，"与朋友交"，一定要"言而有信"（《学而》1.4、1.7）；子路也说，"朋友信之"（《公冶长》5.26）。

第三，信有大信和小信，大信是君子讲的信，说话算话，是在"信近于义"的前提下（《学而》1.13）。不合于义，"言必信，行必果"（《子路》13.20），只是小信，小人讲的信。

在《论语》一书中，忠、信不仅被并举（《述而》7.25），还常连言（《学而》1.8、《公冶长》5.28、《子罕》9.25、《颜渊》12.10、《卫灵公》15.6）。战国，"忠信"印很流行。

宽

宽，是宽容、宽恕，容纳别人，原谅别人。如：

（1）孔子说，"伯夷、叔齐不念旧恶，怨是用希"（《公冶长》5.23）。

（2）孔子说，"躬自厚而薄责于人，则远怨矣"（《卫灵公》15.15）。

（3）孔子说，"宽则得众"（《阳货》17.6、《尧曰》20.1也有这句话）。

（4）子张听老师说，"君子尊贤而容众，嘉善而矜不能。我之大贤与（欤），于人何所不容？我之不贤与（欤），人将拒我，如之何其拒人也？"（《子张》19.3）

这种品质，是居上位者不可缺。孔子说，"居上不宽，为礼不敬，临丧不哀，吾何以观之哉？"（《八佾》3.26）

恕

曾子说，"夫子之道，忠恕而已矣"（《里仁》4.15），可见在孔子的思想中，恕很重要。

什么是恕？

孔子的定义是"己所不欲，勿施于人"（《卫灵公》15.24）。这是讲，我不应把我的想法强加于人。同样，别人也不应把他的想法强加于我。恕，很不容易做到。子贡说，"我不欲人之加诸我也，吾亦欲无加诸人"，孔子说，"赐也，非尔所及也"（《公冶长》5.12）。

恕，是将心比心。俗话说，半斤换八两，人心换人心，古人拆字为解，有"如心为恕"之训。这是恕的本义。

恕与仁有关，两者密不可分。有个例子可以证明这一点。仲弓问仁，孔子的回答是"己所不欲，勿施于人"（《颜渊》12.2）。但严格讲，这是恕，不是仁（对照《卫灵公》15.24）。

我们要注意，古人所谓恕，不是今语的宽恕。今语宽恕，强调的是宽。原谅之义是从宽引申，和恕无关。我们要注意，拿人当人是仁，将心比心是恕，仁、恕都含对等原则。

有人问，"以德报怨"怎么样？孔子不以为然，他说，那德该用什么报？在他看来，正确的做法，是"以直（值）报怨，以德报德"。"德"字是从直得声，孔子玩文字游戏，故意把"以德报怨"读成"以直（值）报怨"，他的意思是，"用和怨对等的东西报怨"，其实是以怨报怨（《宪问》14.34）。孔子不讲"以德报怨"，《老子》才有这种说法。它的特点是贵柔贵弱贵下，什么事都往后捎，往下出溜。它不讲对等，当然可以这么讲。

恭

恭和礼有关，属于礼貌的貌。如：

（1）有子说，"恭近于礼，远耻辱也"（《学而》1.13）。

（2）孔子说，"巧言令色足恭，左丘明耻之，丘亦耻之"（《公冶长》5.25）。

（3）孔子的外貌，是"温而厉，威而不猛，恭而安"（《述而》7.38）。

（4）孔子说，"恭而无礼则劳"（《泰伯》8.2）。

（5）孔子说，舜"恭己正南面而已矣"（《卫灵公》15.5）。

恭、敬，后世常连言，它们在《论语》中，常同时出现，但含义有别。如：

（1）孔子讲子产，"其行己也恭，其事上也敬"（《公冶长》5.16）。

（2）子夏说，"君子敬而无失，与人恭而有礼"（《颜渊》12.5）。

（3）孔子说，"居处恭，执事敬"（《子路》13.19）。

（4）孔子说，"君子有九思：……貌思恭，……事思敬"（《季氏》16.10）。

恭和敬的区别主要是：恭与自己有关，与自己的外貌和仪态有关；而敬与事奉他人，为他人办事有关。

敬

敬有多种用法。

一是敬天地、敬鬼神。如：

（1）樊迟问智，孔子说，"务民之义，敬鬼神而远之"（《雍也》6.22）。

（2）子夏说，他听老师说"死生有命，富贵在天"，君子的态度是"敬而无失"（《颜渊》12.5）。

二是敬国君、敬上级。如：

（1）孔子说，"临之以庄则敬"（《为政》2.20）。

（2）孔子说，"其事上也敬"（《公冶长》5.16）。

（3）孔子说，"上好礼，则民莫敢不敬"（《子路》13.4）。

（4）孔子说，"知（智）及之，仁能守之，不庄以莅之，则民不敬"（《卫灵公》15.33）。

这四条都是讲事上要敬，下对上是"敬"，上对下是"庄"。

三是敬父母。如：

（1）子游问孝，孔子说，养父母和养犬马不同，"不敬，何以别乎"（《为政》2.7）。

（2）孔子说，劝父母，要委婉，父母不听，"又敬不违"（《里仁》4.18）。

四是敬一般人。如：

孔子说，"晏平仲善与人交，久而敬之"（《公冶长》5.17）。

五是为人谋事，替人办事。如：

（1）孔子说，"敬事而信"（《学而》1.5）。

（2）孔子说，"执事敬"（《子路》13.19）。

（3）孔子说，"事君，敬其事而后其食"（《卫灵公》15.38）。

（4）孔子说，"事思敬"（《季氏》16.10）。

战国，流行"敬事"印，意思有点接近今语的"敬业"。

十六　孔子论礼

孔子重德，德在自己，但与人交往，离不开礼。礼管别人，也管自己，品德再高，也要纳德于礼。他很重视礼。

孔子论礼，也应归纳一下。

什么叫"礼坏乐崩"？

孔子说，三代相承，礼制互有损益（《为政》2.23）。"周监于二代，郁郁乎文哉！吾从周"（《八佾》3.14）。他从的周，一是文武之道（《子张》19.22），二是周公之礼（《礼记·明堂位》）。

文武之道，是文王、武王的道。文王以仁恩称，武王以威猛著，王号恰如其人。他们都属于"革命圣人"。但孔子的时代，距离周初有五百多年，周人已告别革命。牧野之战太血腥，不是他的主要学习对象。[1]文武二道，他更喜欢

1　孟子不相信，当时真的死了很多人，竟怀疑《尚书》的可靠性，说"仁人无敌于天下，以至仁伐至不仁"，未必会"血流漂杵"（《孟子·尽心下》）。

文。他甚至说，他是以传文王之文为己任（《子罕》9.5）。文王决虞芮之讼，讲的是让；善养老，讲的是孝。都属于道德。道德是礼乐的基础。孔子讲的仁，便属于文。

周公也是这样。周公东征、平定武庚三监之叛，是武；制礼作乐，是文。文是礼乐，武是征伐，各有各的用。孔子更欣赏，也是他的文。

古代社会，礼乐很重要。孔子说，天下是否有道，全看礼乐征伐由谁来掌握：

> 天下有道，则礼乐征伐自天子出；天下无道，则礼乐征伐自诸侯出。自诸侯出，盖十世希不失矣；自大夫出，五世希不失矣；陪臣执国命，三世希不失矣。天下有道，则政不在大夫；天下有道，则庶人不议。
>
> （《季氏》16.2）

孔子的时代，礼乐征伐自诸侯出，鲁侯被三桓控制，三桓被阳货控制，照此衡量，当然属于"无道"，后人用四个字概括，叫"礼坏乐崩"。"礼坏乐崩"是出典于宰予：

> 宰我问："三年之丧，期已久矣。君子三年不为礼，礼必坏；三年不为乐，乐必崩。……"（《阳货》17.21）

什么叫"礼坏乐崩"，就是支撑贵族社会的规矩全都垮了。

当时的贵族很无礼。比如，鲁侯禘祭，孔子不欲观

《八佾》3.10）；三桓以《雍》彻，孔子讥刺之（《八佾》3.2）。还有季氏舞八佾（《八佾》3.1），季氏旅泰山（《八佾》3.6），季氏伐颛臾（《季氏》16.1），季氏富于周公（《先进》11.17），都让他看不下去。其他国家，齐景公、卫灵公，也很不像话。就连他最佩服的政治家管仲，他也以为不知礼（《八佾》3.22）。

孔子批评无礼，主要在《八佾》《季氏》两篇。

什么叫"克己复礼"？

"文革"批孔，"克己复礼"是批判重点。当时说，这是复辟资本主义。

孔子贵仁。他讲礼，是以道德为基础，"人而不仁，如礼何？人而不仁，如乐何"（《八佾》3.3）。但反过来讲，也一样，没有礼，光有仁，也不行。讲道德，就要克己，自己把自己管好，但管道德的东西是什么？恰恰是礼。道德，一旦入世，放到人与人的关系中去，一定要有规矩。没有规矩，没有秩序，道德也就无所附丽。所以，他要讲"克己复礼"：

颜渊问仁。子曰："克己复礼为仁。一日克己复礼，天下归仁焉。为仁由己，而由人乎哉？"颜渊曰："请问

其目？"子曰："非礼勿视，非礼勿听，非礼勿言，非礼勿动。"颜渊曰："回虽不敏，请事斯语矣。"（《颜渊》12.1）

子曰："知（智）及之，仁不能守之，虽得之，必失之。知（智）及之，仁能守之，不庄以莅之，则民不敬。知（智）及之，仁能守之，庄以莅之，动之不以礼，未善也。"（《卫灵公》15.33）

礼和德，关系很密切，特别是反映在人与人的关系上。

比如，在家里，怎么对待父母，孝亲的孝，就离不开礼。

有一次，孟懿子问孝，孔子的回答是"无违"。回来的路上，樊迟赶车，孔子跟他说起这次谈话，他问孔子，什么叫"无违"，孔子说，就是"生，事之以礼；死，葬之以礼，祭之以礼"（《为政》2.5），三句话，有三个"礼"字。

还有一次，宰予问"三年之丧"，刚才提到。宰予说，三年太长，一年也就够了，三年的话，会礼坏乐崩。孔子很生气，骂他没良心，不知报答父母的养育之恩。在他看来，没有这种礼，孝就无法体现（《阳货》17.21）。

还有，在朝廷，对国君要忠，对上级要敬，对同僚要让，情况也一样。如果没有礼，道德也无法体现。比如孔子说，"事君"要"尽礼"（《八佾》3.18），"君使臣以礼，臣事君以忠"（《八佾》3.19），君臣关系离不开礼。

孔子说，"上好礼，则民易使也"（《宪问》14.41），"上好礼，则民莫敢不敬"（《子路》13.4）。"为礼不敬"（《八佾》

3.26），不行。"能以礼让为国乎，何有？不能以礼让为国，如礼何？"（《里仁》4.13）

德与礼，是互为表里。

不知礼，无以立

君子是生活于贵族社会。要想在贵族圈里混，就要学会同圈里人来往应酬。比如开口讲话，要当场背诗，接着对方的话茬，应着当时的气氛，动不动，来上两句。还有，场面上走动，有很多规矩，站怎么站，坐怎么坐，走怎么走，一举一动，都得合乎礼。

孔子有一句话，叫"不知礼，无以立也"（《尧曰》20.3）。

这有个故事。有一次，陈亢（可能是子贡的学生）问孔鲤（孔子的儿子），你爸爸跟你说过点我们没听说过的东西吗？孔鲤说没有，只不过，有一次，从院里过，他问我，你学过诗吗？我说没有。他说，不学诗，可没法说话（"不学诗，无以言"）。我就赶紧学诗。还有一次，也是从院里过，他问我，你学过礼吗？我说没有。他说，不学礼，可没法做人（"不学礼，无以立"）。我就赶紧学礼（《季氏》16.13）。这个故事，就是《圣迹图》上的"过庭诗礼"。

一个人，要想把自己的道德搞好，除了反躬内省，像曾子那样，"吾日三省吾身"（《学而》1.4），自己把自己管好，还得有点规矩。特别是与外界打交道，尤其不能少。这类规矩就是礼。

孔子讲的四个"非礼勿"，即所谓"非礼勿视，非礼勿听，非礼勿言，非礼勿动"（《颜渊》12.1），上博楚简《君子为礼》也提到。它说，这样的话，颜渊都做不到。老师讲，他坐不住，听了这话，躲在屋里，都不敢出门，唯恐出门就犯错误。一般人，特别是自由散漫的人，绝对受不了。只有夫子本人，活到70岁，入于化境，他敢拍着胸脯说，他已"从心所欲"，还一点儿"不逾矩"（《为政》2.4）。

礼分大礼和小礼

人与人的关系，有很多种，从小圈子到大圈子，各有各的规矩。一个体面人，挨家里待着什么样，到官场走动什么样？衣食住行，婚丧嫁娶，迎来送往，各有各的讲究。这是一种礼。《仪礼》是讲这种礼。这是小礼。

还有一种，属于国家制度，比如官制，比如军制，古代也曾属于礼。这是大礼。《周礼》就讲这种礼。《司马法》，本来叫《军礼司马法》，也讲这种礼。礼和法，是有缘分的，两者都是规矩。很多礼，最初独立，同狭义的法（刑法、刑律）没什么关系，后来越管越宽，礼装不下了，就合并到法律里面去，变成法律规定下的制度。所谓"出于礼者入于法"，就是这个意思。

孔子讲前一种礼，主要在《乡党》篇。

古代的儒家文献，有很多都是解释礼。这种解释，就是所谓"曲礼之说"。

《乡党》讲礼，不厌其烦，涉及吃喝穿戴、言谈举止，上朝如何，待客如何，坐车该注意什么，路上碰见人，该怎么点头示意，等等。这些老礼，大多过时，除了研究历史，没什么用。大家读起来也很难，读了也记不住。大家印象最深，是讲吃饭的部分。

比如"食不厌精，脍不厌细"（《乡党》10.6），米要反复捣，脍要切得很薄。吃肉，古人很讲究，脍炙人口，脍是生肉，炙是烤肉。生肉，主要是生鱼片。

有人说，孔子提倡俭，怎么吃喝这么讲究，是不是自相矛盾。我说，不矛盾，第一，他是君子，当过官，场面上，不能不讲究。第二，孔子讲的礼，还是符合他的身份，只要合乎身份就行，不属于超标享受。

国家制度的礼，天子公卿才配讲，《论语》中，他不太讲。孔子知道，他自己是谁，由他讲，不合适。《论语》讲礼，主要是士君子之礼，汉代所谓的"家人之礼"。国家大典，只能讲精神原则，不能讲仪文细节。

礼学的三项基本原则

（1）礼贵和

文明社会，向来不平等，人都是分为三六九等的。他们，有血统出身的差异，有职业分工的差异，有贫富贵贱的差异，有很多很多差异。有差异，就会闹别扭，闹急了，什么事都干得出来，怎么办？孔子讲了一个字，叫"和"：

> 子曰："君子和而不同，小人同而不和。"（《子路》13.23）

"和"是和谐，即上流社会，"君子和为贵"的"和"。"同"是平等，即《礼运》"大同"的"同"，墨子"尚同"的"同"，是下层社会呼吁平等的"同"。"同"是社会平等，大家都一样，男女都一样，官兵都一样，等等。"和"是"调和"，不一样就不一样，照样可以搁一块儿，猫和老鼠，可以搁一块儿。君子国里一团和气，主要是君子和君子一团和气，老百姓嘛，有饭吃，不闹事，就得了，这绝不是"同"。君子不讲"同"，小人才讲。比如墨子"尚同"，照孔子的想法，就是小人之道。

有子说过一段话，非常有名，是对孔子思想的发挥：

> 礼之用，和为贵；先王之道，斯为美。小大由之。
> 有所不行：知和而和，不以礼节之，亦不可行也。（《学而》1.12）

孔子的礼，讲究的是别，和是在别的基础上。仁也是爱有差等，并不是平等、博爱。

（2）礼贵简

儒家隆礼，礼必繁冗。韩非说，"繁礼君子，不厌忠信；战阵之间，不厌诈伪"（《韩非子·难一》），正是把"繁"加在"礼"前。司马迁也说，"夫儒者以六艺为法。六艺经传以千万数，累世不能通其学，当年不能究其礼，故曰'博而寡要，劳而少功'"（《史记·太史公自序》）。古人有这个印象。

但孔子却反对繁礼，他喜欢说一句话，叫"博学于文，约之以礼"。

这话是香港中文大学的校训。《论语》里，孔子讲过三次，分别见于《雍也》6.27、《子罕》9.11、《颜渊》12.15。

在他看来，读书要"博"，但习礼要"约"，在礼的问题上，他反对的就是"博而寡要"。

可见，繁礼是后儒所为。

（3）礼贵俭

冠婚丧祭、朝聘会享，要有礼器和礼物，钟鼓、玉帛、牲牷，样样要花钱。大笔大笔花钱，结果是礼被物化和异化，变成礼器、礼物。但孔子认为，这不对：

子曰："礼云礼云，玉帛云乎哉？乐云乐云，钟鼓云乎哉？"（《阳货》17.11）

子贡欲去告朔之饩羊。子曰："赐也，尔爱其羊，

我爱其礼。"（《八佾》3.17）

他老人家认为，礼不是钟鼓，不是玉帛，不是牲牷。

孔子是苦出身。体面，他要讲，但不是为了摆阔气，讲排场。办事，他是宁俭毋奢：

> 林放问礼之本。子曰："大哉问！礼，与其奢也，宁俭；丧，与其易也，宁戚。"（《八佾》3.4）

> 子曰："麻冕，礼也，今也纯，俭，吾从众。拜下，礼也，今拜乎上，泰也，虽违众，吾从下。"（《子罕》9.3）

墨子提倡节用、节葬，也求俭，但"三年之丧"，在墨子看来，还是太奢侈。《老子》也反对奢侈。

兴灭国，继绝世，举逸民

孔子没有讲周公之礼，但他向往的制度建设，却是根据周公之礼。

礼坏乐崩，崩坏的是礼。中国炼内丹的说，竹破竹补，人破人补。礼坏了，也要用礼来补。礼是规矩，是制度。孔子是以道德为本，制度为辅。他对制度很重视。

孔子重德，也重礼。谁更重要？道德决定制度，还是制度决定道德，这是孟、荀的主要分歧。

国家和征服有不解之缘，国征服国，人征服人，最简单也最有效的方法，就是"三光政策"，见了男的就杀，见了女的就奸，能抢的抢，能烧的烧。这是笨办法。笨办法，是靠杀人立威，自古以来，使用很普遍，比如古代的亚述帝国，中古的蒙古帝国，还有地理大发现后的西方殖民主义者，都是如此。

这样的国家都兔子尾巴长不了，特别是很大的帝国。

中国的政治传统不是这样，周人崛起西土，只是蕞尔小国，他以小邦周克大邑商，采取的是另外一个方法。这个方法，就是兴灭国，继绝世，举逸民。

"文革"，这话是重点批判对象。其实，很冤枉。

商，地盘大，周人接收，不是挖人家的祖坟，灭人家的社稷，而是在俯首称臣的前提之下，恢复他们的国家，把原来的继承人请回来，王子王孙，哪怕在天涯海角放羊，也把他找回来，让他们接续香火。逸民，前面讲过。旧官员，社会贤达，有学问的人，有气节，不肯出来做官，散在民间，也要细心访求，请他们出来做官。这是我们的归化政策。西周金文有个词，叫"柔远能迩"（《尚书》也有），就是讲这种政治高明。

柔远能迩，很高明，但不是孔子的发明。

孔子宗周，我们有充分理由相信，他是祖述政治家的发明，文、武、周公的发明。我猜，《尧曰》20.1的这九个字，很可能也是来自古本《尚书》，即使不是原话，也是来自前人的嘴。

这是政治家的遗产。书生想不出这等事。

礼与政、刑

古代，礼和政、刑是两回事。礼，是用来处理贵族内部矛盾，是上流社会的纪律。政、刑不一样，是行政手段和法律手段。它要对付的是社会的不稳定因素，如人身伤害罪、财产侵害罪，主要针对老百姓。

孔子主张以德治国，以礼治国，反对专任刑法，以行政手段和法律手段治国，认为后者虽能制止犯罪，却不能从内心解决问题。老百姓会钻法律的空子，变得毫无羞耻：

> 道（导）之以政，齐之以刑，民免而无耻；道（导）之以德，齐之以礼，有耻且格。（《为政》2.3）

孔子在卫国，第二次就职，是在卫出公的手下干事。上任前，子路问，"卫君待子而为政，子将奚先？"孔子说，"必也正名乎"。子路不以为然，被孔子大骂。孔子说：

> 野哉由也！君子于其所不知，盖阙如也。名不正，则言不顺；言不顺，则事不成；事不成，则礼乐不兴；

礼乐不兴，则刑罚不中；刑罚不中，则民无所错手足。故君子名之必可言也，言之必可行也。君子于其言，无所苟而已矣。（《子路》13.3）

孔子主张，为政，第一重要，是正名，即君君臣臣，父父子子，谁是什么身份，彼此的权利义务是什么，一定要搞清。名分以下，其次是礼乐，其次是刑罚。礼乐是摆在刑罚之上。俗话说，先礼后兵，他是先礼后刑。刑不是不要，而是摆在礼的下边。

回到周公，还是走向秦始皇

天下无道，似乎只有两种选择，或者挽狂澜于既倒，回到可爱的周公时代，或者跟着这个糟糕的世界，一天天烂下去。一面是好，一面是坏，好坏似乎很分明。

孔子托梦周公，号召大家，一起回到周公那里去。他的话似乎很有理。然而，孔子死后的现实是，中国的政治，不但没有复古倒退，回到周公，反而一步快似一步，直奔秦始皇。

孟子说，"人有恒言，皆曰'天下国家'。天下之本在国，国之本在家，家之本在身"（《孟子·离娄上》）。《礼记·大学》也讲，"修身""齐家""治国""平天下"。这四条，由小到大，一环扣一环。很多人都以为，没有小，焉有大，只有把个人道德搞好了，国家才有希望。这种道德救世说，貌似推理严密，也很符合常识，对乱世之人，或许是心灵安慰，但对政治家却是十足的误导。

孟子说的另一句话，"先立乎其大者，则其小者不能夺也"（《孟子·告子上》），才是对的。大道理管着小道理，硬道理管着软道理。

中国的儒家，战国末年的荀卿，对孟子很不满意。他是先秦时代的最后一位大儒。他对这个世界的走向，比孟子看得更明白。孟子看不清的时势，在他已洞若观火。他已彻底放弃心性为本的迂阔之谈和道德救世的幼稚想法。他的想法很清楚，除了礼法，没有希望。

荀子对礼极为推崇。他说：

礼者，法之大分，类之纲纪也，故学至乎礼而止矣。（《荀子·劝学》）

故人一之于礼义，则两得之矣；一之于情性，则两丧之矣。（《荀子·礼论》）

古者圣王以人之性恶，以为偏险而不正，乱而不治，是以为之起礼义、制法度，以矫饰人之情性而正之，以扰化人之情性而导之也。使皆出于治，合于道者也。（《荀子·性恶》）

和孟子相反，他是制度救世说。

韩非和李斯都是他的学生。[1]

李斯为秦相，辅佐秦始皇，铸就了中国的大一统，终于带领中国，第一次走出了孔子痛诋的乱世。天涯海角，到处都刻着他的字迹，宣告着一个新世纪的来临。

这是先秦儒家的终结。

虽然，秦政之失，在于过分迷信制度，它也栽了大跟头。

制度也非万能，这类古老的话题，还会争论下去。

这全是后话，这里打住。

1　宋神宗元封七年封荀卿为兰陵侯（《宋史·神宗纪》），多少也有一点地位。但宋以来，荀子逐渐被儒家排斥。荀卿后孟子，对曾子还客气，对思、孟则痛加诋斥，在道统如日中天的宋代，必然遭排斥。如《苏轼集》卷四三《荀卿论》就指责荀卿，认为秦政出李斯，李斯出荀卿，是儒家的罪人。明万历年间，竟黜而不祀，把他开除出儒家的队伍。荀子的地位重新被确认，还是"五四"以来，还是解放以来。"文革"批孔，荀子被列入法家，也是题中必有的一幕。

十七　孔子读过什么书

孔子是读书人，比较智慧，比较理性。我们研究他的思想，学术思想和教育思想，很想知道他的学术背景，知道他跟什么人学，读什么书，并用什么教他的学生，我们该从什么书了解他的思想。

孔子的老师是谁？

先秦时期，贵族教育，有国学和乡学，都属于官学。孔子办教育，是另搞一套，他办的是私学。大家都说，他是私学教育第一人。后世称他为"至圣先师"，也是拿他当教师这一行的祖师爷。

可是，孔子又是跟谁学呢？他的老师又是谁呢？大家会问这个问题。

在《论语》一书中，有人就提出过这个问题：

卫公孙朝问于子贡曰："仲尼焉学？"子贡曰："文武之道，未坠于地，在人。贤者识其大者，不贤者

识其小者，莫不有文武之道焉，夫子焉不学，而亦何常师之有？"（《子张》19.22）

卫公孙朝问子贡，孔子是跟谁学的？子贡的回答是，孔子传"文武之道"，是跟很多人学，他没有固定的老师。他说的"师"，不是教他识文断句背九九的闾里塾师，而是在精神上、思想上真正启发和影响过他的所有人，不一定是正式的老师。

司马迁也试图回答这个问题。他说：

孔子之所严事：于周则老子；于卫，蘧伯玉；于齐，晏平仲；于楚，老莱子；于郑，子产；于鲁，孟公绰。数称臧文仲、柳下惠、铜鞮伯华、介山子然，孔子皆后之，不并世。（《史记·仲尼弟子列传》）

这十个人，蘧伯玉、晏平仲（晏婴）、子产、孟公绰、臧文仲、柳下惠，是《论语》中的人物，单就《论语》看，不全是他的崇拜对象。比如臧文仲，就是批评对象，他欣赏的只是蘧伯玉、晏平仲、子产、孟公绰和柳下惠；老子、老莱子、铜鞮伯华、介山子然，不见《论语》，是其他书中的人物，汉人都说，孔子曾师事老子。

他的话只是推测，真实情况什么样，我们已不得而知。

孔子传授的书

孔子是个"述而不作"的人。只传述，不创造。

古人都说，他是传六艺之学的人。所谓六艺，就是诗、书、礼、乐、易、春秋，[1]它们是六种书，也是六种学问。这类学问，都是人文学术，古人叫"文学"。

六艺称经，战国已有这种叫法。《庄子·天运》已把这六种书叫做"六经"。

六经是六种书，不是六本书，我不打书名号。打了书名号，就成了六本书。

孔子传六艺，但六艺不是孔子的发明，在他之前，早就有类似说法。如《国语·楚语上》有所谓"申叔时九艺"：春秋、世、诗、礼、乐、令、语、故志、训典。世是谱牒，令是法令或时令，语是故事类的史书，故志是讲历史教训的书，训典是典谟训诰类的古书，最后两种相当于书。六艺，除了易，都已包括在内。我们读《左传》，看它的引书，诗、书、易也是流行书籍，其他古书，当时也存在。

孔子时代的书，有些是孔子之前的古书，如诗、书和易，当时就是经典。还有一些，年代可能晚一点，比如各国的编年史记，还有各种讲历史故事和历史掌故的语类古书，

1　古代还有一种六艺，是礼、乐、射、御、书、数。

时间可以拉得很长，一直拖到当时。至于礼乐，不是以书而传，而是手把手，言传身教，操作更重要。书不一定有，有，也是杂七杂八，做点说明，做点解释，相当使用手册或说明书，算不上什么经典。

孔子看过的书，肯定比较多，有些是再也见不着了。但他传授的书，给学生上课的基本教材，大体不出这个范围。他对六艺类的古书，可能做过删选，从中挑了一部分，就和刘向编《新国语》，昭明太子编《文选》一样，有些是选本。比如诗、书，当时留存于世，数量很庞大，他传的《诗》《书》，只是其中一部分，就肯定是选本。即使经过筛选，也还有不少编外的东西在流传。孔子当时，甚至以后，见于古书引用，还有不少逸诗和逸书。他自己就引用过这样的东西。其他古书，孔子传易，是传《周易》。《周易》，本身有系统，不大可能是选本。但孔子当时有三易，他不选《连山》，不选《归藏》，只选《周易》，这也是一种选择。春秋，孔子只传《鲁春秋》，即鲁国的编年史或大事记。这部史书，也是利用鲁国的史记，而有续写。它的十二公，隐、桓、庄、闵、僖、文、宣、成，都在孔子前，肯定要利用旧史，襄、昭、定、哀，是他亲历亲见，可能有续写，但也要利用官方的材料。

这些教材，都是整理，不是创造。孔子整理过的古书，可以加书名号。但我们不要妄题作者，说孔子写了这些书。

《论语》中的书

孔子盛称诗、书，这是当时的时髦。读《左传》《国语》，我们可以知道，当时的上流君子，开口讲话，都要引用诗、书，特别是诗。他说，如果当官，不懂诗；出使国外，不会用诗对答，就是背得再多，也等于白学（《子路》13.5）。上面讲过，"不学诗，无以言"（《季氏》16.13）。他跟他的儿子这样讲。

孔子特别喜欢诗。他跟他的学生也说：

> 小子何莫学夫诗？诗，可以兴，可以观，可以群，可以怨。迩之事父，远之事君。多识于鸟兽草木之名。

（《阳货》17.9）

他是把诗当作抒情写意，发表感想，品评议论，协调人际关系，大到国，小到家，什么都离不开的工具，甚至还有博物学的功用。

孔子说的诗，已属《诗》三百的《诗》（《为政》2.2、《子路》13.5）。它与今本的面目可能已经比较接近。上博楚简的《孔子诗论》就是证明。

孔子诵诗，是用雅言，在仪式上讲话，也用雅言（《述而》7.18）。讲话夹着诗句，全是同一种语言。雅言是当时的普通话。我猜，恐怕不是当时的"山东话"，而是当时的"山西话"或"河南话"。

这种诗，都是歌词，原来是由音乐伴奏，合着节拍唱。唱得高兴，情不自禁，还手之舞之，足之蹈之，载歌载舞，有如非洲的土著。诵诗的诗，只是副产品。

《论语》引《诗》，共九次：

子贡曰：《诗》云：'如切如磋，如琢如磨'，其斯之谓与（欤）？"子曰："赐也，始可与言《诗》已矣，告诸往而知来者。"（《学而》1.15）〔案："如切如磋，如琢如磨"，出《卫风·淇奥》。〕

子曰："《诗》三百，一言以蔽之，曰：'思无邪。'"（《为政》2.2）〔案："思无邪"，出《鲁颂·駉》。〕

三家者以《雍》彻。子曰："'相维辟公，天子穆穆'，奚取于三家之堂？"（《八佾》3.2）〔案："相维辟公，天子穆穆"，出《周颂·雍》。〕

子夏问曰："'巧笑倩兮，美目盼兮，素以为绚兮'何谓也？"子曰："绘事后素。"曰："礼后乎？"子曰："起予者商也，始可与言《诗》已矣。"（《八佾》3.8）〔案："巧笑倩兮，美目盼兮，素以为绚兮"，出《卫风·硕人》。〕

子曰："《关雎》，乐而不淫，哀而不伤。"（《八佾》3.20）〔案：《关雎》是《周南》的第一篇。〕

曾子有疾，召门弟子曰："启予足！启予手！《诗》云：'战战兢兢，如临深渊，如履薄冰。'而今而后，

吾知免夫！小子！"（《泰伯》8.3）〔案："战战兢兢，如临深渊，如履薄冰"，出《小雅·小旻》。〕

子曰："师挚之始，《关雎》之乱，洋洋乎盈耳哉！"（《泰伯》8.15）

子曰："吾自卫反（返）鲁，然后乐正，《雅》《颂》各得其所。"（《子罕》9.15）

"唐棣之华，偏其反而。岂不尔思？室是远而。"子曰："未之思也，夫何远之有。"（《子罕》9.31）〔案："唐棣之华，偏其反而。岂不尔思？室是远而"，是引逸诗。〕

子谓伯鱼曰："女（汝）为《周南》《召南》矣乎？人而不为《周南》《召南》，其犹正墙面而立也与（欤）！"（《阳货》17.10）

《论语》引《书》，共两次：

或谓孔子曰："子奚不为政？"子曰：《书》云：'孝乎惟孝，友于兄弟，施于有政。'是亦为政，奚其为为政？"（《为政》2.21）〔案："孝乎惟孝，友于兄弟，施于有政"，出《君陈》。〕

子张曰：《书》云，'高宗谅阴，三年不言。'何谓也？"子曰："何必高宗，古之人皆然。君薨，百官总己以听于冢宰三年。"（《宪问》14.40）〔案："高宗谅阴，三年不言"，见《书·无逸》。〕

《论语》引《易》，只有一次：

子曰："南人有言曰：'人而无恒，不可以作巫医。'善夫！不恒其德，或承之羞。"子曰："不占而已矣。"（《子路》13.22）〔案："不恒其德，或承之羞"，出《易·恒》。〕

孔子说，"加我数年，五十以学《易》，可以无大过矣"（《述而》7.17），他确实学过《易》。

《论语》没提到《春秋》。礼、乐，也没有书。

孔子论礼，前面已经讨论。他讲的礼，主要是士礼，包括衣食住行、言谈举止，有很多细节规定，这些话都是孔子的话，是否引自其他书，或参考其他书，不知道。

乐，更没书。孔子重乐教，以为移人情性，莫过于乐。

孔子时代，齐、鲁的音乐很发达。35岁时，他在齐国听过《韶》乐，竟然"三月不知肉味"，大发感慨，说"不图为乐之至于斯也"。但他的音乐知识，可能更多还是来自鲁国的乐师。他跟鲁国的师襄子（疑即击磬襄）学过鼓瑟（《孔子家语·辨乐》），也会击磬（《宪问》14.39），击磬才是师襄子的特长。他跟鲁国的很多乐师都有来往。古代的乐师往往是瞎子（如下文的师冕），他对他们很尊重：

子语鲁大师乐，曰："乐其可知也：始作，翕如也；从之，纯如也，皦如也，绎如也，以成。"（《八佾》3.23）

子曰："师挚之始，《关雎》之乱，洋洋乎盈耳哉！"（《泰伯》8.15）

师冕见，及阶，子曰："阶也。"及席，子曰："席也。"皆坐，子告之曰："某在斯，某在斯。"师冕出，子张问曰："与师言之道与（欤）？"子曰："然，固相师之道也。"（《卫灵公》15.42）

大师挚适齐，亚饭干适楚，三饭缭适蔡，四饭缺适秦，鼓方叔入于河，播鼗武入于汉，少师阳、击磬襄入于海。（《微子》18.9）

古代的师，本来是教贵族子弟学军事的长官，音乐和军事密不可分。但孔子喜欢文乐胜过武乐。乐师之师是本来意义上的师。前面说，孔子学无常师，他的老师，有点说不清。唯一可考，就是这些教音乐的师。比如师襄子，就是他的老师。

孔子学音乐，最欣赏，是两部古乐，一部是传为舜作的《韶》乐，一部是传为周武王作的《武》乐（《八佾》3.25、《述而》7.14、《卫灵公》15.11）。他认为，《韶》乐比《武》乐更好。武王靠武力取天下，他的音乐，还不够好，不像舜，是靠禅让得天下，才是"尽善尽美"（《八佾》3.25）。

但孔子当时的雅乐，主要是和诗有关的乐。诗教离不开乐教。孔子晚年，从卫国回到鲁国，闲居无事，曾致力于音乐的整理。他说，"吾自卫反鲁，然后乐正，《雅》《颂》

各得其所"（《子罕》9.15），这种"乐"就是和《诗》相配的乐。

孔子喜欢古典音乐，讨厌流行音乐。他最喜欢的音乐是《韶》，其次是《武》，再次是配诗的雅乐。他最讨厌的音乐是郑国的音乐。他说，他最恨"郑声之乱雅乐也"（《阳货》17.18）。

孔子教学生，诗是基础课。诗和礼有关，跟乐关系更大。

他的教学顺序是，"兴于诗，立于礼，成于乐"（《泰伯》8.8）。学诗，要落实在礼，落实在乐。乐是最后一关。

《论语》中有不少话是讨论音乐。

第一，他喜欢器乐，特别是鼓瑟，不但自己鼓（《阳货》17.20），学生也鼓，比如子路鼓瑟，不好听，被他骂（《先进》11.15）；四子言志，曾晳舍瑟而作（《先进》11.26）；子游为武城宰，弦歌之声不绝于耳（《阳货》17.4），都是例子。心情不好，他还击磬（《宪问》14.39）。

第二，他经常唱歌（《述而》7.32），只有碰到丧事，才不唱歌（《述而》7.10）。有一次，孺悲要见孔子，孔子故意不见。不但不见，还趁"将命者出户"，"取瑟而歌，使之闻之"（《阳货》17.20），这是又弹又唱。

乐教和诗教，总是互为表里。知道这一点，你才能明白，为什么孔子总是琴不离手，弦歌一堂。

孔子的治学方法

孔子品人，德是一方面，智是一方面。智和德不一样，当然有天赋的高低。比如，最聪明的黑猩猩只相当两岁的小孩，人的智力比猩猩高，有遗传优势，就是老天的恩赐。但老天的这份礼物，是不是都一样？不一样。孔子认为不一样。

他把人分为三种，"上智"是特别聪明的人，为一端；"下愚"是特别愚蠢的人，为另一端（《阳货》17.3）；"中人"，是夹在两者之间（《雍也》6.21）。上智，是天生聪明（《季氏》16.9），他说，他不是这种人（《述而》7.20）。下愚，他也不是。他对他自己，评价并不怎么高。他说，"吾犹人也"（《述而》7.33、《颜渊》12.13），也就是个普通人。[1]

孔子是提倡学习的人。古文字，教、学同源。这两个字，都和觉悟的"觉"字有关，含有开发智慧的意思。孔子强调知，强调智，是针对中人。中人是什么人？主要是游离于富贵与贫贱之间的一批人：大富大贵，不是；肚子都吃不饱，也不是。

---

[1]　普通人又分两种，一种是"学而知之者"，一种是"困而学之者"。这两种，都需要学习。另外两种，不需要学习。上智是"生而知之者"，当然不需要学习，下愚是"困而不学者"，也不需要学习（《季氏》16.9）。孔子是需要学习的人，而且是其中的前一种。"性相近也，习相远也"，主要是针对中人。他是说，普通人的智力，其实都差不多。王充说，孟子讲性善，是针对上智；荀子讲性恶，是针对下愚；告子讲性无善恶，是针对中人，各得一偏（《论衡·本性》）。

他和他的学生，主要是这种人。当时，最爱读书，是这批人。

孔子论学，有几点值得注意：

（1）他说，"三人行，必有我师焉：择其善者而从之，其不善者而改之"（《述而》7.22），他很谦虚。

（2）他说，"十室之邑，必有忠信如丘者焉，不如丘之好学也"（《公冶长》5.28），他很好学。

（3）他说，"古之学者为己，今之学者为人"（《宪问》14.24），他更欣赏古人，学习是为自己。

（4）他说，"知之者不如好之者，好之者不如乐之者"（《雍也》6.20），学习是为了兴趣。

（5）他说，"君子不器"（《为政》2.12），"博学于文，约之以礼"（《雍也》6.27、《子罕》9.11、《颜渊》12.15），专与博，他更重博。博是博通，不拘泥。比如，达巷党人批评孔子，说"大哉孔子，博学而无所成名"，孔子听说，跟门弟子说，"吾何执？执御乎，执射乎？吾执御矣"（《子罕》9.2）。射御，射是瞄着一个点，御是拉着射手跑。他说，他宁肯做个赶车的人，就是巧妙的比方。[1]

（6）他主张多闻阙疑。比如孔子教训子路，就说"君子于其所不知，盖阙如也"（《子路》13.3），"知之为知之，不知

---

[1] 子夏也说，"虽小道，必有可观者焉，致远恐泥，是以君子不为也"（《子张》19.4）。这话，可能是子夏闻之于夫子。

为不知，是知也"（《为政》2.17）。

（7）他很强调复习，"温故而知新，可以为师矣"（《为政》2.11）。[1]

（8）他有句名言，"学而不思则罔，思而不学则殆"（《为政》2.15）。他说，"吾尝终日不食，终夜不寝，以思，无益，不如学也"（《卫灵公》15.31）。[2]

（9）他说，"子绝四：毋意，毋必，毋固，毋我"（《子罕》9.4）。臆测、武断、固执、主观，是为学四忌。

（10）记忆和联想，他更强调联想，即知识的贯通。如孔子对子贡说，你以为我是"多学而识之者"吗？不是。我是靠"一以贯之"（《卫灵公》15.3）。[3]

孔子的教学方法

孔子是个"学而不厌，诲人不倦"的人（《述而》7.2）。他教学生，有四大特点：

（1）有教无类。"有教无类"是孔子的原话（《卫灵公》15.39）。孔子说，"自行束脩以上，吾未尝无诲焉"（《述而》

1　子夏也说，"日知其所亡，月无忘其所能，可谓好学也已矣"（《子张》19.5）。

2　子夏也说，"博学而笃志，切问而近思，仁在其中矣"（《子张》19.6）。

3　"一以贯之"这个词，他也跟曾参讲过（《里仁》4.15）。

7.7）。他收学生，不问出身，只要交上10条干肉，行过拜师礼，都可作学生。

（2）毫无隐瞒。孔子对学生很坦诚。他说，"二三子以我为隐乎？吾无隐乎尔。吾无行而不与二三子者，是丘也"（《述而》7.24）。

（3）因材施教。这话，不是孔子的原话，而是宋人从《论语》中总结出来的。孔子跟学生谈话，往往是针对学生的毛病，同样的问题，有不同的答案，《子张》篇最典型。

（4）循循善诱。他说，"不愤不启，不悱不发。举一隅不以三隅反，则不复也"（《述而》7.8）。孔子喜欢勤学好问、举一反三的学生，比如颜回。颜回说，"夫子循循然善诱人，博我以文，约我以礼，欲罢不能"（《子罕》9.11），他就是这种好学生。子贡说，"回也闻一以知十，赐也闻一以知二"（《公冶长》5.9），自愧不如。

研究孔子，看什么书

研究孔子，有三种书，一种是他传的书，即经书（六经或五经），一种是《论语》，一种是大小戴《记》和其他古书中的孔子语。经书重要，还是《论语》重要，过去有争论。

有人说，研究孔子，只能读《论语》，其他书，不是孔子的书。

也有人说，不对，研究孔子，不能靠《论语》。《论语》只是孔门师弟间，东拉西扯聊闲天，没什么思想。孔子的思想，是借经书而传。

还有人说，孔子的话，除《论语》，也见于其他古书，如《左传》《国语》《礼记》《大戴礼》。研究孔子，就得把孔子的话都搜集起来。如宋以来的《孔子集语》，就是这类书。

汉代经学，五经是经，据说是孔子删述的经典；《论语》《孟子》《孝经》《尔雅》，则属传记，大小戴《记》也是传记。经书年代早；传记年代晚。传统看法，传记不能同经书相比。我不这么看。

先秦时代是子学时代，不是经学时代。子学还要靠子书，不能以经学代替子学。

研究孔子，经书和传记都重要。但研究思想，还是传记更直接。

总之一句话，《论语》还是很重要。

十八　孔子到过什么地方

孔子是读书人，读书是为做官。他这一辈子，很多时间都花在路上，颠沛流离，恓恓惶惶。跑路是为什么？是为做官，古人叫宦游。

孔子宦游，到过什么地方？对读《论语》很重要。我亲自跑过他跑过的地方，对这个问题，有一点感想。

孔子的读书做官论

"文革"批孔，"读书做官论"是批判重点之一。孔子主张读书做官，这点并没冤枉他。他读书，不是为读书而读书。读书是投入，做官是产出，还是有很强的功利目的。

中国的读书人，读书做官是老传统。《儒林外史》的"儒林"，或曰士大夫，英文叫 scholar-officials，同一名称，两种身份，学者是学者，却和官僚有不解之缘，不是现任官员，就是候补官员。虽然，早期的世官世禄制度正在衰落，后世的选官制度还没产生，至少还要再等二百几十年，读书人到处跑，没有固定的主顾，非常辛苦，也非常危险，但孔子在前面探路，给他们指出了一条康庄大道。

这是真正的中国特色。

孔子教学生，很重道德，很重学问。但道德学问，要落实到当官。

> 弟子入则孝，出则弟（悌），谨而信，泛爱众而亲仁（人）。行有余力，则以学文。（《学而》1.6）

> 仕而优则学，学而优则仕。（《子张》19.13）

他说得很清楚，德行好了，有余力，要学文。学问好了，有余力，要当官。归根结底要当官。

他的典型说法是，"君子谋道不谋食""君子忧道不忧贫"。在他看来，种地，只会饿肚子；读书，才能吃官饭。长远看，吃官饭，肯定比种地划算（《卫灵公》15.32）。

孔子的处世原则

孔子提倡做官，但做官有做官的原则。他做官，是要劝说当时的统治者，让他们接受他的治国方略，挽救日益衰败的东周世界，不像他的后继者，光是投其所好。

做官，什么时候可以做，什么时候不可以做，要看世道。孔子有他的处世之道：

子谓颜渊曰："用之则行，舍之则藏，唯我与尔有是夫！"子路曰："子行三军，则谁与（欤）？"子曰："暴虎冯河，死而无悔者，吾不与也。必也临事而惧，好谋而成者也。"（《述而》7.11）

子曰："笃信好学，守死善道。危邦不入，乱邦不居。天下有道则见，无道则隐。邦有道，贫且贱焉，耻也；邦无道，富且贵焉，耻也。"（《泰伯》8.13）

宪问耻。子曰："邦有道，谷；邦无道，谷，耻也。"（《宪问》14.1）

子曰："邦有道，危言危行；邦无道，危行言孙（逊）。"（《宪问》14.3）

孔子认为，读书人，该出头时，一定要出头；不该出头，一定要缩着。危险的国家，一定不能去；混乱的国家，一定不能留。天下（或国家）有道，一定要做官。如果不做官，不拿俸禄，穷兮兮、苦哈哈，很可耻。国家昏乱，一定要隐居，躲起来，藏起来，不能出来做官。如果出来做官，即使大富大贵，也很可耻。他还告诫说，国家有道，要直言直行，但国家无道，说话要小心。无原则的事不能干，但有原则的话也不能讲。

什么叫有道，什么叫无道，孔子的定义是，"天下有道，则礼乐征伐自天子出"，"天下有道，则政不在大夫"，"天下有道，则庶人不议"；"天下无道，则礼乐征伐自诸侯出"（《季氏》16.2）。

他生活的世界，当然是无道。

对于乱世，孔子的基本态度是，既不合作，也不抵抗。

他拿史鱼和蘧伯玉做比较。史鱼这个人，是"邦有道如矢，邦无道如矢"，直戳戳，好像笔直的箭，永远是一个样。孔子说，这叫"直"。直道，从道德上讲，无可非议，但太不策略。蘧伯玉，和他不一样，是"邦有道则仕，邦无道则可卷而怀之"。"卷而怀之"，什么意思？就是曲着点，藏着点，孔子夸他"君子哉"（《卫灵公》15.7）。

他是曲线救国论，不是直线救国论。

孔子到过什么地方？

孔子是30岁出名。出名，是因为精通礼。34岁和35岁，他出过两次国，一次到洛阳求学，一次到临淄求职。他在齐国找官做，没找到，只好回到鲁国，教书育人，一窝就是15年。50岁以后，他才出来当官，当了4年，又被排挤。55岁，他离开鲁国，在外漂泊14年，到过七个国家：卫、曹、宋、郑和陈、蔡、楚。这14年，他先后两次在卫国当官，共7年；一次在陈国当官，共3年。最后回到鲁国，还剩5年。

他这一辈子，主要在鲁国度过，前后加起来，大约有57年。其他时间是在国外，大约有15年。他的后半生，主要是在跑路，仕途并不顺利。

孔子一生，到过不少地方，在他那个时代，是个见多识广的人。

古代旅行，有些帝王也很能跑。他和秦皇汉武不一样。秦皇汉武周行天下，是到全国各地视察工作，检查政务边防，祭祀名山大川。他和司马迁也不一样。司马迁是陪皇上。他们都是公费旅行，旅行范围比他大。

孔子是自费旅行。他只到过九个国家，范围不出今山东、河南二省。他到处奔走，为什么？主要是找官做。

他有一段话，"父母在，不远游。游必有方"（《里仁》4.19），这是讲孝，很有名。但我们不要忘记，他还有一段话，"士而怀居，不足以为士矣"（《宪问》14.2）。

士，一定要游，不能待在家里。

孔子登过的山

孔子喜欢山，也喜欢水，每每寄情于山水。他说：

知（智）者乐水，仁者乐山；知（智）者动，仁者静；知（智）者乐，仁者寿。（《雍也》6.23）

山东半岛多名山，东岳泰山是五岳之首，东镇沂山是五镇之首，都是历代帝王祭拜的名山。孟子曾经说过：

孔子登东山而小鲁，登太山而小天下，故观于海者难为水，游于圣人之门者难为言。（《孟子·尽心上》）

孔子登过的太山，当然是泰山了。泰山是山东最高的山，海拔1524米。古人说，"君子之道，辟如行远必自迩，辟如登高必自卑"（《礼记·中庸》）。谁登山，都得从山下爬。今泰山脚下，有"孔子登临处"，右边树块碑，有四个大字，"登高必自"。"自"下隐去的字，就是"卑"字。泰山顶上，有望鲁、观吴等台，便是"孔子小天下处"。这些都是附会孟子的话。

孔子登的东山是哪座山，一向有争论。一说峄山，一说蒙山。峄山在曲阜以南，邹城市内，山下是邾国故城，孟子的老家。孟子的老乡当然说，孔子小鲁，一定就是峄山上的"孔子小鲁处"。但早有学者提出疑问，峄山在鲁南，何以称为东山，方位不对。他们说，孔子登的是蒙山，而不是峄山。蒙山在蒙阴、平邑两县交界处。峄山545米，蒙山1150米，蒙山比峄山高一倍。它的位置正好在曲阜以东，是山东的第二高峰。它的最高峰，龟蒙顶，也有"孔子小鲁处"。

登高才能望远。他老人家上的山，是山东最高的两座山。

王国维讲，人生第一境界是"独上高楼"（《人间词话》）。他老人家是"独上高山"。

孔子观过的川

孔子乐水，喜欢在水上钓鱼。

他有一句名言，"子在川上曰：'逝者如斯夫，不舍昼夜'"（《子罕》9.17），这是感叹人生苦短，时光流逝，像河水一样。他还有一句话，是"钓而不纲"（《述而》7.27），即只用渔竿钓鱼，不用大网捞鱼，害怕竭泽而渔，以后没鱼吃。[1]

这两句话，都是很普通的话。

他老人家从未说明，他是在哪条河边发感慨，哪条水上钓鱼玩，但尼山孔庙和泗水泉林都有"孔子观川处"，"孔子钓鱼处"也是到处都有。

孔子见过的水，主要是曲阜周围的几条水，泗水、洙水和沂水（大沂河、小沂河），前面已经谈过。

他去洛阳，肯定见过伊、洛、瀍、涧。

1　参看《荀子·宥坐》"孔子观于东流之水"节。孔子说，"君子见大水必观焉。"

他去齐国，肯定见过淄、渑二水。

他去卫国，肯定见过黄河。宋、卫，是古代著名的黄泛区。黄河故道，就在这一带。

司马迁说，"孔子既不得用于卫，将西见赵简子。至于河而闻窦鸣犊、舜华之死也，临河而叹曰：'美哉水，洋洋乎！丘之不济此，命也夫！'"（《史记·孔子世家》）但学者对这种说法非常怀疑。[1]

孔子没去过晋国，可以肯定，但他见过黄河，没问题。

曾子说，孔子教于"洙泗之间"（《礼记·檀弓上》），但《论语》没提洙、泗二水。

沂，见《先进》11.26；汶，见《雍也》6.9；河，见《述而》7.11、《子罕》9.9、《微子》18.9，都是属于北方的河。

早年宦游：入周适齐

孔子早年去过周都洛阳和齐都临淄，刚才已经提到。齐是山东半岛最大的大城市，周是天下的中心。他是从小地方上大地方，就像今天，从曲阜上济南和北京。

他去洛阳，是到东周的首都。东周有二城。王城在今洛

1　钱穆《孔子传》，北京：生活·读书·新知三联书店，2002年，42—43页。

去圣乃得真孔子

阳市区，地面还有一段残墙；成周在其东北，北接邙山，压在汉魏古城下。古人说，孔子去洛阳，主要是去见老子，向他请教礼。老子是当时的国家图书馆馆长（或档案馆馆长）。

孔子从鲁国来，大家想，肯定该从东门进，所以，清雍正五年（1727年），有人在洛阳旧城东关立了块碑，作"孔子入周问礼乐至此"。这就是大家想象的孔子问礼处。

他去临淄，是齐景公时，晏婴当政。他想找工作，被齐景公婉谢。临淄故城，在今淄博市临淄区。城西有晏婴墓，是后人堆筑的假坟。城北有河崖头5号墓，倒是一座真正的春秋大墓。孔子说，"齐景公有马千驷，死之日，民无德（得）而称焉"（《季氏》16.12）。此墓与景公的年代大致相当，正有殉马600匹。

孔子的时代，山东半岛，主要有三个大国：齐、鲁、莒。三国之中，齐最大。孔子曾幻想，"齐一变，至于鲁；鲁一变，至于道"（《雍也》6.24）。但齐国经常欺负鲁国，不但发兵攻打，还收买政要搞颠覆。孔子去国远游，表面原因是三桓不悦，背后原因是齐国捣鬼。

孔子居卫

孔子去鲁，第一站是奔卫国。卫国离鲁国很近。鲁、

卫都是姬姓，孔子说，"鲁、卫之政，兄弟也"（《子路》
13.7），祖上是兄弟关系。"卫多君子"（《左传》襄公二十九
年），有很多能干的政治家（如蘧伯玉等），也是吸引孔子的
地方。孔子周游列国，在卫国，时间最长。即使回到鲁国，
也不肯撒手卫国的政治。

卫国的敌国，主要是黄河对岸的晋国。晋国是北方的
超级大国。晋与卫，犹齐与鲁。他到卫国，也不是没考虑，
西渡黄河，去晋国谋事。佛肸以中牟畔（叛），他就动过去
晋国的念头（《阳货》17.7），但终于没有去。

卫城在今河南濮阳县的东南，金堤河的南面。金堤河是
防黄河水患的大堤。2003—2006 年，考古工作者在高城遗址
附近试掘，发现黄沙淤埋的卫故城。这是个很大的城市，可
惜被黄河冲毁，深埋地下十几米。整个卫国，都处于黄泛区。

卫国的戚城，子路战死的地方，在卫城西北，今濮阳
市内，现在是个遗址公园。它北面，是明清时期的子路墓。
郦道元已提到子路冢，在濮阳城东（《水经注·河水五》）。"文
革"期间，此墓被挖，原来是座汉墓。

孔子在卫国，到过其边境上一个叫仪的小地方。当地
官员（仪封人）见他，对他的学生说，"二三子何患于丧
乎？天下之无道也久矣，天将以夫子为木铎"（《八佾》3.24）。
此"仪封人请见处"，据说在今河南兰考的仪封乡。当地有
块碑，就是纪念此事。

孔子周游列国，有三次大难，其中第一次，是所谓匡、蒲之围。"子畏于匡，曰：'文王既没，文不在兹乎？天之将丧斯文也，后死者不得与于斯文也；天之未丧斯文也，匡人其如予何？'"（《子罕》9.5）就是讲这件事。匡、蒲二邑，都在今河南长垣县。蒲是卫国防御晋人入侵的军事重镇。

孔子南下

卫灵公去世，太子蒯聩在晋国的支持下，要返回卫国，和他的儿子卫出公争立，眼看将有大乱。孔子避祸南下，开始寻找新主顾。他这一路，去了六个国家。

（1）曹

孔子离开卫国，先到曹国。曹，在今山东定陶，是古代著名的商业城市，非常繁华。他在曹有什么经历，古书没有任何记载，大概只是路过。

（2）宋

宋是孔子的老家。这里也是黄泛区。1990年代，张光直教授策划，中美联合考古队曾在此寻找成汤所居的商，商没找到，却发现了东周宋城。这座古城也是深埋地下十几米。黄河同样摧毁了它。

宋故城，范围很大，汉唐时期的睢阳古城、宋南京城和明归德府，都只是它的一小部分。

现在的商丘县城，是明代的归德府，四面环水，很美丽。特别是南面的湖区。

他到宋国，也不太愉快。孔子在大树下讲学，宋国的司马桓魋派人清场，拉倒大树，让他们晒着。孔子换装逃跑，差点被杀。他给自己打气说，"天生德于予，桓魋其如予何"（《述而》7.23），这是他的第二次蒙难。

商丘县城的东南，有个文雅台，明清建筑，便是纪念孔子蒙难的地方。

（3）郑

郑国，在今河南新郑市，位置在商丘以西，也是孔子路过。孔子去宋，一路西行，首先来到的是郑国的东门。

这座古城，保存特别好，就在新郑市内。地面上的城墙，至今仍有十多米高。它是一座连续使用的古城，郑国用完韩国用，故也叫郑韩古城。它分内城和郭城，内城在西，郭城在东，洧水环内城，溱水环郭城。

"丧家狗"的故事，"孔子独立郭东门"，就发生在这里。它的郭城，东墙上面，有个大缺口，便是郭东门，现在修了个门，圈在一个叫"郑风苑"的公园里。

站在这个城门前，你会想起这个有趣的故事。

（4）陈

孔子南下，主要目的，是去楚国。当时的楚国，是南方的超级大国，除江汉地区和方城内外，还控制着河南南部和安徽北部的大片土地。

楚灭陈，在公元前534年，孔子18岁。楚灭蔡，在公元前531年，孔子21岁。公元前529年，孔子23岁，楚国复封陈、蔡。陈、蔡虽然复国，但都是楚国的傀儡，仍然属于楚国的势力范围。孔子居陈，曾事陈湣公，一住就是三年。这是过渡。他的真正目标，其实是奔楚国。

陈国，在今河南淮阳县。淮阳是北方最大的水城，四面环水，城在中央。东周时期的陈城，也是连续使用的古城，故也叫陈楚古城。这座古城，也发掘过。

公元前489年，孔子离开陈国，第三次蒙难。孟子说，"君子之厄于陈、蔡，无上下之交也"（《孟子·尽心下》)，司马迁也说，孔子他们饿肚子，是在陈、蔡之间（《史记·孔子世家》)。但《论语》只说，"在陈绝粮"，没有提到蔡。他们师徒几个，饿得爬不起来，子路沉不住气，被孔子呵斥（《卫灵公》15.2）。

今河南淮阳县县城西南有个弦歌台，清代建筑，就是纪念这一事件。台名弦歌，意思是说，饿归饿，他们师徒几个，还是弦歌不绝。

（5）蔡

蔡国的都城，从西周初封到春秋早中期，一直在上蔡，今河南上蔡，只因楚势北上，才不断南迁，有新蔡和下蔡。

孔子去的蔡国是哪里，过去有争论。

前人怀疑，孔子厄于陈、蔡的蔡，并非新蔡（今河南新蔡）或州来（今安徽寿县），这是对的，但孔子到过的蔡到底在哪儿，学者却莫衷一是。

过去，最流行的说法，是崔述的说法。他说，孔子过的蔡，应在负函，现在的信阳，河南最南端。他说，孔子既没到过州来，也没去过叶县，而是在负函，和叶公见的面（《洙泗考信录》卷三《孔子无至州来及叶之事》，收入《崔东壁遗书》，上海古籍出版社，1983年，300页）。

崔述此说，学者多信而不疑，几乎视为定论。如钱穆《先秦诸子系年》（北京：中华书局，1985年，上册，47页）就是持这一说法。匡亚明绘制的《孔子周游列国示意图》也是这样画。其实，这只是猜测，并无任何证据。

事实上，在《左传》一书中，陈、蔡常并举，与陈并举的蔡，一定是指与陈国邻近的蔡地，即上蔡一带，而绝不是指新蔡或州来。负函称蔡、叶公居蔡，更是毫无根据。

孔子从陈国去叶县，基本上是西行，上蔡正好在两地之间。司马迁明确说，孔子离开陈国，是"自陈迁蔡""自蔡如叶"，在叶县见叶公（《史记·孔子世家》），我们从地理位置和行走路线看，最合理的解释仍然是，他是经上蔡到叶县。

（6）楚国的叶县

叶县是楚国镇守北方的军事重镇。今叶县，有旧县和新县，楚国的叶县，是旧县，在新县南，略向西偏，至今可见楚叶县故城的残垣。

叶县故城北，有叶公墓，是个凭吊性的古迹。

孔子是在叶县见叶公，最有文献根据，今天必须更正。

十九　孔子的政治烦恼

　　孔子的一生，有快乐，也有忧愁。他是人。人，都有七情六欲。光快乐，不发愁，那还叫人吗？更何况，他生逢乱世。乱世之人，发点愁，抒点愤，不是很正常吗？否则，还有什么《离骚》《孤愤》。读《论语》，我们必须指出，孔子的最后二十年，也是充满烦恼，并非如很多人所描写，整天乐呵呵，轻飘飘。你不了解他的内心世界，你不了解这个人。

> 孔子的一生，分为两截：50岁以前，他躲在
> 家里读书，发愁还比较少；50岁以后，
> 投身政治，常常很苦恼

　　孔子年轻时，以好学知礼名。他是30岁出名。出名是因知礼，国内、国外都很有名。[1] 30岁以前，他读古书，

1　司马迁说，孔子30岁（前522年），齐景公、晏婴到鲁国问礼（《史记》的《十二诸侯年表》、《齐太公世家》、《鲁周公世家》），齐景公曾向他请教（《史记·孔子世家》）。《左传》昭公七年："九月，公至自楚，孟僖子病不能相礼，乃讲学之，苟能礼者从之。"孟僖子为自己不懂礼而苦恼，所以开始向懂礼的人学习。（转下页）

习古礼，学过不少东西，应该很幸福，也很快乐。30岁以后，除了适周适齐，短暂出游，他一直待在鲁国，教书育人做学问，达二十年，也还行。读书是自娱自乐，教书是助人为乐。

孔子爱学习。他的快乐，主要来自他无官可做、赋闲在家的好时光。苦恼，主要是因政治而起。亚里士多德说，"人是政治动物"。他这个人，迷政治，超过一般人，不搞政治，绝对受不了。

孔子的处世之道是，"天下有道则见，无道则隐"（《泰伯》8.13）。然而，他做不到。

他所在的国家，鲁君是诸侯，对周天子无礼；三桓是大夫，对鲁君无礼，三桓的手下是陪臣，对三桓无礼。周围的国家也都如此。

这样的政治是烂政治，明明属于无道。但他躲起来了吗？没有。他还是忍不住，紧着往里掺和。掺和的结果，当然不愉快。他的所有努力，都归于失败。

（接上页）这是孔子17岁（前535年）时的事，和孔子无关。下文说，孟僖子临死前，把自己的两个儿子，孟懿子（仲孙何忌）和南宫敬叔，托付给他身边的大夫，说孔子是"圣人之后"，当代"达人"，要他的两个儿子拜孔子为师，跟他学礼，这是提前叙述，讲孔子34岁的事（前518年）。

孔子仕齐：无功而返

孔子第一次找官做，是上齐国。齐国是东方大国，与鲁为邻，经常欺负鲁国。鲁国是小国，只能傍大国。不是傍齐国，就是傍晋国。孔子生活的时代，鲁国是夹处于这两大国际势力间，很多动乱都与它们有关。鲁国的政治家，一有麻烦，不是上齐国，就是奔晋国。齐国离鲁国近，对鲁国的影响比晋国大。孔子说过，"齐一变，至于鲁；鲁一变，至于道"（《雍也》6.24）。在他看来，鲁是周的同姓，比齐正宗，如果能用周道改造鲁国，用鲁道改造齐国，周的东方就有希望了，东周就有希望了。他对齐国很重视。

孔子到齐国，齐景公问政，他的答复是"君君臣臣、父父子子"。景公说，"善哉！信如君不君、臣不臣、父不父、子不子，虽有粟，吾得而食诸？"（《颜渊》12.11）孔子的话，其实是哪壶不开提哪壶。景公表面赞赏，实际未必。因为景公是齐庄公的异母弟，乃乱臣贼子崔杼弑庄公所立，论身份，论程序，都非合法继承人。景公不喜欢孔子，还不直说，一是借口没合适的位子，二是推说自己太老（《微子》18.3）。孔子很扫兴，只好回国。[1]

1　《墨子·非儒下》等古书说，景公不肯重用孔子，是因晏婴反对。此说不可信。

孔子仕鲁，遭人排挤

孔子第二次找工作，是在鲁国。这段经历，是孔子仕途的巅峰。

51—54岁，他在鲁国当过四年官：51岁，当中都宰（《礼记·檀弓上》提到此事）。中都是鲁邑，在今山东汶上县的西南。这个官不太大，只是县邑的长官，和他父亲一样；但52—54岁，他先当司空，又升任大司寇，却是比较大的官。司空是管工程。司寇是管司法。当时的鲁卿，季桓子是大司徒，叔孙武叔是大司马，孟懿子是大司空。他当的司空，是少司空，为孟懿子的副手，地位仅次于三桓。

孔子出山的背景是什么？我想跟大家讲一下，多说几句。

（1）阳货之乱和侯犯之乱

孔子出来当官，是50岁以后。50岁以前，没人请他出来当官，鲁昭公不请，季平子不请，阳货也不请，他很着急。

谁第一个请孔子出来当官？请注意，是阳货。《论语》提到这件事：

> 阳货欲见孔子，孔子不见，归（馈）孔子豚。孔子时（待）其亡也，而往拜之。遇诸涂（途）。谓孔子曰："来！予与尔言。"曰："怀其宝而迷其邦，可谓仁乎？"曰："不可。""好从事而亟失时，可谓知（智）

乎？"曰："不可。""日月逝矣，岁不我与。"孔子曰："诺，吾将仕矣。"（《阳货》17.1）

阳货（《左传》作阳虎）是三桓中季氏的大管家。三桓，作为鲁卿，都住在曲阜，并在曲阜外置采邑。季氏的采邑是费（在今山东费县西北），叔氏的采邑是郈（在今山东东平县东南），孟氏的采邑是成（在今山东宁阳县东北）。这三大采邑，皆高筑墙，藏甲兵，由三桓各自的家臣把守：公山弗扰（《左传》作公山不狃）为费宰，公若藐为郈宰，公敛阳（字处父）为成宰。是谓三都。

这段话很有名，据考是在孔子47岁上，即前505年。鲁国，从鲁宣公起，公室卑，政在三桓。季氏势力最大，其次是叔氏，其次是孟氏。鲁国的大权先后由季文子、季武子、季悼子、季平子把持。鲁昭公，就是被三桓赶走，客死他乡。这就是孔子说的"礼乐征伐自大夫出"。这一年，是鲁定公即位的第五个年头，六月丙申，季平子卒，季桓子执政；九月乙亥，出了件大事，阳货把季桓子抓起来，与之盟于稷门内，迫其答应自己的条件，才把他放掉，大权落入阳货手中（《左传》定公五年）。这就是孔子说的"陪臣执国命"。阳货请孔子出来当官，是以此为背景。事情很可能在九月乙亥之后。

这里，为什么不是别人，而是阳货请孔子出来做官，原因有二：

第一，他知道，孔子想出来做官，已经盼了很久，就等这一天。47岁不当，剩下的机会就不多了。当时的仕途，位居公卿的显贵，一般是世袭贵族，只有邑宰和家臣，才是孔子这类人的出路。孔子出仕，一开始就是任这类官职。他的学生，后来纷纷出仕，也主要是担任这类官职。当时，阳货掌权，是难得的机会。阳货请他出来，是想拉他加入陪臣的队伍。

第二，当时，鲁国的政治势力有三股，公室、三桓和三桓的陪臣。鲁君之患在三桓，三桓之患在陪臣，一个比一个更无礼。孔子从政，尊君为本。孔子要替鲁君出气，当务之急是打击三桓，很明确。但当时，现实的政治力量，谁能制约三桓，只有阳货。阳货的背后还有齐国的势力。阳货认为，这对孔子有吸引力。

孔子很犹豫。他的内心是跃跃欲试，但打击三桓，是件投鼠忌器的事，阳货背主，不合君臣名分，支持他，也坏自己的名声。最后，他还是放弃了。

当时，阳货来访，他故意不见；回访，是趁阳货不在；最后在路上撞见，也是满口答应而实际不动窝。他的顾虑是，支持阳货，成功把握不大，还特丢人（支持阳货叛主，有点不像话）。公开拒绝，又太危险。他想再观望一下。

阳货之乱，始于定公五年（前505年），终于定公九年（前501年）。这一叛乱，背后有齐国势力的介入。前502年，阳货勾结三桓子弟和家臣，谋刺季桓子于蒲圃，以季寤代替季桓子，叔孙辄代替叔孙武叔，自己代替孟懿子，被孟氏打败（《左传》定公八年）。阳货退守阳关，次年奔齐，齐国不收留，又奔晋，投靠晋国的赵简子（《左传》定公九年）。晋国的赵简子和鲁国的季桓子是类似的政治人物。

阳货出亡后，阳货的同党还在。公山弗扰据费而守，对三桓构成巨大威胁。他和阳货一样，也对孔子感兴趣。《论语》说：

> 公山弗扰以费畔（叛），召，子欲往。子路不说（悦），曰："末（蔑）之也已，何必公山氏之之也？"子曰："夫召我者，而岂徒哉？如有用我者，吾其为东周乎！"（《阳货》17.5）

这次，孔子也很犹豫，遭到子路反对。犹豫的原因和前面一样——他肯定考虑过，借三桓的陪臣打击三桓。他说，人家召我，当然有人家的目的，但我的目的，毕竟是为了东周呀。

阳货之乱只是序幕。接着，还有侯犯之乱。前500年夏，侯犯杀郈宰公若藐而叛。侯犯是叔氏的家臣，郈邑的马正（相当郈邑的司马）。这一叛乱，也有齐国势力的介入，最后被叔孙武叔和孟懿子平定。侯犯奔齐（《左传》定公十年）。

（2）孔子出山，后台是孟懿子

鲁国起用孔子，估计跟孟懿子有关，时间就在侯犯之乱后不久。孟懿子是平定阳货之乱和侯犯之乱的主力。他跟孔子学礼，关系不一般。当时，陪臣结党，主要威胁来自季氏和叔氏两家，孟氏地位不如他们，受到的威胁小一点。孔子出来当官，我估计，就是由孟懿子推荐，季氏、叔氏同意，鲁君也赞同。起用他，是为了平定乱局。

孔子出山，首先是做中都宰。中都在今山东汶上县西南的次丘镇，是鲁国的公邑。孔子为什么一开始是到这里当官，我们要注意《左传》的记载。

我们都知道，鲁昭公被三桓逼走，最后是死在乾侯。昭公的尸体运回鲁国，应该怎么埋葬，曾经有争论（《左传》定公二年）。

最初，季桓子打算把他埋在"阚公氏"，即鲁国的公墓，被鲁大夫荣驾鹅劝止。季桓子把鲁昭公葬在鲁侯墓地的墓道南，和鲁国先君的墓是分开的，含有惩罚之义。后来，孔子当鲁司寇，才"沟而合诸墓"，重新和鲁国先君的墓合在一起。

这里，值得注意的是，阚的地点正在汶上县的南旺镇一带，和中都非常近（在其西南）。

我很怀疑，孔子当中都宰，跟负责鲁侯墓地的营建和管理直接有关。我们都知道，陵墓修建，属于土木工程，古代往往由刑徒从事，这类事情，是归司空和司寇管。司空和司寇有密切关系。

孔子当司空，钱穆推测，是少司空，很有道理。[1] 孟懿子是大司空，他当的司空，自然是少司空，也就是孟懿子的助手。他从中都宰，当到少司空，当到大司寇，恐怕都是由孟氏推荐，都跟为鲁昭公修墓有关。

（3）孔子堕三都

前498年，孔子派仲由当季氏宰，堕三都（拆毁三都的城墙），收其甲兵。孔子想，这可是一举两得：既可打击陪臣，又可削弱三桓。仲由先堕郈，成功，因为那里刚刚平定侯犯之乱，堕郈很有理由。但接下来堕费，就没那么顺利，马上引起公山弗扰和叔孙辄叛乱。他们趁子路堕费，后防空虚，帅师袭鲁。鲁君与三桓退守季氏之宫，躲在武子之台上。叛军包围武子之台，被孔子击退。堕费因而成功。只有成，孟氏不配合，围而不克（《左传》定公十二年）。

这次叛乱，也有齐国作后盾；事败，公山弗扰、叔孙辄逃往齐国。

孔子堕三都，陪臣的势力受到打击，但真正的获益者，不是鲁君，而是三桓。孔子作为替代的政治势力，反而成了三桓，特别是季氏的猜忌对象。《论语》说：

> 齐人归女乐，季桓子受之，三日不朝，孔子行。

（《微子》18.4）

1　钱穆《孔子传》，北京：生活·读书·新知三联书店，2002年，27—28页。

这是前497年的事。司马迁对此事有更详细的描写。他说，孔子离开鲁国，是迫于齐国的压力（《史记·孔子世家》）。

孔子是齐、鲁政治交易的牺牲品。

孔子周游列国：一无所获

前497年，孔子留下冉雍，任季氏宰；留下高柴，任费宰，用以填补上述动乱留下的权力真空，但他本人却不得不离开鲁国，带着仲由、颜回、冉求等人出游。从55岁到68岁，前后14年，他一直流亡在外。

孔子离开鲁国，西行、西南行，到过卫、曹、宋、郑、陈、蔡六国。[1]这些国家，都是小国。它们的西边是晋国，南边是楚国，才是大国。他想去晋国，据说走到黄河边，没有过河；到过楚的边境，也未能深入（《史记·孔子世家》）。大国都不接纳。他做官，只有两个国家，卫国和陈国。时间最长是卫国。

前面，我们说过，孔子对卫国感兴趣，原因很多，其中最重要，是"卫多君子"（《左传》襄公二十九年），有很多干练

1　《庄子·天运》说，孔子跟老聃讲，"丘治《诗》《书》《礼》《乐》《易》《春秋》六经，自以为久矣，孰知其故矣；以奸者七十二君，论先王之道而明周、召之迹，一君无所钩用"。孔子干禄，见过"七十二君"，有点夸大。这是寓言，不可信。

的大臣，但另一面，卫国的坏人也很多（如南子、弥子瑕和宋朝）。卫灵公，凡事听于南子，南子淫乱，私通宋朝，导致卫太子蒯聩逃亡晋国，这是后来卫乱的祸根。孔子对卫灵公的评价是"无道"（《宪问》14.19）。他离开卫灵公前，卫灵公曾问陈于他，向他请示军事，估计是为了对付晋送蒯聩回国。孔子对卫灵公很不满，他说，"俎豆之事，则尝闻之矣；军旅之事，未之学也"，第二天就离开了卫国（《卫灵公》15.1）。卫灵公死于前493年的夏天。孔子是在此之前离开卫国。[1]

卫国的政治，背后有晋国的阴影，就像鲁国的背后有齐国的阴影。卫灵公死后，晋国的赵简子用武力送蒯聩回国，但卫国却立蒯聩子为卫出公，拒绝接纳，蒯聩不得入。孔子避卫乱，转仕陈湣公。在陈期间，他一度考虑去晋国。这是很重要的插曲。

前490年，赵简子围中牟，佛肸以中牟叛，佛肸召孔子，孔子曾动心：

> 佛肸召，子欲往。子路曰："昔者由也闻诸夫子曰：'亲于其身为不善者，君子不入也。'佛肸以中牟畔（叛），子之往也，如之何？"子曰："然，有是言也。不曰坚乎，磨而不磷；不曰白乎，涅而不缁。吾

---

[1] 《述而》7.15，冉有问子贡"夫子为卫君乎"，可能与此有关。卫灵公问陈，原因是什么，有各种推测。也许，他知道，自己死后，晋人会送蒯聩回国，必有战事，所以问孔子。

岂匏瓜也哉？焉能系而不食？"（《阳货》17.7）

在《论语》中，此事和阳货之召、公山弗扰之召列在同一篇，绝非偶然。这是孔子的第三次动心。孔子去卫，是学伯夷、叔齐（《述而》7.15）。伯夷、叔齐，是"不降其志，不辱其身"（《微子》18.8），但这次动心，却是属于"降志辱身"。子路反对他去，说我可亲耳听过您的教导，这种叛变主子的事，君子是不能参加的。孔子回答说，硬的磨不薄，白的染不黑，我总不能像挂在墙上的葫芦，只中看，不中吃吧。当官对他有很大诱惑，但如果到处都是坏蛋，你又怎么当？

政治，都是依靠现成的政治力量，一恶降一恶。这和道德完全是两码事。没有好蛋，只能坏蛋里面挑好蛋，把坏蛋当好蛋，但这样一来，道德还怎么摆。

孔子仕陈湣公，《论语》毫无记载，只提到一位陈司败（《述而》7.31）。卫国才是他最上心的地方。

孔子仕卫出公，在前488年，即卫出公即位的第四年。子路问，老师为政的第一件事是什么？孔子说，"必也正名乎"（《子路》13.3）。当时的卫国，是处于蒯聩父子争政的危机之中。他们两个，父不父，子不子，怎么正？子路认为，老师的想法太迂阔，被孔子痛骂。孔子的施政纲领，还是当年答齐景公的那一套，当年不行，现在也不行。

孔子居卫，对卫国的政治参与太深。他的学生，仲由是卫蒲邑大夫（蒲邑是卫御晋、楚的门户），高柴是卫士师，都是卫出公的臣下。孔子返鲁前，孔子返鲁后，他的学生都穿梭往来于鲁、卫之间。孔子回到鲁国，仍不能忘情于卫国的政治，继续支持卫出公。这是仲由死卫的原因。

前480年岁末，蒯聩自戚入卫，高柴逃跑，仲由死于难，被人剁成了肉泥。孔悝立蒯聩为卫庄公，卫出公逃往鲁国。二君废立，背后是晋、鲁斗法：晋国支持蒯聩，鲁支持卫出公。仲由之死，让孔子深受刺激。次年四月，他含泪离开了人世（《左传》哀公十五年和十六年）。

这个结尾很悲剧。

丧家狗的象征意义

孔子在外多年，心情很不好。比如，他在卫国，独自在屋里击磬，铿铿作响，甭提有多烦。这种烦恼，无人领会，反而让个背着箩筐打门口过的汉子给听出来了：

> 子击磬于卫，有荷蒉而过孔氏之门者，曰："有心哉，击磬乎！"既而曰："鄙哉，硁硁乎！莫己知也，斯己而已矣。深则厉，浅则揭。"子曰："果哉！末（蔑）之难矣。"（《宪问》14.39）

他说，这是谁在击磬呀，肯定有心事。你那点心事也太俗了吧，不就因为没人理吗！孔子的烦恼是"莫己知"——谁都不搭理，谁都不理解。

该跑的地方都跑过了，剩下的只是浮海居夷。

子曰："道不行，乘桴浮于海。从我者，其由与（欤）？"子路闻之喜。子曰："由也好勇过我，无所取材。"（《公冶长》5.7）

子欲居九夷。或曰："陋，如之何？"子曰："君子居之，何陋之有？"（《子罕》9.14）

他说的海，是离他最近的黄海。黄海，古代两大港口，一个在今山东胶南市，一个在今江苏连云港市（连云港有个孔望山，传说孔子在此望海）。九夷在淮河下游，今安徽、江苏一带。他想上哪儿？吴、越？还是更远的地方？这是赌气话。他很失望，也很绝望。

心情最坏的时候，他气得连话都不想说：

子曰："予欲无言。"子贡曰："子如不言，则小子何述焉？"子曰："天何言哉？四时行焉，百物生焉，天何言哉？"（《阳货》17.19）

孔子的无所遇，像什么？古人的说法，是"丧家之狗"。古人讲孔子周游列国，经常提到这个故事。它反映了孔子的真实处境。

孔子的话，充满自嘲，但不失冷静。

在无情的命运面前，他保持着清醒。

二十　我们从《论语》学什么

　　古人读《论语》，最大毛病是崇圣卫道，特别是宋以来。义理派和考据派，大胆假设也好，小心求证也好，都有这个毛病。[1]照理说，他们的禁忌，今人不该有，但现在风气很不好，不但崇圣卫道，老毛病又犯，还束书不观，光问有什么用。

孔子不是摆设，《论语》不是工具

　　《老子》说，"天地不仁，以万物为刍狗；圣人不仁，以百姓为刍狗"（第五章）。"刍狗"是什么？就是用草扎的狗，用来祭奠，祭完就扔了。套用《老子》的话，我们也可以说，"学者不仁，以孔子为刍狗"。刍狗就是摆设，临时借来用一用。

　　百姓对孔子无知，受学者误导，除了崇，除了用，不知其他，这不怨他们。要怨也是怨学者。学者不像话。

1　我读《论语》，是以程树德的《论语集释》作基础。他读《论语》，是考据义理并重，我也如此。大家翻开我的书，当不难发现，我所引据，都是不问汉宋、兼收并蓄。有人不看书，上来就说，我是考据派，我是古文经学派，我是抹杀宋代学术，这都是瞎说。

工具，古人叫器。器，当然很重要。比如"器之"（《子路》13.25），是特别重视，特别看重你。

器有大器和小器。管仲是治世之能臣，但孔子说，"管仲之器小哉"（《八佾》3.22），嫌他器量不够大。

孔门弟子，子贡最能干，他问孔子对他怎么看。孔子说，你也就是个"器"吧。子贡问什么器，孔子说，"瑚琏"呗（《公冶长》5.4）。瑚琏，是一种装饭的盒子，很贵重。孔子认为，子贡能干，只是器，就算大器，也是器。孔子说，"君子不器"（《为政》2.12），他追求的是"道"。

现在，追求"器"的，都是拿孔子当吃饭家伙，无论吃政治饭的，还是吃道德饭的（还有吃宗教饭的），谁都拿他说事。难怪有人说，"孔家店是粮食店"，这个店倒了，我们就没饭吃。[1]

"学以致用"不是"学以致庸"

世人读书，急功近利，这点，我深有体会。一次是恍

1　2007年9月13日，打开电视，阳光卫视办的"茶馆论风骚"，有两位香港才子正在谈孔子。他们说，孔子嘛，完全可以"再利用"，英文有个说法，叫recycle（废物的循环再造和再利用，美国的垃圾箱上有这个字）。说到兴头，还拿孔子打比方，说孔子就像我们的爷爷和爸爸，反孔就像反爷爷、反爸爸，只有青春期躁动，荷尔蒙分泌太多，才干这种傻事。真逗。

如昨日的"文革"，一次是去古未远的现在。当时闹批孔，现在闹尊孔，都这么读。他们中，不少人，上点年纪的，哪趟车都没落下，干脆就是同一拨，不信你去查查。

如今是"后文革"时代，距离"文革"，已经三十年。当年的人都垂垂老矣，但思想的惯性还在。不管什么书，谁都是上来就问，读它有什么用，特别是现在的栋梁，各种领袖班和总裁班的学员，他们开口就是这类问题。

读《易经》，是学算命（算股票，算官运）。读《孙子》，是学诡计（管理员工，决胜商场）；我们从《论语》学什么？也是小到抚慰心灵，大到拯救世界。[1]

就连读书人，官瘾发作，政治依赖症难除，也少不了这一口。谁让我们有文人议政、参政的"光荣传统"呢！

往事：活学活用的危害

往事如烟，有位住在西湖岸边、保俶塔下的老将军回忆：1959年，庐山会议后，毛主席到处奔走，跟军队的领导同志打招呼，要他们拥戴新上任的国防部长，也就是后来

1　这个暑假，我接到不少电话，都是邀我讲课。我到这种班讲过课，发现大同小异，兴趣基本一样。除上面这些，各种迷信，也是兴奋点。他们只想听他们想听的而已，此外都是多余，故每每要我"联系实际"。我的"联系实际"是什么？首先就是给他们泼凉水。但杯水车薪，管什么用。

的林副主席。毛主席说，林彪同志有一大优点，就是概括能力极强。

我读过一点战史，林彪确实有这个特点，他很会编口诀。比如他在东北，就总结过"一点两面""三三制""四快一慢"。这种带号码、三四字一句的话，朗朗上口，易于记诵。读古书，我发现，先秦诸子干禄，也是采用这种方法。这是一种很聪明的讲话方式。

林彪是懂得群众心理和领导心理的人。他认为，学《毛选》，四本太厚，少则得，多则惑，于是有《毛主席语录》。

他提倡的学习方法是：

带着问题学，活学活用，学用结合，急用先学，立竿见影。

这是吃透了政治思想工作的要领。宋代读兵书，废注，只读白文，也是类似考虑。

可是，我必须指出，中国的古书，不能这样读。别人，我管不了，起码在学校里，起码在我的课堂里，不能这样读。

道理很简单，学术不是政治。

对我来说，孔子是历史人物，说千道万，首先是历史研究的对象。你的一切议论，你的一切发挥，都要有历史根据。没有历史根据，瞎编胡说，骗别人可以，骗我不行。[1]

---

[1] 只要是人，都是历史研究的对象。他们说，李零把孔子送进了历史博物馆，但孔子是俺们心中的红太阳，他还活在当代，活在俺们心里。这是典型的宗教话语。

"文革"的当，不能再上。

人文学术都是以无用为用

我们不要忘记，孔子是人文学者。他对中国有一大贡献，就是保存古典文化。

孔子传授的古典文化是什么？是诗、书、礼、乐、易、春秋，全是文、史、哲三科的东西。这些书讲什么？都是人文学术。

现在时髦讲"人文"，什么都贴这个标签，就跟卖橘子似的，金光闪闪，每个都贴上一小片，意思是质量上乘，很好吃，快来买。其真实含义反倒晦而不明。其实，人文学术的核心是以人为本，第一不装神弄鬼，第二不同于自然科学，第三不同于社会科学。我们对孔老夫子，怎么反而不讲"人文关怀"？

历史文献不当历史文献读，人文学术不当人文学术讲，离题万里十八扯，跟孔子有什么关系？跟《论语》有什么关系？

我是研究人文学术的。人文学术的特点是什么？俩字：无用。《水浒传》上的那位，智多星——吴用，聪明就聪明在无用。如果非说有什么用，那也是老子和庄子讲的，以无用为用。

古有《春秋》断狱、《河渠书》打井，"文革"那阵儿，也有用哲学养猪、打乒乓球。[1]怎么大家都忘了？

当下尊孔的三副面孔

现在读《论语》，有三种读法，三种读法下的孔子，有三种面孔。

第一是立教，先谋"中国三教儒为首"，树立孔子在中国的绝对精神统治地位；再图"世界三教儒为首"，树立孔子在世界上的绝对精神统治地位。他们是拿孔子当儒教的教主。这种教，民国初年，早就有人立（康有为、陈焕章），拥护者寥寥，民国政府都不曾批准。新中国成立，宗教事务管理局，有佛教、道教，一大堆教，同样没有这个教。我就不信，中国会立这个教，而且还是国教。

第二是立宪，祖述孔孟颜曾，宪章程朱陆王，重新定义中华人民共和国，宣布我国是儒家社会主义（或儒家其他什么主义）。他们是拿孔子当国家的象征。他们说，经济、

---

[1] 学者幼稚病的主要特点是，读书再多，摆脱不了入戏感，写大人物，自己就成了大人物，自我发功，自我感动。现在的哲学系，似可改名儒学系或理学系（有人建议叫经子系）。很多讲哲学的，名曰形而上，实为形而下，从哲学到政治，是坐直通车。中国养生术，吃什么补什么，他们也是这样。研究儒家就成了儒家，研究道家就成了道家，好像演员进入角色。如果天底下，大家都这么搞学问，学兽医的怎么办？

政治的蛋糕，香喷喷，已经做好，上面缺的只是道德奶油。主张富国强兵，关心大国崛起的，甭管学哪国，都迷孔子。但我就不信，中国的宪法，将来会这么定义。

一种是道德重建，教人励志，劝人学好，用《论语》代替《论共产党员的修养》和《毛主席语录》"老三篇"。他们是拿孔子当中国的道德源泉。道德重建，借助孔子（其实是程朱陆王），这也不是什么新鲜事。七十多年前，中国最乱，早就有人这么干。运动发起者不是别人，正是逃到台湾的蒋介石夫妇（他们都信基督教）。这个运动叫新生活运动，励志是从军人抓起。后来的中国怎么样？大家的道德提高了吗？没有。[1]

立教最荒唐

近代尊孔，都是打传统旗号，传统多是假传统，比如立教。

第一，孔子是精英本位，绝不是大众英雄，他没有群众基础。我们要知道，汉代为儒家平反，并不是为了安抚大众，而是为了安抚读书人。鲁迅说，孔子和大众，本无关

1　"五四"导致传统文化断裂说、传统文化独存港台说、亚洲四小龙是靠孔子发财说，都是源于港台（也包括港台出身侨居海外的某些华裔学者）。事实上，亚洲四小龙是靠傍美国，发战争财，跟孔子有什么关系？这都是神话。

系。中国文庙再多，只到县一级。村里供的是文昌。大众关心的只是，谁家的孩子考得上。考试是奔精英是奔官，不是往庙里跑。没有大众，宗教立在什么上？

第二，孔子不语怪力，罕言性命，重人事，胜鬼神，他是个比较理性的人。你要拉他当教主，这不是瞎拧？当年，利玛窦来中国，他都看得很清楚。中国的文人士大夫，中国的上流社会，和愚夫愚妇相反，他们的宗教感非常淡薄。现在的西方，不信教的也主要在大学里边。我们要弘扬传统，也该弘扬这个传统。

说实话，立教是中国近代的闹剧，要谈传统，它最不沾边。

中国的传统是什么？前面讲过，是政教分离，政治大一统，宗教多元化。西方的传统正好相反。

南海圣人康有为，环游世界五大洲（他有个印，就是吹这个），最受刺激是什么？是鬼子打我们，不光靠船坚炮利，还有他们的教。于是，他恍然大悟，没有宗教怎么行？

可是，话说回来。西方固然重教，但他们的文艺复兴，他们的启蒙运动，他们的宗教改革，费尽移山心力，干什么？不就是为了解构中世纪，达到政教分离，宗教多元化吗？这不正是我们的传统吗？怎么我们反而转回去了？

历史上的专制主义：中国的专制主义是政治大一统，西方的专制主义是宗教大一统，两种专制主义，都是束缚自由的东西（后者束缚的，更是精神自由）。

把儒学立为国教，对中国有什么好处？特别是于思想自由。

外王没了，内圣怎么办？

中国的读书人，最爱讲修齐治平、内圣外王，读书读到头，一定要搞政治，参加高层管理。[1] 18世纪，这套玩意儿，西方迷过，以为中国就是他们的乌托邦，中国的皇帝就是他们的哲学王。19世纪，他们已经放弃，我们还在吹，一吹就是二百年。

中国被西化，技术是第一步，其次是制度，再次是思想。"东方之道德"，只是最后的堡垒。《新儒家宣言》，它的作者说，西方的价值观，民主自由，我们拥护，我们不是拆台，而是补台。外王，他们不争了，西化就西化，随他去吧。但反过来，他们更加强调，西方要放下架子，向中国学习，学习中国的五大精神。为什么？原来，它要保留的只是内圣，就像中医，丢了地盘，最终还要领导西医——在理论

1　中国的知识分子，经常犯一个错误，就是分不清政治和学术：不是把政治学术化，就是把学术政治化。一误学术，二误政治，两样都不可取。书生误国，这方面的教训太多了。

上指导西医。西方的外王，还得靠咱们指方向。

孔子不能治国平天下，很明显。我已经讲过，"半部《论语》治天下"只是个荒诞的传说。放在现在，更荒唐。

现在，有人大谈文艺复兴。什么文艺复兴，全是托古改制，康圣人的改制。人家文艺复兴，是破宗教专制，我们干什么？反而往回转。

中国，信仰迷失，理想真空，拿什么替代，很多人都以为，当然是孔子。离开孔子，谁也没有号召力，只好拿他代替。所以，我们看到的是，现在的孔子，真是左右逢源。谁说中国的左派和右派尿不到一个壶里去？他们都有人拉孔子演戏。[1]

荒唐就怕对比。现在的文化气候，和1980年代不同，何止不同，完全是相反。大家把祖宗痛骂一通，全都吃了后悔药，痛定思痛，还是祖宗好。[2]

传统文化产业化，已经不光是说说。桃三杏四梨五年，祖宗当年能卖钱。祖宗，多少钱一斤，才是兴奋点。[3]

1　中国的左派只是半拉左派，中国的右派只是半拉右派。右派想的是，孔子可以反共。左派想的是，孔子可以反帝。他们各有所图，却终于想到了一块儿。

2　有位媒体人问我，1980年代，大家怨天尤人骂祖宗，你反对；现在，大家搞国学热，你也反对，你不觉得自相矛盾吗？这位老兄真奇怪，从骂祖宗到卖祖宗，他不觉得自相矛盾，我两种都批，他倒觉得自相矛盾，我能跟他说什么？

3　把全国人民的衣服都换成汉服，能赚多少钱？把全国的小孩都送进孟母学校，能赚多少钱？把全国各地的祖宗都开发出来（比如按百家姓，把各姓宗祠办成一个祖宗托拉斯，叫黄帝大宗祠），搞祭奠活动，能赚多少钱？更不用说，把这些买卖推向全世界。

道德就像白开水

孔子可以当教主，孔子可以治天下，这样的话，很多人并不相信。但很多人都相信，道德之树常青。劝人学好，难道你也反对？

道德当然有用，我不反对，但问题是有多大用。

道德有用，主要是非常通用，放之四海而皆准。古今中外，讲道德，讲法都差不多。有人说，世界宗教大一统，就是建在这个沙滩上。没有谁说，我是不讲道德的。咱们中国教人学好，人家外国也没教人学坏。但通用的东西都很抽象。比如，讲信用好不好？当然好；讲勇敢好不好？当然好。但要看你对谁讲信用，你要勇于做什么。具体干什么，它可管不了。

所以，一碰上这类问题，孔子就头大。他得就事论事，临时限定。比如信，大信，他要讲，小信就不一定，什么时候讲大信，什么时候讲小信，学问大了；勇也是如此，见义勇为可以，但义是什么，还得补充说明。比如犯上作乱，你就是再勇，也不行。他说，这不是勇。

没道德，是因为不讲道德，讲就有，不讲就没有。这是倒果为因。越是乱世，才越讲道德。这是规律。但道德对乱世最没用，不但没用，还徒增虚伪。

所以我说，道德就像白开水。

去圣乃得真孔子

白开水，所有人，都要喝。不喝水，会死人。但白开水不能当饭吃。孔子也好，颜回也好，都得吃饭，不能光枕着胳膊喝凉水。当药吃，它也不灵。你非说，这就是药，那也是精神安慰，吃不死人，也治不好病。说成万应灵丹，那就过了。

政治是全社会的活动，道德不一样，是用于小社群。古人的说法，主要是处理父兄、婚媾、朋友一类关系。在生活中，我们最容易犯错误，就是分不清大道理和小道理。比如，你跟朋友打交道，跟家里人相处，弄得全跟做买卖、办外交一样，那不是找骂；同样，你拿个人好恶、朋友关系、亲戚关系搞政治，也不像话。太不像话的，还得逮捕法办。

孔子的想法，好像很合理。没有小，焉有大，任何大的社会群体和社会组织，都是来自具体的人。只要从小处做起，从道德抓起，就什么都能理顺。其实，这是第二种错误。

用道德讲历史，总是越讲越乱。好人坏人的故事，小孩大人都爱听，但这不是历史。

孔子的价值到底在哪里

孔子的价值主要有三点，不是作为道德先生，不是作

为政治家，不是作为宗教领袖：[1]

第一，孔子是当时学问最大的人。他是学者和教育家，他对文化有贡献。历史上，很多保守主义者，他们在政治上是失败的，但对文化有贡献。我们应该感谢他，不光感谢他，还要感谢他的失败。很多人，如果不是走投无路，未必会死心塌地做学问。孔子也是这样。如果他一直坐在官位上，他还有时间做学问、带学生吗？未必。过去，"文革"批孔，大家都说，孔子最难批，就是他对学术、教育的贡献。这个贡献批不倒。

第二，孔子是社会批评家。他和他同时代的其他思想家，都是社会批评家，他们说，天下无道，当时的世界很糟糕。这是事实，他的批评，本身没有错。孔子当时，主要不满，是集中在两点，一是无道德，二是无秩序。所以，他要大讲德和礼。这样的批评，好像是对症下药，其实是文不对题，他的解决方案，也全不可行。后来的几位，比他更激烈，讨论更务实，[2]但他是带头人。

第三，孔子是百家争鸣的开启者。我们都知道，先秦学术最辉煌，是它的子学，如果说两汉是经学时代，这一时

1　我本以为，孔子的书还在，尊也好，批也好，总得读原书。我错了。我发现，大讲道德重建的人，大讲文艺复兴的人，大讲大国崛起的人，他们对原书，一点兴趣都没有。有，也是孔子以后的解释，宋明理学加新儒家，学问空疏到只剩政治口号。

2　比他年代晚，《墨子》也好，《老子》也好，《孟子》也好，态度都比他激烈。战国时期，情况更糟，问题已经不是贵族圈里的瞎胡闹，而是民不聊生，大家的生存都成问题。比如反战，就是他们的共同话题。

期就是子学时代。当时，经学是子学的一部分。我以为，孔子的最大贡献，是他当了箭靶子。墨家批评他，道家批评他，先秦诸子，谁都批评他，这样才有百家争鸣，才有思想上的空前自由，才有学术上的空前繁荣，才有中国思想史上最辉煌的时代。汉代，定学术于一尊，儒家的地位倒是突出了，但先秦的辉煌也从此结束。

这三条，都是孔子的价值所在。但要我挑，是最后这一条：他是众矢之的。

我最喜欢的十段话

孔子是知识分子。我对他的最大尊重，是拿他当知识分子。知识分子的天职，不是煽动群众，假造民意，劝说领导，替他们拿主意，开药方，而是力排众议，讲真话。

读《论语》，我最喜欢的话是下面十条：

（1）子曰："巧言令色足恭，左丘明耻之，丘亦耻之。匿怨而友其人，左丘明耻之，丘亦耻之。"（《公冶长》5.25）

（2）子曰："衣敝缊袍，与衣狐貉者立，而不耻者，其由也与（钦）。'不忮不求，何用不臧？'"子路终身诵之。（《子罕》9.27）

（3）子曰："君子成人之美，不成人之恶。小人反是。"

（《颜渊》12.16）〔参看《阳货》17.24："子贡曰：'君子亦有恶乎？'子曰：'有恶。恶称人之恶者……'"〕

（4）子曰："君子不以言举人，不以人废言。"（《卫灵公》15.23）

（5）子贡问曰："乡人皆好之，何如？"子曰："未可也。""乡人皆恶之，何如？"子曰："未可也。不如乡人之善者好之，其不善者恶之。"（《子路》13.24）

（6）子曰："众恶之，必察焉；众好之，必察焉。"（《卫灵公》15.28）

（7）子曰："乡原（愿），德之贼也。"（《阳货》17.13）

（8）子曰："君子周而不比，小人比而不周。"（《为政》2.14）

（9）子曰："君子矜而不争，群而不党。"（《卫灵公》15.22）〔参看《述而》7.31："（陈司败）曰：'吾闻君子不党，君子亦党乎……'巫马期以告。子曰：'丘也幸，苟有过，人必知之。'"〕

（10）子曰："三军可夺帅也，匹夫不可夺志也。"（《子罕》9.26）

这十条，都是针对知识分子。孔子反对虚伪，我喜欢。孔子主张与人为善，尽量体谅别人，防止对人有偏见，我喜欢。孔子反对乡愿，好恶不以舆论为转移，我喜欢。孔子反对拉帮结派，我喜欢。孔子强调独立不阿，我喜欢。特别是最后五条。

附录

《论语》原文

◉ 学而第一

1.1 子曰："学而时习之，不亦说（悦）乎？有朋自远方来，不亦乐乎？人不知而不愠，不亦君子乎？"

1.2 有子曰："其为人也孝弟（悌），而好犯上者，鲜矣；不好犯上，而好作乱者，未之有也。君子务本，本立而道生。孝弟（悌）也者，其为仁（人）之本与（欤）！"

1.3 子曰："巧言令色，鲜矣仁。"

1.4 曾子曰："吾日三省吾身：为人谋而不忠乎？与朋友交而不信乎？传不习乎？"

1.5 子曰："道（导）千乘之国，敬事而信，节用而爱人，使民以时。"

1.6 子曰："弟子入则孝，出则弟（悌），谨而信，泛爱众而亲仁。行有余力，则以学文。"

1.7 子夏曰："贤贤易色，事父母能竭其力，事君能致其身，与朋友交言而有信，虽曰未学，吾必谓之学矣。"

1.8 子曰："君子不重则不威，学则不固。主忠信，无友不知己者，过则勿惮改。"

1.9 曾子曰："慎终追远，民德归厚矣。"

1.10 子禽问于子贡曰："夫子至于是邦也，必闻其政。求之与（欤）？抑与之与（欤）？"子贡曰："夫子温、良、恭、俭、让以得之。夫子之求之也，其诸异乎人之求之与（欤）！"

1.11 子曰："父在，观其志；父没，观其行；三年无改于父之道，可谓孝矣。"

1.12 有子曰："礼之用，和为贵；先王之道，斯为美。小大由之。有所不行：知和而和，不以礼节之，亦不可行也。"

1.13 有子曰："信近于义，言可复也。恭近于礼，远耻辱也。因不失其亲，亦可宗也。"

1.14 子曰："君子食无求饱，居无求安，敏于事而慎于言，就有道而正焉，可谓好学也已。"

1.15 子贡曰："贫而无谄，富而无骄，何如？"子曰："可也。未若贫而乐，富而好礼者也。"子贡曰："《诗》云：'如切如磋，如琢如磨'，其斯之谓与（欤）？"子曰："赐也，始可与言《诗》已矣，告诸往而知来者。"

1.16 子曰："不患人之不己知，患不知人也。"

◉ 为政第二

2.1 子曰："为政以德，譬如北辰，居其所而众星共（拱）之。"

2.2 子曰："《诗》三百，一言以蔽之，曰：'思无邪。'"

2.3 子曰："道（导）之以政，齐之以刑，民免而无耻；道（导）之以德，齐之以礼，有耻且格。"

2.4 子曰："吾十有五而志于学，三十而立，四十而不惑，五十而知天命，六十而耳顺，七十而从心所欲，不逾矩。"

2.5 孟懿子问孝。子曰："无违。"樊迟御，子告之曰："孟孙问孝于我，我对曰无违。"樊迟曰："何谓也？"子曰："生，事之以礼；死，葬之以礼，祭之以礼。"

2.6 孟武伯问孝。子曰："父母，唯其疾之忧。"

2.7 子游问孝。子曰："今之孝者，是谓能养。至于犬马，皆能有养。不敬，何以别乎？"

2.8 子夏问孝。子曰："色难。有事，弟子服其劳；有酒食，先生馔，曾是以为孝乎？"

2.9 子曰："吾与回言终日，不违，如愚。退而省其私，亦足以发，回也不愚。"

2.10 子曰："视其所以，观其所由，察其所安，人焉廋哉？人焉廋哉？"

2.11 子曰："温故而知新，可以为师矣。"

2.12 子曰："君子不器。"

2.13 子贡问君子。子曰："先行其言，而后从之。"

2.14 子曰："君子周而不比，小人比而不周。"

2.15 子曰："学而不思则罔，思而不学则殆。"

2.16 子曰："攻乎异端，斯害也已。"

2.17 子曰："由！诲女（汝）知之乎？知之为知之，不知为不知，是知也。"

2.18 子张学干禄。子曰："多闻阙疑，慎言其余，则寡尤；多见阙殆，慎行其余，则寡悔。言寡尤，行寡悔，禄在其中矣。"

2.19 哀公问曰："何为则民服？"孔子对曰："举直错（措）诸枉，则民服；举枉错（措）诸直，则民不服。"

2.20 季康子问："使民敬忠以劝，如之何？"子曰："临之以庄则敬，孝慈则忠，举善而教不能则劝。"

2.21 或谓孔子曰："子奚不为政？"子曰："《书》云：'孝乎惟孝，友于兄弟，施于有政。'是亦为政，奚其为为政？"

2.22 子曰："人而无信，不知其可也。大车无輗，小车无軏，其何以行之哉？"

2.23 子张问："十世可知也？"子曰："殷因于夏礼，所损益可知也；周因于殷礼，所损益可知也。其或继周者，虽百世可知也。"

2.24 子曰："非其鬼而祭之，谄也。见义不为，无勇也。"

◉ 八佾第三

3.1 孔子谓季氏，"八佾舞于庭，是可忍也，孰不可忍也？"

3.2 三家者以《雍》彻。子曰："'相维辟公，天子穆穆'，奚取于三家之堂？"

3.3 子曰："人而不仁，如礼何？人而不仁，如乐何？"

3.4 林放问礼之本。子曰："大哉问！礼，与其奢也，宁俭；丧，与其易也，宁戚。"

3.5 子曰："夷狄之有君，不如诸夏之亡也。"

3.6 季氏旅于泰山。子谓冉有曰："女（汝）弗能救与（欤）？"对曰："不能。"子曰："呜呼！曾谓泰山不如林放乎？"

3.7 子曰："君子无所争，必也射乎！揖让而升下而饮，其争也君子。"

3.8 子夏问曰："'巧笑倩兮，美目盼兮，素以为绚兮'何谓也？"子曰："绘事后素。"曰："礼后乎？"子曰："起予者商也，始可与言《诗》已矣。"

3.9 子曰："夏礼吾能言之，杞不足征也；殷礼吾能言之，宋不足征也。文献不足故也，足则吾能征之矣。"

3.10 子曰："禘自既灌而往者，吾不欲观之矣。"

3.11 或问禘之说。子曰："不知也。知其说者之于天下也，其如示诸斯乎！"指其掌。

3.12 祭如在，祭神如神在。子曰："吾不与祭，如不祭。"

3.13 王孙贾问曰："与其媚于奥，宁媚于灶，何谓也？"子曰："不然。获罪于天，无所祷也。"

3.14 子曰："周监于二代，郁郁乎文哉！吾从周。"

3.15 子入太庙，每事问。或曰："孰谓鄹人之子知礼乎？入太庙，每事问。"子闻之，曰："是礼也。"

3.16 子曰："射不主皮，为力不同科，古之道也。"

3.17 子贡欲去告朔之饩羊。子曰："赐也，尔爱其羊，我爱其礼。"

3.18 子曰："事君尽礼，人以为谄也。"

3.19 定公问："君使臣，臣事君，如之何？"孔子对曰："君使臣以礼，臣事君以忠。"

3.20 子曰："《关雎》，乐而不淫，哀而不伤。"

3.21 哀公问社于宰我。宰我对曰："夏后氏以松。殷人以柏。周人以栗，曰使民战栗。"子闻之，曰："成事不说，遂事不谏，既往不咎。"

3.22 子曰："管仲之器小哉！"或曰："管仲俭乎？"曰："管氏有三归，官事不摄，焉得俭？""然则管仲知礼乎？"曰："邦君树塞门，管氏亦树塞门。邦君为两君之好，有反坫，管氏亦有反坫。管氏而知礼，孰不知礼？"

3.23 子语鲁大师乐，曰："乐其可知也：始作，翕如也；从之，纯如也，皦如也，绎如也，以成。"

3.24 仪封人请见，曰："君子之至于斯也，吾未尝不得见也。"从者见之。出曰："二三子何患于丧乎？天下之无道也久矣，天将以夫子为木铎。"

3.25 子谓《韶》尽美矣，又尽善也；谓《武》尽美矣，未尽善也。

3.26 子曰："居上不宽，为礼不敬，临丧不哀，吾何以观之哉？"

◉ 里仁第四

4.1 子曰："里仁为美。择不处仁，焉得知（智）？"

4.2 子曰："不仁者不可以久处约，不可以长处乐。仁者安仁，知（智）者利仁。"

4.3 子曰："唯仁者能好人，能恶人。"

4.4 子曰："苟志于仁矣，无恶也。"

4.5 子曰："富与贵是人之所欲也，不以其道得之，不处也。贫与贱是人之所恶也，（不）以其道得之，不去也。君子去仁，恶乎成名？君子无终食之间违仁，造次必于是，颠沛必于是。"

4.6 子曰："我未见好仁者，恶不仁者。好仁者，无以尚之；恶不仁者，其为仁矣，不使不仁者加乎其身。有能一日用其力于仁矣乎？我未见力不足者。盖有之矣，我未之见也。"

4.7 子曰："人之过也，各于其党。观过，斯知仁矣。"

4.8 子曰："朝闻道，夕死可矣。"

4.9 子曰："士志于道，而耻恶衣恶食者，未足与议也。"

4.10 子曰："君子之于天下也，无适也，无莫也，义之与比。"

4.11 子曰："君子怀德，小人怀土；君子怀刑，小人怀惠。"

4.12 子曰："放于利而行，多怨。"

4.13 子曰："能以礼让为国乎，何有？不能以礼让为国，如礼何？"

4.14 子曰："不患无位，患所以立。不患莫己知，求为可知也。"

4.15 子曰："参乎！吾道一以贯之。"曾子曰："唯。"子出，门人问曰："何谓也？"曾子曰："夫子之道，忠恕而已矣。"

4.16 子曰："君子喻于义，小人喻于利。"

4.17 子曰："见贤思齐焉，见不贤而内自省也。"

4.18 子曰："事父母几谏，见志不从，又敬不违，劳而不怨。"

4.19 子曰："父母在，不远游。游必有方。"

4.20 子曰："三年无改于父之道，可谓孝矣。"

4.21 子曰："父母之年，不可不知也。一则以喜，一则以惧。"

4.22 子曰："古者言之不出，耻躬之不逮也。"

4.23 子曰："以约失之者鲜矣！"

4.24 子曰："君子欲讷于言而敏于行。"

4.25 子曰："德不孤，必有邻。"

4.26 子游曰："事君数，斯辱矣；朋友数，斯疏矣。"

◉ 公冶长第五

5.1 子谓公冶长："可妻也。虽在缧绁之中，非其罪也。"以其子妻之。

5.2 子谓南容，"邦有道，不废；邦无道，免于刑戮。"以其兄之子妻之。

5.3 子谓子贱，"君子哉若人！鲁无君子者，斯焉取斯？"

5.4 子贡问曰："赐也何如？"子曰："女（汝），器也。"曰："何器也？"曰："瑚琏也。"

5.5 或曰："雍也仁而不佞。"子曰："焉用佞？御人以口给，屡憎于人。不知其仁，焉用佞？"

5.6 子使漆彫开仕。对曰："吾斯之未能信。"子说（悦）。

5.7 子曰："道不行，乘桴浮于海。从我者，其由与（欤）？"子路闻之喜。子曰："由也好勇过我，无所取材。"

5.8 孟武伯问："子路仁乎？"子曰："不知也。"又问，子曰："由也，千乘之国，可使治其赋也，不知其仁也。""求也何如？"子曰："求也，千室之邑，百乘之家，可使为之宰也，不知其仁也。""赤也何如？"子曰："赤也，束带立于朝，可使与宾客言也，不知其仁也。"

5.9 子谓子贡曰："女（汝）与回也孰愈？"对曰："赐也何敢望回？回也闻一以知十，赐也闻一以知二。"子曰："弗如也。吾与女（汝），弗如也。"

5.10 宰予昼寝。子曰："朽木不可雕也，粪土之墙不可杇也，于予与何诛？"子曰："始吾于人也，听其言而信其行；今吾于人也，听其言而观其行。于予与改是。"

5.11 子曰："吾未见刚者。"或对曰："申枨。"子曰："枨也欲，焉得刚。"

5.12 子贡曰："我不欲人之加诸我也，吾亦欲无加诸人。"子曰："赐也，非尔所及也。"

5.13 子贡曰："夫子之文章，可得而闻也；夫子之言性与天道，不可得而闻也。"

5.14 子路有闻，未之能行，唯恐有闻。

5.15 子贡问曰："孔文子何以谓之'文'也？"子曰："敏而好学，不耻下问，是以谓之'文'也。"

5.16 子谓子产："有君子之道四焉：其行己也恭，其事上也敬，其养民也惠，其使民也义。"

5.17 子曰："晏平仲善与人交，久而敬之。"

5.18 子曰："臧文仲居蔡，山节藻棁，何如其知（智）也？"

5.19 子张问曰："令尹子文三仕为令尹，无喜色；三已之，无愠色。旧令尹之政，必以告新令尹。何如？"子曰："忠矣。"曰："仁矣乎？"曰："未知，焉得仁？""崔子弑齐君，陈文子有马十乘，弃而违之。至于他邦，则曰：'犹吾大夫崔子也。'违之。之一邦，则又曰：'犹吾大夫崔子也。'违之，何如？"子曰："清矣。"曰："仁矣乎？"曰："未知，焉得仁？"

5.20 季文子三思而后行。子闻之，曰："再，斯可矣。"

5.21 子曰："宁武子，邦有道，则知（智）；邦无道，则愚。其知（智）可及也，其愚不可及也。"

5.22 子在陈，曰："归与（欤）归与（欤）！吾党之小子狂简，斐然成章，不知所以裁之。"

5.23 子曰："伯夷、叔齐不念旧恶，怨是用希。"

5.24 子曰："孰谓微生高直？或乞醯焉，乞诸其邻而与之。"

5.25 子曰："巧言令色足恭，左丘明耻之，丘亦耻之。匿怨而友其人，左丘明耻之，丘亦耻之。"

5.26 颜渊、季路侍。子曰："盍各言尔志？"子路曰："愿车马衣（轻）裘与朋友共，敝之而无憾。"颜渊曰："愿无伐善，无施劳。"子路曰："愿闻子之志。"子曰："老者安之，朋友信之，少者怀之。"

5.27 子曰："已矣乎，吾未见能见其过而内自讼者也。"

5.28 子曰："十室之邑，必有忠信如丘者焉，不如丘之好学也。"

● 雍也第六

6.1 子曰："雍也可使南面。"

6.2 仲弓问子桑伯子。子曰："可也，简。"仲弓曰："居敬而行简，以临其民，不亦可乎？居简而行简，无乃大简乎？"子曰："雍之言然。"

6.3 哀公问："弟子孰为好学？"孔子对曰："有颜回者好学，不迁怒，不贰过。不幸短命死矣。今也则亡，未闻好学者也。"

6.4 子华使于齐，冉子为其母请粟。子曰："与之釜。"请益。曰："与之庾。"冉子与之粟五秉。子曰："赤之适齐也，乘肥马，衣轻裘。吾闻之也：君子周急不继富。"

6.5 原思为之宰，与之粟九百，辞。子曰："毋！以与尔邻里乡党乎！"

6.6 子谓仲弓，曰："犁牛之子骍且角，虽欲勿用，山川其舍诸？"

6.7 子曰："回也，其心三月不违仁，其余则日月至焉而已矣。"

6.8 季康子问："仲由可使从政也与（欤）？"子曰："由也果，于从政乎何有？"曰："赐也可使从政也与（欤）？"曰："赐也达，于从政乎何有？"曰："求也可使从政也与（欤）？"曰："求也艺，于从政乎何有？"

6.9 季氏使闵子骞为费宰。闵子骞曰："善为我辞焉。如有复我者，则吾必在汶上矣。"

6.10 伯牛有疾，子问之，自牖执其手，曰："亡之，命矣夫！斯人也而有斯疾也！斯人也而有斯疾也！"

6.11 子曰："贤哉回也！一箪食，一瓢饮，在陋巷，人不堪其忧，回也不改其乐，贤哉回也！"

6.12 冉求曰："非不说（悦）子之道，力不足也。"子曰："力不足者，中道而废，今女（汝）画。"

6.13 子谓子夏曰："女（汝）为君子儒，无为小人儒。"

6.14 子游为武城宰。子曰："女（汝）得人焉耳乎？"曰："有澹台灭明者，行不由径，非公事，未尝至于偃之室也。"

6.15 子曰："孟之反不伐，奔而殿，将入门，策其马，曰：'非敢后也，马不进也。'"

6.16 子曰："不有祝鮀之佞，而有宋朝之美，难乎免于今之世矣。"

6.17 子曰："谁能出不由户？何莫由斯道也？"

6.18 子曰："质胜文则野，文胜质则史。文质彬彬，然后君子。"

6.19 子曰："人之生也直，罔之生也幸而免。"

6.20 子曰："知之者不如好之者，好之者不如乐之者。"

6.21 子曰："中人以上，可以语上也；中人以下，不可以语上也。"

6.22 樊迟问知（智）。子曰："务民之义，敬鬼神而远之，可谓知（智）矣。"问仁。曰："仁者先难而后获，可谓仁矣。"

6.23 子曰："知（智）者乐水，仁者乐山；知（智）者动，仁者静；知（智）者乐，仁者寿。"

6.24 子曰："齐一变，至于鲁；鲁一变，至于道。"

6.25 子曰："觚不觚？觚哉！觚哉！"

6.26 宰我问曰："仁者，虽告之曰：'井有仁（人）焉。'其从之也？"子曰："何为其然也？君子可逝也，不可陷也；可欺也，不可罔也。"

6.27 子曰："君子博学于文，约之以礼，亦可以弗畔（叛）矣夫。"

6.28 子见南子，子路不说（悦）。夫子矢之曰："予所否者，天厌之！天厌之！"

6.29 子曰："中庸之为德也，其至矣乎！民鲜久矣。"

6.30 子贡曰："如有博施于民而能济众，何如？可谓仁乎？"子曰："何事于仁，必也圣乎！尧、舜其犹病诸！夫仁者，己欲立而立人，己欲达而达人。能近取譬，可谓仁之方也已。"

◉ 述而第七

7.1 子曰："述而不作，信而好古，窃比于我老彭。"

7.2 子曰："默而识之，学而不厌，诲人不倦，何有于我哉？"

7.3 子曰："德之不修，学之不讲，闻义不能徙，不善不能改，是吾忧也。"

7.4 子之燕居，申申如也，夭夭如也。

7.5 子曰："甚矣吾衰也！久矣吾不复梦见周公！"

7.6 子曰："志于道，据于德，依于仁，游于艺。"

7.7 子曰："自行束脩以上，吾未尝无诲焉。"

7.8 子曰："不愤不启，不悱不发。举一隅不以三隅反，则不复也。"

7.9 子食于有丧者之侧，未尝饱也。

7.10 子于是日哭，则不歌。

7.11 子谓颜渊曰："用之则行，舍之则藏，唯我与尔有是夫！"子路曰："子行三军，则谁与（欤）？"子曰："暴虎冯河，死而无悔者，吾不与也。必也临事而惧，好谋而成者也。"

7.12 子曰："富而可求也，虽执鞭之士，吾亦为之。如不可求，从吾所好。"

7.13 子之所慎：斋，战，疾。

7.14 子在齐闻《韶》，三月不知肉味，曰："不图为乐之至于斯也！"

7.15 冉有曰："夫子为卫君乎？"子贡曰："诺，吾将问之。"入，曰："伯夷、叔齐何人也？"曰："古之贤人也。"曰："怨乎？"曰："求仁而得仁，又何怨？"出，曰："夫子不为也。"

7.16 子曰："饭疏食，饮水，曲肱而枕之，乐亦在其中矣。不义而富且贵，于我如浮云。"

7.17 子曰："加我数年，五十以学《易》，可以无大过矣。"

7.18 子所雅言，《诗》、《书》。执礼，皆雅言也。

7.19 叶公问孔子于子路，子路不对。子曰："女（汝）奚不曰，其为人也，发愤忘食，乐以忘忧，不知老之将至云尔。"

7.20 子曰："我非生而知之者，好古，敏以求之者也。"

7.21 子不语怪、力、乱、神。

7.22 子曰："三人行，必有我师焉：择其善者而从之，其不善者而改之。"

7.23 子曰："天生德于予，桓魋其如予何？"

7.24 子曰："二三子以我为隐乎？吾无隐乎尔。吾无行而不与二三子者，是丘也。"

7.25 子以四教：文、行、忠、信。

7.26 子曰："圣人，吾不得而见之矣；得见君子者，斯可矣。"子曰："善人，吾不得而见之矣；得见有恒者，斯可矣。亡而为有，虚而为盈，约而为泰，难乎有恒矣。"

7.27 子钓而不纲，弋不射宿。

7.28 子曰："盖有不知而作之者，我无是也。多闻，择其善者而从之，多见而识之，知（智）之次也。"

7.29 互乡难与言童子见，门人惑。子曰："与其进也，不与其退也，唯何甚？人洁己以进，与其洁也，不保其往也。"

7.30 子曰："仁远乎哉？我欲仁，斯仁至矣。"

7.31 陈司败问："昭公知礼乎？"孔子曰："知礼。"孔子退，揖巫马期而进之，曰："吾闻君子不党，君子亦党乎？君取于吴为同姓，谓之吴孟子。君而知礼，孰不知礼？"巫马期以告。子曰："丘也幸，苟有过，人必知之。"

7.32 子与人歌而善，必使反之，而后和之。

7.33 子曰："文莫，吾犹人也。躬行君子，则吾未之有得。"

7.34 子曰："若圣与仁，则吾岂敢？抑为之不厌，诲人不倦，则可谓云尔已矣。"公西华曰："正唯弟子不能学也。"

7.35 子疾病，子路请祷。子曰："有诸？"子路对曰："有之。诔曰：'祷尔于上下神祇。'"子曰："丘之祷久矣。"

7.36 子曰："奢则不孙（逊），俭则固。与其不孙（逊）也，宁固。"

7.37 子曰："君子坦荡荡，小人长戚戚。"

7.38 子温而厉，威而不猛，恭而安。

◉ 泰伯第八

8.1 子曰："泰伯，其可谓至德也已矣。三以天下让，民无得而称焉。"

8.2 子曰："恭而无礼则劳，慎而无礼则葸，勇而无礼则乱，直而无礼则绞。君子笃于亲，则民兴于仁；故旧不遗，则民不偷。"

8.3 曾子有疾，召门弟子曰："启予足！启予手！《诗》云：'战战兢兢，如临深渊，如履薄冰。'而今而后，吾知免夫！小子！"

8.4 曾子有疾，孟敬子问之。曾子言曰："鸟之将死，其鸣也哀；人之将死，其言也善。君子所贵乎道者三：动容貌，斯远暴慢矣；正颜色，斯近信矣；出辞气，斯远鄙倍（背）矣。笾豆之事，则有司存。"

8.5 曾子曰："以能问于不能，以多问于寡；有若无，实若虚，犯而不校，昔者吾友尝从事于斯矣。"

8.6 曾子曰："可以托六尺之孤，可以寄百里之命，临大节而不可夺也，君子人与（欤）？君子人也。"

8.7 曾子曰："士不可以不弘毅，任重而道远。仁以为己任，不亦重乎？死而后已，不亦远乎？"

8.8 子曰："兴于诗，立于礼，成于乐。"

8.9 子曰："民可使由之，不可使知之。"

8.10 子曰："好勇疾贫，乱也；人而不仁，疾之已甚，乱也。"

8.11 子曰："如有周公之才之美，使骄且吝，其余不足观也已。"

8.12 子曰："三年学，不至于谷，不易得也。"

8.13 子曰："笃信好学，守死善道。危邦不入，乱邦不居。天下有道则见，无道则隐。邦有道，贫且贱焉，耻也；邦无道，富且贵焉，耻也。"

8.14 子曰："不在其位，不谋其政。"

8.15 子曰："师挚之始，《关雎》之乱，洋洋乎盈耳哉！"

8.16 子曰："狂而不直，侗而不愿，悾悾而不信，吾不知之矣。"

8.17 子曰："学如不及，犹恐失之。"

8.18 子曰："巍巍乎，舜、禹之有天下也而不与焉！"

8.19 子曰："大哉尧之为君也！巍巍乎！唯天为大，唯尧则之，荡荡乎，民无能名焉。巍巍乎其有成功也，焕乎其有文章！"

8.20 舜有臣五人而天下治。武王曰："予有乱臣十人。"孔子曰："才难，不其然乎？唐虞之际，于斯为盛。有妇人焉，九人而已。三分天下有其二，以服事殷。周之德，其可谓至德也已矣。"

8.21 子曰："禹，吾无间然矣。菲饮食而致孝乎鬼神，恶衣服而致美乎黻冕，卑宫室而尽力乎沟洫。禹，吾无间然矣。"

◉ 子罕第九

9.1 子罕言利，与命与仁。

9.2 达巷党人曰："大哉孔子，博学而无所成名。"子闻之，谓门弟子曰："吾何执？执御乎，执射乎？吾执御矣。"

9.3 子曰："麻冕，礼也，今也纯，俭，吾从众。拜下，礼也，今拜乎上，泰也，虽违众，吾从下。"

9.4 子绝四：毋意，毋必，毋固，毋我。

9.5 子畏于匡，曰："文王既没，文不在兹乎？天之将丧斯文也，后死者不得与于斯文也；天之未丧斯文也，匡人其如予何？"

9.6 太宰问于子贡曰："夫子圣者与（欤）？何其多能也？"子贡曰："固天纵之将圣，又多能也。"子闻之，曰："太宰知我乎？吾少也贱，故多能鄙事。君子多乎哉？不多也！"

9.7 牢曰："子云：'吾不试，故艺。'"

9.8 子曰："吾有知乎哉？无知也。有鄙夫问于我，空空如也。我叩其两端而竭焉。"

去圣乃得真孔子

9.9 子曰："凤鸟不至，河不出图，吾已矣夫！"

9.10 子见齐衰者、冕衣裳者与瞽者。见之，虽少必作，过之必趋。

9.11 颜渊喟然叹曰："仰之弥高，钻之弥坚。瞻之在前，忽焉在后。夫子循循然善诱人，博我以文，约我以礼，欲罢不能。既竭吾才，如有所立，卓尔，虽欲从之，末（蔑）由也已。"

9.12 子疾病，子路使门人为臣。病间，曰："久矣哉，由之行诈也！无臣而为有臣。吾谁欺？欺天乎？且予与其死于臣之手也，无宁死于二三子之手乎？且予纵不得大葬，予死于道路乎？"

9.13 子贡曰："有美玉于斯，韫椟而藏诸？求善贾（价）而沽（贾）诸？"子曰："沽（贾）之哉！沽（贾）之哉！我待贾（价）者也。"

9.14 子欲居九夷。或曰："陋，如之何？"子曰："君子居之，何陋之有？"

9.15 子曰："吾自卫反（返）鲁，然后乐正，《雅》《颂》各得其所。"

9.16 子曰："出则事公卿，入则事父兄，丧事不敢不勉，不为酒困，何有于我哉。"

9.17 子在川上曰："逝者如斯夫，不舍昼夜！"

9.18 子曰："吾未见好德如好色者也。"

9.19 子曰："譬如为山，未成一篑，止，吾止也。譬如平地，虽覆一篑，进，吾往也。"

9.20 子曰："语之而不惰者，其回也与（欤）？"

9.21 子谓颜渊曰："惜乎！吾见其进也，未见其止也！"

9.22 子曰："苗而不秀者有矣夫！秀而不实者有矣夫！"

9.23 子曰："后生可畏，焉知来者之不如今也？四十、五十而无闻焉，亦不足畏也已。"

9.24 子曰："法语之言，能无从乎？改之为贵。巽与之言，能无说

（悦）乎？绎之为贵。说（悦）而不绎，从而不改，吾末（蔑）如之何也已矣。"

9.25 子曰："主忠信，毋友不如己者，过则勿惮改。"

9.26 子曰："三军可夺帅也，匹夫不可夺志也。"

9.27 子曰："衣敝缊袍，与衣狐貉者立，而不耻者，其由也与（欤）。'不忮不求，何用不臧？'"子路终身诵之。子曰："是道也，何足以臧？"

9.28 子曰："岁寒，然后知松柏之后凋也。"

9.29 子曰："知（智）者不惑，仁者不忧，勇者不惧。"

9.30 子曰："可与共学，未可与适道；可与适道，未可与立；可与立，未可与权。"

9.31 "唐棣之华，偏其反而。岂不尔思？室是远而。"子曰："未之思也，夫何远之有。"

◉ 乡党第十

10.1 孔子于乡党，恂恂如也，似不能言者。其在宗庙朝廷，便便言，唯谨尔。朝，与下大夫言，侃侃如也；与上大夫言，訚訚如也。君在，踧踖如也，与与如也。

10.2 君召使摈，色勃如也，足躩如也。揖所与立，左右手，衣前后，襜如也。趋进，翼如也。宾退，必复命曰："宾不顾矣。"

10.3 入公门，鞠躬如也，如不容。立不中门，行不履阈。过位，色勃如也，足躩如也，其言似不足者。摄齐升堂，鞠躬如也，屏气似不息者。出，降一等，逞颜色，怡怡如也。没阶，趋进，翼如也。复其位，踧踖如也。

10.4 执圭，鞠躬如也，如不胜。上如揖，下如授。勃如战色，足蹜蹜如有循。享礼，有容色。私觌，愉愉如也。

10.5 君子不以绀緅饰，红紫不以为亵服。当暑，袗絺绤，必表而出之。缁衣，羔裘；素衣，麑裘；黄衣，狐裘。亵裘长，短右袂。必有寝衣，长一身有半。狐貉之厚以居。去丧，无所不佩。非帷裳，必杀之。羔裘玄冠不以吊。吉月，必朝服而朝。齐，必有明衣，布。

10.6 齐必变食，居必迁坐。食不厌精，脍不厌细。食饐而餲，鱼馁而肉败，不食。色恶，不食。臭恶，不食。失饪，不食。不时，不食。割不正，不食。不得其酱，不食。肉虽多，不使胜食气。唯酒无量，不及乱。沽酒市脯不食。不撤姜食，不多食。

10.7 祭于公，不宿肉。祭肉不出三日。出三日，不食之矣。

10.8 食不语，寝不言。

10.9 虽疏食、菜羹、瓜祭，必齐如也。

10.10 席不正，不坐。

10.11 乡人饮酒，杖者出，斯出矣。

10.12 乡人傩，朝服而立于阼阶。

10.13 问人于他邦，再拜而送之。

10.14 康子馈药，拜而受之。曰："丘未达，不敢尝。"

10.15 厩焚。子退朝，曰："伤人乎？"不问马。

10.16 君赐食，必正席先尝之。君赐腥，必熟而荐之。君赐生，必畜之。侍食于君，君祭，先饭。

10.17 疾，君视之，东首，加朝服，拖绅。

10.18 君命召，不俟驾行矣。

10.19 入太庙，每事问。

10.20 朋友死，无所归，曰："于我殡。"

10.21 朋友之馈，虽车马，非祭肉，不拜。

10.22 寝不尸，居不（容）〔客〕。

10.23 见齐衰者，虽狎必变。见冕者与瞽者，虽亵必以貌。凶服者式之，式负（版）〔贩〕者。有盛馔，必变色而作。迅雷风烈必变。

10.24 升车，必正立，执绥。车中不内顾，不疾言，不亲指。

10.25 色斯举矣，翔而后集。曰："山梁雌雉，时哉时哉！"子路共之，三嗅而作。

◉ 先进第十一

11.1 子曰："先进于礼乐，野人也；后进于礼乐，君子也。如用之，则吾从先进。"

11.2 子曰："从我于陈、蔡者，皆不及门也。"

11.3 德行：颜渊、闵子骞、冉伯牛、仲弓。言语：宰我、子贡。政事：冉有、季路。文学：子游、子夏。

11.4 子曰："回也非助我者也，于吾言无所不说（悦）。"

11.5 子曰："'孝哉闵子骞！'人不间于其父母昆弟之言。"

11.6 南容三复白圭，孔子以其兄之子妻之。

11.7 季康子问："弟子孰为好学？"孔子对曰："有颜回者好学，不幸短命死矣，今也则亡。"

11.8 颜渊死，颜路请子之车以为之椁。子曰："才不才，亦各言其子也。鲤也死，有棺而无椁。吾不徒行以为之椁，以吾从大夫之后，不可徒行也。"

11.9 颜渊死。子曰："噫！天丧予！天丧予！"

11.10 颜渊死，子哭之恸。从者曰："子恸矣！"曰："有恸乎？非夫人之为恸而谁为？"

11.11 颜渊死，门人欲厚葬之，子曰："不可。"门人厚葬之。子曰："回也视予犹父也，予不得视犹子也。非我也，夫二三子也。"

11.12 季路问事鬼神。子曰："未能事人，焉能事鬼？"曰："敢问死。"曰："未知生，焉知死？"

11.13 闵子侍侧，訚訚如也；子路，行行如也；冉有、子贡，侃侃如也。子乐〔曰〕："若由也，不得其死然。"

11.14 鲁人为长府。闵子骞曰："仍旧贯，如之何？何必改作？"子曰："夫人不言，言必有中。"

11.15 子曰："由之瑟，奚为于丘之门？"门人不敬子路。子曰："由也升堂矣，未入于室也。"

11.16 子贡问："师与商也孰贤？"子曰："师也过，商也不及。"曰："然则师愈与（欤）？"子曰："过犹不及。"

11.17 季氏富于周公，而求也为之聚敛而附益之。子曰："非吾徒也，小子鸣鼓而攻之，可也。"

11.18 柴也愚，参也鲁，师也辟，由也喭。

11.19 子曰："回也其庶（度）乎屡空，赐不受命而货殖焉，亿（臆）则屡中。"

11.20 子张问善人之道。子曰："不践迹，亦不入于室。"

11.21 子曰："论笃是与。君子者乎？色庄者乎？"

11.22 子路问："闻斯行诸？"子曰："有父兄在，如之何其闻斯行之？"冉有问："闻斯行诸？"子曰："闻斯行之。"公西华曰："由也问闻斯行诸，子曰有父兄在；求也问闻斯行诸，子曰闻斯行之。赤也惑，敢问。"子曰："求也退，故进之；由也兼人，故退之。"

11.23 子畏于匡，颜渊后。子曰："吾以女（汝）为死矣！"曰："子在，回何敢死？"

11.24 季子然问："仲由、冉求，可谓大臣与（欤）？"子曰："吾以子为异之问，曾由与求之问。所谓大臣者，以道事君，不可则止。今由与求也，可谓具臣矣。"曰："然则从之者与（欤）？"子曰："弑父与君，亦不从也。"

11.25 子路使子羔为费宰。子曰："贼夫人之子。"子路曰："有民人焉，有社稷焉，何必读书，然后为学。"子曰："是故恶夫佞者。"

11.26 子路、曾皙、冉有、公西华侍坐。子曰："以吾一日长乎尔，毋吾以也。居则曰：'不吾知也！'如或知尔，则何以哉？"子路率尔而对曰："千乘之国，摄乎大国之间，加之以师旅，因之以饥馑。由也为之，比及三年，可使有勇，且知方也。"夫子哂之。"求！尔何如？"对曰："方六七十如五六十，求也为之，比及三年，可使足民。如其礼乐，以俟君子。""赤！尔何如？"对曰："非曰能之，愿学焉。宗庙之事如会同，端章甫，愿为小相焉。""点！尔何如？"鼓瑟希（稀），铿尔，舍瑟而作，对曰："异乎三子者之撰。"子曰："何伤乎？亦各言其志也。"曰："莫（暮）春者，春服既成，冠者五六人，童子六七人，浴乎沂，风乎舞雩，咏而归。"夫子喟然叹曰："吾与点也。"三子者出，曾皙后。曾皙曰："夫三子者之言何如？"子曰："亦各言其志也已矣。"曰："夫子何哂由也？"曰："为国以礼，其言不让，是故哂之。""唯求则非邦也与（欤）？""安见方六七十如五六十而非邦也者？""唯赤则非邦也与（欤）？""宗庙会同，非诸侯而何？赤也为之小，孰能为之大？"

◉ 颜渊第十二

12.1 颜渊问仁。子曰："克己复礼为仁。一日克己复礼，天下归仁焉。为仁由己，而由人乎哉？"颜渊曰："请问其目？"子曰："非礼勿视，非礼勿听，非礼勿言，非礼勿动。"颜渊曰："回虽不敏，请事斯语矣。"

12.2 仲弓问仁。子曰："出门如见大宾，使民如承大祭。己所不欲，勿施于人。在邦无怨，在家无怨。"仲弓曰："雍虽不敏，请事斯语矣。"

12.3 司马牛问仁。子曰："仁者，其言也讱。"曰："其言也讱，斯谓之仁已乎？子曰："为之难，言之得无讱乎？"

12.4 司马牛问君子。子曰："君子不忧不惧。"曰："不忧不惧，斯谓之君子已乎？"子曰："内省不疚，夫何忧何惧？"

12.5 司马牛忧曰："人皆有兄弟，我独亡！"子夏曰："商闻之矣：死生有命，富贵在天。君子敬而无失，与人恭而有礼，四海之内，皆兄弟也。君子何患乎无兄弟也？"

12.6 子张问明。子曰："浸润之谮，肤受之愬，不行焉，可谓明也已矣。浸润之谮，肤受之愬，不行焉，可谓远也已矣。"

12.7 子贡问政。子曰："足食足兵，民信之矣。"子贡曰："必不得已而去，于斯三者何先？"曰："去兵。"子贡曰："必不得已而去，于斯二者何先？"曰："去食。自古皆有死，民无信不立。"

12.8 棘子成曰："君子质而已矣，何以文为？"子贡曰："惜乎，夫子之说君子也，驷不及舌。文犹质也，质犹文也。虎豹之鞟犹犬羊之鞟。"

12.9 哀公问于有若曰："年饥，用不足，如之何？"有若对曰："盍彻乎？"曰："二，吾犹不足，如之何其彻也？"对曰："百姓足，君孰与不足？百姓不足，君孰与足？"

12.10 子张问崇德辨惑。子曰："主忠信，徙义，崇德也。爱之欲其生，恶之欲其死。既欲其生，又欲其死，是惑也。'诚不以富，亦祇以异。'"

12.11 齐景公问政于孔子。孔子对曰："君君臣臣、父父子子。"公曰："善哉！信如君不君、臣不臣、父不父、子不子，虽有粟，吾得而食诸？"

12.12 子曰："片言可以折狱者，其由也与（欤）？"子路无宿诺。

12.13 子曰："听讼，吾犹人也，必也使无讼乎。"

12.14 子张问政。子曰："居之无倦，行之以忠。"

12.15 子曰："博学于文，约之以礼，亦可以弗畔（叛）矣夫！"

12.16 子曰："君子成人之美，不成人之恶。小人反是。"

12.17 季康子问政于孔子。孔子对曰："政者，正也。子帅以正，孰敢不正？"

12.18 季康子患盗，问于孔子。孔子对曰："苟子之不欲，虽赏之不窃。"

12.19 季康子问政于孔子曰："如杀无道，以就有道，何如？"孔子对曰："子为政，焉用杀？子欲善而民善矣。君子之德风，小人之德草。草上之风，必偃。"

12.20 子张问："士何如斯可谓之达矣？"子曰："何哉，尔所谓达者？"子张对曰："在邦必闻，在家必闻。"子曰："是闻也，非达也。夫达也者，质直而好义，察言而观色，虑以下人。在邦必达，在家必达。夫闻也者，色取仁而行违，居之不疑。在邦必闻，在家必闻。"

12.21 樊迟从游于舞雩之下，曰："敢问崇德、修慝、辨惑。"子曰："善哉问！先事后得，非崇德与（欤）？攻其恶，无攻人之恶，非修慝与（欤）？一朝之忿，忘其身以及其亲，非惑与（欤）？"

12.22 樊迟问仁。子曰："爱人。"问知（智）。子曰："知人。"樊迟未达。子曰："举直错（措）诸枉，能使枉者直。"樊迟退，见子夏曰："乡也吾见于夫子而问知（智），子曰：'举直错（措）诸枉，能使枉者直。'何谓也？"子夏曰："富哉言乎！舜有天下，选于众，举皋陶，不仁者远矣。汤有天下，选于众，举伊尹，不仁者远矣。"

12.23 子贡问友。子曰："忠告而善道之，不可则止，毋自辱焉。"

12.24 曾子曰："君子以文会友，以友辅仁。"

◉ 子路第十三

13.1 子路问政。子曰："先之劳之。"请益，曰："无倦。"

13.2 仲弓为季氏宰，问政。子曰："先有司，赦小过，举贤才。"
曰："焉知贤才而举之？"曰："举尔所知，尔所不知，人其
舍诸？"

13.3 子路曰："卫君待子而为政，子将奚先？"子曰："必也正名
乎！"子路曰："有是哉，子之迂也！奚其正？"子曰："野哉
由也！君子于其所不知，盖阙如也。名不正，则言不顺；言不
顺，则事不成；事不成，则礼乐不兴；礼乐不兴，则刑罚不
中；刑罚不中，则民无所错手足。故君子名之必可言也，言之
必可行也。君子于其言，无所苟而已矣。"

13.4 樊迟请学稼。子曰："吾不如老农。"请学为圃。曰："吾不如
老圃。"樊迟出。子曰："小人哉，樊须也！上好礼，则民莫敢
不敬；上好义，则民莫敢不服；上好信，则民莫敢不用情。夫
如是，则四方之民襁负其子而至矣，焉用稼？"

13.5 子曰："诵《诗》三百，授之以政，不达；使于四方，不能专
对。虽多，亦奚以为？"

13.6 子曰："其身正，不令而行；其身不正，虽令不从。"

13.7 子曰："鲁、卫之政，兄弟也。"

13.8 子谓卫公子荆善居室，始有，曰苟合矣；少有，曰苟完矣；富
有，曰苟美矣。

13.9 子适卫，冉有仆。子曰："庶矣哉！"冉有曰："既庶矣，又
何加焉？"曰："富之。"曰："既富矣，又何加焉？"曰：
"教之。"

13.10 子曰："苟有用我者，期月而已可也，三年有成。"

13.11 子曰："'善人为邦百年，亦可以胜残去杀矣。'诚哉是言也！"

13.12 子曰："如有王者，必世而后仁。"

13.13 子曰："苟正其身矣，于从政乎何有？不能正其身，如正
人何？"

13.14 冉子退朝。子曰："何晏也？"对曰："有政。"子曰："其事

也，如有政，虽不吾以，吾其与闻之。"

13.15 定公问："一言而可以兴邦，有诸？"孔子对曰："言不可以若是。其几也，人之言曰：'为君难，为臣不易。'如知为君之难也，不几乎一言而兴邦乎？"曰："一言而丧邦，有诸？"孔子对曰："言不可以若是。其几也，人之言曰：'予无乐乎为君，唯其言而莫予违也。'如其善而莫之违也，不亦善乎？如不善而莫之违也，不几乎一言而丧邦乎？"

13.16 叶公问政。子曰："近者说（悦），远者来。"

13.17 子夏为莒父宰，问政。子曰："无欲速，无见小利。欲速则不达，见小利则大事不成。"

13.18 叶公语孔子曰："吾党有直躬者，其父攘羊，而子证之。"孔子曰："吾党之直者异于是：父为子隐，子为父隐。直在其中矣。"

13.19 樊迟问（仁）〔行〕。子曰："居处恭，执事敬，与人忠。虽之夷狄，不可弃也。"

13.20 子贡问曰："何如斯可谓之士矣？"子曰："行己有耻，使于四方，不辱君命，可谓士矣。"曰："敢问其次。"曰："宗族称孝焉，乡党称弟焉。"曰："敢问其次。"曰："言必信，行必果，硁硁然小人哉！抑亦可以为次矣。"曰："今之从政者何如？"子曰："噫！斗筲之人，何足算也？"

13.21 子曰："不得中行而与之，必也狂狷乎。狂者进取，狷者有所不为也。"

13.22 子曰："南人有言曰：'人而无恒，不可以作巫医。'善夫！""不恒其德，或承之羞。"子曰："不占而已矣。"

13.23 子曰："君子和而不同，小人同而不和。"

13.24 子贡问曰："乡人皆好之，何如？"子曰："未可也。""乡人皆恶之，何如？"子曰："未可也。不如乡人之善者好之，其不善者恶之。"

13.25 子曰："君子易事而难说也。说之不以道，不说也；及其使人也，器之。小人难事而易说也。说之虽不以道，说也；及其使人也，求备焉。"

13.26 子曰："君子泰而不骄，小人骄而不泰。"

13.27 子曰："刚、毅、木、讷，近仁。"

13.28 子路问曰："何如斯可谓之士矣？"子曰："切切偲偲，怡怡如也，可谓士矣。朋友切切偲偲，兄弟怡怡。"

13.29 子曰："善人教民七年，亦可以即戎矣。"

13.30 子曰："以不教民战，是谓弃之。"

◉ 宪问第十四

14.1 宪问耻。子曰："邦有道，谷；邦无道，谷，耻也。""克、伐、怨、欲不行焉，可以为仁矣？"子曰："可以为难矣，仁则吾不知也。"

14.2 子曰："士而怀居，不足以为士矣。"

14.3 子曰："邦有道，危言危行；邦无道，危行言孙（逊）。"

14.4 子曰："有德者必有言，有言者不必有德。仁者必有勇，勇者不必有仁。"

14.5 南宫适问于孔子曰："羿善射，奡荡舟，俱不得其死然。禹、稷躬稼而有天下。"夫子不答。南宫适出，子曰："君子哉若人！尚德哉若人！"

14.6 子曰："君子而不仁者有矣夫，未有小人而仁者也。"

14.7 子曰："爱之，能勿劳乎？忠焉，能勿诲（谋）乎？"

14.8 子曰："为命，裨谌草创之，世叔讨论之，行人子羽修饰之，东里子产润色之。"

14.9 或问子产。子曰："惠人也。"问子西。曰："彼哉彼哉！"问管仲。曰："人（仁）也。夺伯氏骈邑三百，饭疏食，没齿无怨言。"

14.10 子曰："贫而无怨难，富而无骄易。"

14.11 子曰："孟公绰为赵、魏老则优，不可以为滕、薛大夫。"

14.12 子路问成人。子曰："若臧武仲之知（智），公绰之不欲，卞庄子之勇，冉求之艺，文之以礼乐，亦可以为成人矣。"曰："今之成人者何必然？见利思义，见危授命，久要不忘平生之言，亦可以为成人矣。"

14.13 子问公叔文子于公明贾曰："信乎夫子不言、不笑、不取乎？"公明贾对曰："以告者过也。夫子时然后言，人不厌其言；乐然后笑，人不厌其笑；义然后取，人不厌其取。"子曰："其然？岂其然乎？"

14.14 子曰："臧武仲以防求为后于鲁，虽曰不要君，吾不信也。"

14.15 子曰："晋文公谲而不正，齐桓公正而不谲。"

14.16 子路曰："桓公杀公子纠，召忽死之，管仲不死。"曰："未仁乎？"子曰："桓公九合诸侯，不以兵车，管仲之力也。如其仁！如其仁！"

14.17 子贡曰："管仲非仁者与（欤）？桓公杀公子纠，不能死，又相之。"子曰："管仲相桓公，霸诸侯，一匡天下，民到于今受其赐。微管仲，吾其被发左衽矣。岂若匹夫匹妇之为谅也，自经于沟渎而莫之知也。"

14.18 公叔文子之臣大夫僎，与文子同升诸公。子闻之，曰："可以为'文'矣！"

14.19 子言卫灵公之无道也，康子曰："夫如是，奚而不丧？"孔子曰："仲叔圉治宾客，祝鮀治宗庙，王孙贾治军旅。夫如是，奚其丧？"

14.20 子曰："其言之不怍，则为之也难。"

14.21 陈成子弑简公。孔子沐浴而朝，告于哀公曰："陈恒弑其君，请讨之。"公曰："告夫三子。"孔子曰："以吾从大夫之后，不敢不告也。君曰'告夫三子'者。"之三子告,不可。孔子曰:"以吾从大夫之后,不敢不告也。"

14.22 子路问事君。子曰:"勿欺也,而犯之。"

14.23 子曰:"君子上达,小人下达。"

14.24 子曰:"古之学者为己,今之学者为人。"

14.25 蘧伯玉使人于孔子,孔子与之坐而问焉,曰:"夫子何为?"对曰:"夫子欲寡其过而未能也。"使者出,子曰:"使乎使乎!"

14.26 子曰:"不在其位,不谋其政。"曾子曰:"君子思不出其位。"

14.27 子曰:"君子耻其言而过其行。"

14.28 子曰:"君子道者三,我无能焉:仁者不忧,知(智)者不惑,勇者不惧。"子贡曰:"夫子自道也。"

14.29 子贡方人。子曰:"赐也贤乎哉?夫我则不暇。"

14.30 子曰:"不患人之不己知,患其不能也。"

14.31 子曰:"不逆诈,不亿(臆)不信,抑亦先觉者,是贤乎?"

14.32 微生亩谓孔子曰:"丘何为是栖栖者与(欤)?无乃为佞乎?"孔子曰:"非敢为佞也,疾固也。"

14.33 子曰:"骥不称其力,称其德也。"

14.34 或曰:"以德报怨,何如?"子曰:"何以报德?以直(值)报怨,以德报德。"

14.35 子曰:"莫我知也夫!"子贡曰:"何为其莫如知子也?"子曰:"不怨天,不尤人,下学而上达,知我者其天乎!"

14.36 公伯寮愬子路于季孙。子服景伯以告,曰:"夫子固有惑志,于公伯寮,吾力犹能肆诸市朝。"子曰:"道之将行也与(欤),命也;道之将废也与(欤),命也。公伯寮其如命何!"

14.37 子曰:"贤者辟(避)世,其次辟(避)地,其次辟(避)色,其次辟(避)言。"子曰:"作者七人矣。"

14.38 子路宿于石门。晨门曰:"奚自?"子路曰:"自孔氏。"曰:

"是知其不可而为之者与（欤）？"

14.39 子击磬于卫，有荷蒉而过孔氏之门者，曰："有心哉，击磬乎！"既而曰："鄙哉，硁硁乎！莫己知也，斯己而已矣。深则厉，浅则揭。"子曰："果哉！末（蔑）之难矣。"

14.40 子张曰："《书》云，'高宗谅阴，三年不言。'何谓也？"子曰："何必高宗，古之人皆然。君薨，百官总己以听于冢宰三年。"

14.41 子曰："上好礼，则民易使也。"

14.42 子路问君子。子曰："修己以敬。"曰："如斯而已乎？"曰："修己以安人。"曰："如斯而已乎？"曰："修己以安百姓。修己以安百姓，尧、舜其犹病诸。"

14.43 原壤夷俟。子曰："幼而不孙（逊）弟（悌），长而无述焉，老而不死，是为贼。"以杖叩其胫。

14.44 阙党童子将命。或问之曰："益者与（欤）？"子曰："吾见其居于位也，见其与先生并行也，非求益者也，欲速成者也。"

◉ 卫灵公第十五

15.1 卫灵公问陈于孔子。孔子对曰："俎豆之事，则尝闻之矣；军旅之事，未之学也。"明日遂行。

15.2 在陈绝粮，从者病，莫能兴。子路愠见曰："君子亦有穷乎？"子曰："君子固穷，小人穷斯滥矣。"

15.3 子曰："赐也，女（汝）以予为多学而识之者与（欤）？"对曰："然，非与（欤）？"曰："非也，予一以贯之。"

15.4 子曰："由，知德者鲜矣。"

15.5 子曰："无为而治者，其舜也与（欤）？夫何为哉？恭己正南面而已矣。"

15.6 子张问行。子曰："言忠信，行笃敬，虽蛮貊之邦行矣。言不忠信，行不笃敬，虽州里行乎哉？立，则见其参于前也；在舆，则见其倚于衡也，夫然后行。"子张书诸绅。

15.7 子曰："直哉史鱼！邦有道如矢，邦无道如矢。君子哉蘧伯玉！邦有道则仕，邦无道则可卷而怀之。"

15.8 子曰："可与言而不与言，失人；不可与言而与之言，失言。知（智）者不失人，亦不失言。"

15.9 子曰："志士仁人，无求生以害仁，有杀身以成仁。"

15.10 子贡问为仁。子曰："工欲善其事，必先利其器。居是邦也，事其大夫之贤者，友其士之仁者。"

15.11 颜渊问为邦。子曰："行夏之时，乘殷之辂，服周之冕，乐则《韶》、《舞（武）》。放郑声，远佞人。郑声淫，佞人殆。"

15.12 子曰："人无远虑，必有近忧。"

15.13 子曰："已矣乎！吾未见好德如好色者也。"

15.14 子曰："臧文仲其窃位者与（欤）！知柳下惠之贤而不与立也。"

15.15 子曰："躬自厚而薄责于人，则远怨矣。"

15.16 子曰："不曰'如之何，如之何'者，吾末（蔑）如之何也已矣！"

15.17 子曰："群居终日，言不及义，好行小慧，难矣哉！"

15.18 子曰："君子义以为质，礼以行之，孙（逊）以出之，信以成之。君子哉！"

15.19 子曰："君子病无能焉，不病人之不己知也。"

15.20 子曰："君子疾没世而名不称焉。"

15.21 子曰："君子求诸己，小人求诸人。"

15.22 子曰："君子矜而不争，群而不党。"

15.23 子曰："君子不以言举人，不以人废言。"

15.24 子贡问曰："有一言而可以终身行之者乎？"子曰："其恕乎！己所不欲，勿施于人。"

15.25 子曰："吾之于人也，谁毁谁誉。如有所誉者，其有所试矣。斯民也，三代之所以直道而行也。"

15.26 子曰："吾犹及史之阙文也。有马者借人乘之。今亡矣夫！"

15.27 子曰："巧言乱德，小不忍则乱大谋。"

15.28 子曰："众恶之，必察焉；众好之，必察焉。"

15.29 子曰："人能弘道，非道弘人。"

15.30 子曰："过而不改，是谓过矣。"

15.31 子曰："吾尝终日不食，终夜不寝，以思，无益，不如学也。"

15.32 子曰："君子谋道不谋食。耕也，馁在其中矣；学也，禄在其中矣。君子忧道不忧贫。"

15.33 子曰："知（智）及之，仁不能守之，虽得之，必失之。知（智）及之，仁能守之，不庄以莅之，则民不敬。知（智）及之，仁能守之，庄以莅之，动之不以礼，未善也。"

15.34 子曰："君子不可小知而可大受也，小人不可大受而可小知也。"

15.35 子曰："民之于仁也，甚于水火。水火，吾见蹈而死者矣，未见蹈仁而死者也。"

15.36 子曰："当仁不让于师。"

15.37 子曰："君子贞而不谅。"

15.38 子曰："事君，敬其事而后其食。"

15.39 子曰："有教无类。"

15.40 子曰："道不同，不相为谋。"

15.41 子曰："辞达而已矣。"

15.42 师冕见，及阶，子曰："阶也。"及席，子曰："席也。"皆坐，子告之曰："某在斯，某在斯。"师冕出，子张问曰："与师言之道与（欤）？"子曰："然，固相师之道也。"

● 季氏第十六

16.1 季氏将伐颛臾。冉有、季路见于孔子曰："季氏将有事于颛臾。"孔子曰："求，无乃尔是过与（欤）？夫颛臾，昔者先王以为东蒙主，且在邦域之中矣，是社稷之臣也，何以伐为？"冉有曰："夫子欲之，吾二臣者皆不欲也。"孔子曰："求，周任有言曰：'陈力就列，不能者止。'危而不持，颠而不扶，则将焉用彼相矣？且尔言过矣，虎兕出于柙，龟玉毁于椟中，是谁之过与（欤）？"冉有曰："今夫颛臾，固而近于费。今不取，后世必为子孙忧。"孔子曰："求，君子疾夫舍曰欲之而必为之辞。丘也闻有国有家者，不患寡而患不均，不患贫而患不安。盖均无贫，和无寡，安无倾。夫如是，故远人不服，则修文德以来之；既来之，则安之。今由与求也，相夫子，远人不服，而不能来也；邦分崩离析，而不能守也；而谋动干戈于邦内。吾恐季孙之忧，不在颛臾，而在萧墙之内也。"

16.2 孔子曰："天下有道，则礼乐征伐自天子出；天下无道，则礼乐征伐自诸侯出。自诸侯出，盖十世希不失矣；自大夫出，五世希不失矣；陪臣执国命，三世希不失矣。天下有道，则政不在大夫；天下有道，则庶人不议。"

16.3 孔子曰："禄之去公室五世矣，政逮于大夫四世矣，故夫三桓之子孙微矣。"

16.4 孔子曰："益者三友，损者三友。友直，友谅，友多闻，益矣。友便辟（嬖），友善柔，友便佞，损矣。"

16.5 孔子曰："益者三乐，损者三乐。乐节礼乐，乐道人之善，乐多贤友，益矣。乐骄乐，乐佚游，乐宴乐，损矣。"

16.6 孔子曰："侍于君子有三愆：言未及之而言，谓之躁；言及之而不言，谓之隐；未见颜色而言，谓之瞽。"

16.7 孔子曰："君子有三戒：少之时，血气未定，戒之在色；及其壮也，血气方刚，戒之在斗；及其老也，血气既衰，戒之在得。"

16.8 孔子曰："君子有三畏：畏天命，畏大人，畏圣人之言。小人不知天命而不畏也，狎大人，侮圣人之言。"

16.9 孔子曰："生而知之者，上也；学而知之者，次也；困而学之，又其次也；困而不学，民斯为下矣。"

16.10 孔子曰："君子有九思：视思明，听思聪，色思温，貌思恭，言思忠，事思敬，疑思问，忿思难，见得思义。"

16.11 孔子曰："见善如不及，见不善如探汤，吾见其人矣，吾闻其语矣。隐居以求其志，行义以达其道，吾闻其语矣，未见其人也。"

16.12 齐景公有马千驷，死之日，民无德（得）而称焉。伯夷、叔齐饿于首阳之下，民到于今称之。其斯之谓与（欤）？

16.13 陈亢问于伯鱼曰："子亦有异闻乎？"对曰："未也。尝独立，鲤趋而过庭，曰：'学诗乎？'对曰：'未也。''不学诗，无以言。'鲤退而学诗。他日又独立，鲤趋而过庭，曰：'学礼乎？'对曰：'未也。''不学礼，无以立。'鲤退而学礼。闻斯二者。"陈亢退而喜曰："问一得三，闻诗闻礼，又闻君子之远其子也。"

16.14 邦君之妻，君称之曰夫人，夫人自称曰小童，邦人称之曰君夫人，称诸异邦曰寡小君，异邦人称之亦曰君夫人。

⊙ 阳货第十七

17.1 阳货欲见孔子，孔子不见，归（馈）孔子豚。孔子时（待）其亡也，而往拜之。遇诸涂（途）。谓孔子曰："来！予与尔言。"曰："怀其宝而迷其邦，可谓仁乎？"曰："不可。""好从事而亟失时，可谓知（智）乎？"曰："不可。""日月逝矣，岁不我与。"孔子曰："诺，吾将仕矣。"

17.2 子曰："性相近也，习相远也。"

17.3 子曰："唯上知（智）与下愚不移。"

17.4 子之武城，闻弦歌之声。夫子莞尔而笑，曰："割鸡焉用牛刀？"子游对曰："昔者偃也闻诸夫子曰：'君子学道则爱人，小人学道则易使也。'"子曰："二三子！偃之言是也。前言戏之耳。"

17.5 公山弗扰以费畔（叛），召，子欲往。子路不说（悦），曰："末（蔑）之也已，何必公山氏之之也？"子曰："夫召我者，而岂徒哉？如有用我者，吾其为东周乎！"

17.6 子张问仁于孔子。孔子曰："能行五者于天下为仁矣。"请问之。曰："恭、宽、信、敏、惠。恭则不侮，宽则得众，信则人任焉，敏则有功，惠则足以使人。"

17.7 佛肸召，子欲往。子路曰："昔者由也闻诸夫子曰：'亲于其身为不善者，君子不入也。'佛肸以中牟畔（叛），子之往也，如之何？"子曰："然，有是言也。不曰坚乎，磨而不磷；不曰白乎，涅而不缁。吾岂匏瓜也哉？焉能系而不食？"

17.8 子曰："由也，女（汝）闻六言六蔽（弊）矣乎？"对曰："未也。""居，吾语女（汝）。好仁不好学，其蔽（弊）也愚；好知（智）不好学，其蔽（弊）也荡；好信不好学，其蔽（弊）也贼；好直不好学，其蔽（弊）也绞；好勇不好学，其蔽（弊）也乱；好刚不好学，其蔽（弊）也狂。"

17.9 子曰："小子何莫学夫诗？诗，可以兴，可以观，可以群，可以怨。迩之事父，远之事君。多识于鸟兽草木之名。"

17.10 子谓伯鱼曰："女（汝）为《周南》、《召南》矣乎？人而不为《周南》、《召南》，其犹正墙面而立也与（欤）！"

17.11 子曰："礼云礼云，玉帛云乎哉？乐云乐云，钟鼓云乎哉？"

17.12 子曰："色厉而内荏，譬诸小人，其犹穿窬之盗也与（欤）！"

17.13 子曰："乡原（愿），德之贼也。"

17.14 子曰："道听而塗（途）说，德之弃也。"

17.15 子曰："鄙夫可与事君也与（欤）哉？其未得之也，患〔不〕得之；既得之，患失之；苟患失之，无所不至矣。"

17.16 子曰："古者民有三疾，今也或是之亡也。古之狂也肆，今之狂也荡；古之矜也廉，今之矜也忿戾；古之愚也直，今之愚也诈而已矣。"

17.17 子曰："巧言令色，鲜矣仁。"

17.18 子曰："恶紫之夺朱也，恶郑声之乱雅乐也，恶利口之覆邦家者。"

17.19 子曰："予欲无言。"子贡曰："子如不言，则小子何述焉？"子曰："天何言哉？四时行焉，百物生焉，天何言哉？"

17.20 孺悲欲见孔子，孔子辞以疾。将命者出户，取瑟而歌，使之闻之。

17.21 宰我问："三年之丧，期已久矣。君子三年不为礼，礼必坏；三年不为乐，乐必崩。旧谷既没，新谷既升，钻燧改火，期可已矣。"子曰："食夫稻，衣夫锦，于女（汝）安乎？"曰："安。""女（汝）安，则为之。夫君子之居丧，食旨不甘，闻乐不乐，居处不安，故不为也。今女（汝）安，则为之。"宰我出。子曰："予之不仁也！子生三年，然后免于父母之怀。夫三年之丧，天下之通丧也。予也有三年之爱于其父母乎？"

17.22 子曰："饱食终日，无所用心，难矣哉！不有博弈者乎？为之犹贤乎已。"

17.23 子路曰："君子尚勇乎？"子曰："君子义以为上。君子有勇而无义为乱，小人有勇而无义为盗。"

17.24 子贡曰："君子亦有恶乎？"子曰："有恶。恶称人之恶者，恶居下（流）而讪上者，恶勇而无礼者，恶果敢而窒者。"曰："赐也亦有恶乎？""恶徼以为知（智）者，恶不孙（逊）以为勇者，恶讦以为直者。"

17.25 子曰："唯女子与小人为难养也，近之则不孙（逊），远之则怨。"

17.26 子曰："年四十而见恶焉，其终也已。"

◎ 微子第十八

18.1 微子去之，箕子为之奴，比干谏而死。孔子曰："殷有三仁焉。"

18.2 柳下惠为士师，三黜。人曰："子未可以去乎？"曰："直道而事人，焉往而不三黜？枉道而事人，何必去父母之邦？"

18.3 齐景公待孔子曰："若季氏则吾不能，以季、孟之间待之。"曰："吾老矣，不能用也。"孔子行。

18.4 齐人归女乐，季桓子受之，三日不朝，孔子行。

18.5 楚狂接舆歌而过孔子，曰："凤兮凤兮，何德之衰！往者不可谏，来者犹可追。已而已而！今之从政者殆而！"孔子下，欲与之言。趋而辟（避）之，不得与之言。

18.6 长沮、桀溺耦而耕，孔子过之，使子路问津焉。长沮曰："夫执舆者为谁？"子路曰："为孔丘。"曰："是鲁孔丘与（欤）？"曰："是也。"曰："是知津矣。"问于桀溺。桀溺曰："子为谁？"曰："为仲由。"曰："是鲁孔丘之徒与（欤）？"对曰："然。"曰："滔滔者，天下皆是也，而谁以易之？且而（尔）与其从辟（避）人之士也，岂若从辟（避）世之士哉？"耰而不辍。子路行以告。夫子怃然曰："鸟兽不可与同群，吾非斯人之徒与而谁与？天下有道，丘不与易也。"

18.7 子路从而后，遇丈人，以杖荷蓧。子路问曰："子见夫子乎？"丈人曰："四体不勤，五谷不分，孰为夫子？"植其杖而芸。子路拱而立。止子路宿，杀鸡为黍而食之，见其二子焉。明日，子路行以告。子曰："隐者也。"使子路反（返）见之。至，则行矣。子路曰："不仕无义。长幼之节，不可废也；君臣之义，如之何其废之？欲洁其身，而乱大伦。君子之仕也，行其义也。道之不行，已知之矣。"

18.8 逸民：伯夷、叔齐、虞仲、夷逸、朱张、柳下惠、少连。子曰："不降其志，不辱其身，伯夷、叔齐与（欤）！"谓"柳下惠、少连，降志辱身矣。言中伦，行中虑，其斯而已矣。"
谓"虞仲、夷逸，隐居放言，身中清，废中权。我则异于是，
无可无不可。"

18.9 大师挚适齐，亚饭干适楚，三饭缭适蔡，四饭缺适秦，鼓方叔
入于河，播鼗武入于汉，少师阳、击磬襄入于海。

18.10 周公谓鲁公曰："君子不施（弛）其亲，不使大臣怨乎不以。
故旧无大故，则不弃也。无求备于一人。"

18.11 周有八士：伯达、伯适、仲突、仲忽、叔夜、叔夏、季随、
季骡。

● 子张第十九

19.1 子张曰："士见危致命，见得思义，祭思敬，丧思哀，其可
已矣。"

19.2 子张曰："执德不弘，信道不笃，焉能为有？焉能为亡？"

19.3 子夏之门人问交于子张。子张曰："子夏云何？"对曰："子夏
曰：'可者与之，其不可者拒之。'"子张曰："异乎吾所闻：君
子尊贤而容众，嘉善而矜不能。我之大贤与（欤），于人何所
不容？我之不贤与（欤），人将拒我，如之何其拒人也？"

19.4 子夏曰："虽小道，必有可观者焉，致远恐泥，是以君子不
为也。"

19.5 子夏曰："日知其所亡，月无忘其所能，可谓好学也已矣。"

19.6 子夏曰："博学而笃志，切问而近思，仁在其中矣。"

19.7 子夏曰："百工居肆以成其事，君子学以致其道。"

19.8 子夏曰："小人之过也必文。"

19.9 子夏曰："君子有三变：望之俨然，即之也温，听其言也厉。"

19.10 子夏曰："君子信而后劳其民，未信则以为厉己也；信而后谏，
未信则以为谤己也。"

19.11 子夏曰："大德不逾闲，小德出入可也。"

19.12 子游曰："子夏之门人小子，当洒扫、应对、进退则可矣，抑末也。本之则无，如之何？"子夏闻之，曰："噫！言游过矣！君子之道，孰先传焉？孰后倦焉？譬诸草木，区以别矣。君子之道，焉可诬也？有始有卒者，其惟圣人乎！"

19.13 子夏曰："仕而优则学，学而优则仕。"

19.14 子游曰："丧致乎哀而止。"

19.15 子游曰："吾友张也为难能也，然而未仁。"

19.16 曾子曰："堂堂乎张也，难与并为仁矣。"

19.17 曾子曰："吾闻诸夫子：人未有自致者也，必也亲丧乎！"

19.18 曾子曰："吾闻诸夫子：孟庄子之孝也，其他可能也；其不改父之臣与父之政，是难能也。"

19.19 孟氏使阳肤为士师，问于曾子。曾子曰："上失其道，民散久矣。如得其情，则哀矜而勿喜。"

19.20 子贡曰："纣之不善，不如是之甚也。是以君子恶居下流，天下之恶皆归焉。"

19.21 子贡曰："君子之过也，如日月之食焉：过也，人皆见之；更也，人皆仰之。"

19.22 卫公孙朝问于子贡曰："仲尼焉学？"子贡曰："文武之道，未坠于地，在人。贤者识其大者，不贤者识其小者，莫不有文武之道焉，夫子焉不学，而亦何常师之有？"

19.23 叔孙武叔语大夫于朝曰："子贡贤于仲尼。"子服景伯以告子贡。子贡曰："譬之宫墙，赐之墙也及肩，窥见室家之好。夫子之墙数仞，不得其门而入，不见宗庙之美，百官（馆）之富。得其门者或寡矣。夫子之云，不亦宜乎？"

19.24 叔孙武叔毁仲尼。子贡曰："无以为也！仲尼不可毁也。他人之贤者，丘陵也，犹可逾也；仲尼，日月也，无得而逾焉。人虽欲自绝，其何伤于日月乎？多见其不知量也。"

19.25 陈子禽谓子贡曰："子为恭也？仲尼岂贤于子乎？"子贡曰："君子一言以为知，一言以为不知，言不可不慎也！夫子之不可及也，犹天之不可阶而升也。夫子之得邦家者，所谓立之斯立，道（导）之斯行，绥之斯来，动之斯和。其生也荣，其死也哀，如之何其可及也？"

◉ 尧曰第二十

20.1 尧曰："咨！尔舜！天之历数在尔躬，允执其中。四海困穷，天禄永终。"舜亦以命禹。曰："予小子履，敢用玄牡，敢昭告于皇皇后帝：有罪不敢赦。帝臣不蔽，简在帝心。朕躬有罪，无以万方；万方有罪，罪在朕躬。""周有大赉，善人是富。虽有周亲，不如仁人。百姓有过，在予一人。"谨权量，审法度，修废官，四方之政行焉。兴灭国，继绝世，举逸民，天下之民归心焉。所重民食、丧、祭。宽则得众，信则民任焉，敏则有功，公则说（悦）。

20.2 子张问于孔子曰："何如斯可以从政矣？"子曰："尊五美，屏四恶，斯可以从政矣。"子张曰："何谓五美？"子曰："君子惠而不费，劳而不怨，欲而不贪，泰而不骄，威而不猛。"子张曰："何谓惠而不费？"子曰："因民之所利而利之，斯不亦惠而不费乎？择可劳而劳之，又谁怨？欲仁而得仁，又焉贪？君子无众寡，无小大，无敢慢，斯不亦泰而不骄乎？君子正其衣冠，尊其瞻视，俨然人望而畏之，斯不亦威而不猛乎？"子张曰："何谓四恶？"子曰："不教而杀，谓之虐。不戒视成，谓之暴。慢令致期，谓之贼。犹之与人也，出纳之吝，谓之有司。"

20.3 孔子曰："不知命，无以为君子也；不知礼，无以立也；不知言，无以知人也。"